本书是国家自然科学基金青年项目"信贷扩张的财政逻辑与潜在风险：来自地方性银行和融资平台的证据"（71803177）的阶段性成果

地方财政体制改革、财税竞争与统一市场发展

吕凯波　著

中国财经出版传媒集团

经济科学出版社
Economic Science Press

图书在版编目（CIP）数据

地方财政体制改革、财税竞争与统一市场发展/吕
凯波著 . -- 北京：经济科学出版社，2022.5
ISBN 978 - 7 - 5218 - 3672 - 1

Ⅰ.①地…　Ⅱ.①吕…　Ⅲ.①地方财政 - 经济体制改
革 - 研究 - 中国②地方财政 - 财政管理 - 研究 - 中国③地
方税收 - 税收管理 - 研究 - 中国　Ⅳ.①F812.7

中国版本图书馆 CIP 数据核字（2022）第 083004 号

责任编辑：高　波
责任校对：刘　昕
责任印制：王世伟

地方财政体制改革、财税竞争与统一市场发展

吕凯波　著

经济科学出版社出版、发行　新华书店经销
社址：北京市海淀区阜成路甲 28 号　邮编：100142
总编部电话：010 - 88191217　发行部电话：010 - 88191522
网址：www. esp. com. cn
电子邮箱：esp@ esp. com. cn
天猫网店：经济科学出版社旗舰店
网址：http://jjkxcbs. tmall. com
北京季蜂印刷有限公司印装
710×1000　16 开　18.25 印张　205000 字
2022 年 6 月第 1 版　2022 年 6 月第 1 次印刷
ISBN 978 - 7 - 5218 - 3672 - 1　定价：90.00 元
（图书出现印装问题，本社负责调换。电话：010 - 88191510）
（版权所有　侵权必究　打击盗版　举报热线：010 - 88191661
QQ：2242791300　营销中心电话：010 - 88191537
电子邮箱：dbts@ esp. com. cn）

序　言

　　针对 1994 年分税制改革以来地方政府的财力与支出责任不匹配问题和因农村税费改革集中爆发的县级财政困难问题，从 2005 年开始，中央政府积极向其他省份推广浙江省财政省直管县的经验。本书尝试以省直管县改革为例，探讨财政层级关系调整及其相伴进行的财政收支划分改革如何影响了上下级政府间和同级政府间的财政竞争关系，及其对国内外统一市场发展的影响。

　　在"财权上移、支出责任下放"的制度背景下，财税体制改革成为大部分省份缓解县级政府财政困难的一个策略选择。第 2 章通过政策文本分析法比较了各省份地方财政体制改革的目标、模式、进程和内容，结果发现：（1）大部分省份地方财政体制改革是出于改善政府间财政收入分配关系的目的，希望通过增加县级税收收入分成的激励方式来促进县域经济增长，而很少有省份将省对下财政体制改革目标定位于以明确支出责任的方式来促进政府职能转变和地方善治；（2）在改革模式上各省份因地制宜，采取了补助管理型、省市共管型、全面管理型等多种模式的省直管县改革，但出于维护地级市的既得利益，大部分省份采取了渐进改革模式；（3）大部分在省以下地方政府间收入划分和转移支付改革方面取得了较大进展，而在支出责任划分方面除河北省和云南省外基本没有实质性进展。

　　分税制改革以来，处理省以下政府间财政关系的市县财政管理体制一直由省级政府结合自身特点自主制定，但在 2002 年所得税分享改革后，中央对省以下政府间财政关系的干预越来越强。中央政府不仅以转移支付的方式来调控市县政府财政行为，还以管理模式推广的方式推动地方政府进行省对下财政体制改革。从试点省份的情况来看，省对下财政体制改革后存在省级财政权力集中和向县级政府财政权力下放的双重倾向，国内学者对省直管县改革的分（集）权性质也莫衷一是。

　　第 3 章利用省级面板数据从财政收入分权、财政支出分权和省以下地方政府转移支付依赖度三个角度考察了地方财政体制改革进程与省对下财政分权的关系。结果表明地方财政体制改革能够促进省对下财政收入分权度和支出分权度的提高，改革与省以下地方政府转移支付依赖度的关系则受中央与省级财政关系的影响，在财政利益净流出地区地方财政体制改革降低市县政府对上级转移支付的依赖度，而在财政利益净流入地区改革使得市县政府更加依赖于上级转移支付。

　　第 4 章在利用变异系数法和 Moran's I 指数法初步验证我国县级政府间税收竞争关系存在性和变化趋势的基础上，利用 1628 个县级行政区的动态面板数据模型和面板空间计量模型，从横向和纵向两个维度检验了宏观税负和商品税负、所得税负的竞争关系，以及地方财政体制改革对税收竞争关系的影响，结果表明：（1）县级税收存在横向策略互补关系而地方财政体制改革具有加强横向策略互补关系的倾向；（2）地方财政体制改革改变了省、市、县三级政府的财政利益分配格局，地市级政府由于缺乏获取县级财政利益的长远预期而表现出明显的机会主义行为，省级政府在获得更多县级财政利益的预期后，向县级财政伸出援助之手，从而市本级税收与县级税收呈现策略互补关系而省本级税收与县级税收呈现策略替代关系。

第 5 章在利用变异系数法和 Moran's I 指数法初步验证我国县级政府间财政支出竞争关系存在性和变化趋势的基础上，利用 1628 个县级行政区的动态面板数据模型和面板空间计量模型，从横向和纵向两个维度检验了县级财政支出规模和人均经济性支出、人均社会性支出、人均维持性支出的竞争关系，以及地方财政体制改革对支出竞争关系的影响，结果表明：（1）县级财政支出存在"力争上游"型横向策略互补关系而地方财政体制改革对财政支出横向竞争关系的影响取决于支出类型；（2）由于大部分地方财政体制改革并未对省、市、县三级政府的财政支出责任做出明确说明，上下级财政支出仍存在较大的关联，上下级同一类型的支出项目基本上存在"此消彼长"的替代关系、上下级不同类型的支出项目则存在策略互补关系，同样，地方财政体制改革对财政支出纵向竞争关系的影响取决于支出类型。

积极争取上级转移支付资金是县级政府弥补财政收支缺口的重要途径。第 6 章通过一个简单的上下级政府间转移支付博弈模型，研究了地方政府争取上级补助资金努力程度的横向竞争关系，并利用地方财政体制改革的"准自然实验"和 1628 个县级政府的空间面板数据模型验证了转移支付横向竞争关系的存在性及地方财政体制改革对县级政府获取转移支付的影响。实证结果表明：（1）县级政府竞相争取转移支付的结果是上级政府以"撒胡椒面"的方式分配补助资金，各个地区得到的转移支付呈现横向策略互补关系；
（2）地方财政体制改革能在一定程度上减少财政层级过多导致的漏损效应，并改变县际横向转移支付策略互动关系，改变的程度则取决于发生策略关系的主体和争取资金的具体内容。

财政分权改革在利用地方政府竞争机制提升经济增长绩效的同时，还可能存在造成区域市场分割的内在缺陷，而维护市场统一恰恰是深化财税体制改革、建设现代财政制度的使命之一。在地方财政体制改革具有强化地方政府间财税竞争的背景下，省对下财政体制改革又会对国内市场一体化造成怎样的影响呢？第7章在利用"价格法"测算省级市场分割程度和重构省内财政分权度指标的基础上，结合省级面板数据对地方财政体制改革和国内市场一体化的关系进行了再评估。结果表明不仅地方财政体制改革本身会对市场分割造成影响，还可能通过影响财政分权度间接作用于市场分割度。县域经济增长导向的地方财政体制改革会激励市县基层政府采取市场分割策略行为，地方财政体制改革进程最快的地区也是市场分割程度较高的地区。财政分权对市场分割的影响存在明显的阶段差异，2004年前财政收入分权和支出分权促进了国内统一市场形成，2004年后财政收入分权加剧了国内市场分割而财政支出分权对市场整合的积极作用也有所减弱。

形成强大国内市场、构建新发展格局不仅需要依托强大国内市场，打破行业垄断和地方保护，形成国民经济良性循环，还需要充分利用国内国际两个市场两种资源，提升出口质量，促进国内国际双循环。第8章采用1994年分税制改革以来的省级面板数据定量分析了出口退税分担机制改革和财政分权对出口贸易总规模及高新技术产品出口的影响。结果表明2004年出口退税分担机制改革降低了地方政府发展出口贸易的积极性，而财政分权具有弱化这一负面影响的作用。由于出口退税机制设计中存在地方政府间税收输出问题，沿海省份财政分权对出口退税分担机制改革负面影响的弱化作用要比内陆省份小。

第9章在总结全书基本结论的基础上提出了完善省以下地方财政管理体制、构建新发展格局的政策建议以及改革过程中需要克服的难题，同时还指出了研究不足和进一步研究方向。

吕凯波

2022年1月

目　　录

第 1 章

导 论

1.1 研究背景及意义

1.1.1 研究背景

1994 年分税制改革确定了中央与省级政府之间的分税方式，但没有具体规定省以下各级政府间的财政收入分配关系。浙江、江苏、福建等省份曾公开表示省内不搞分税制而是总额分成制，而其他名义上实行分税制的省份实际是五花八门、讨价还价色彩浓重的分成制（李萍等，2010；冯禹丁，2013），这使得中国地方税体系至今没有成型，省以下地方政府没有形成真正的分税制。制度设计的模糊性给分税制财政体制带来了以下三个方面问题："上面点菜下面买单"、地方财政体制不健全问题和过度依赖转移支付的问题（刘尚希，2012）。

图 1-1 展示了 1990 年以来我国各级政府财政自给能力的变化趋势。随着"两个比重"的逐步调整和财权上收、支出责任下移，政府间财政关系的矛盾也越来越突出。从各级政府的财政自给能力来看，分税制改革后中央政府的财政能力呈现上升趋势，而各级地方政府的财政自给能力基本没有变化，尤其是县级政府的财政能力一直都处于垫底状态。

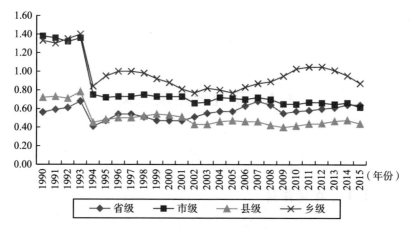

图 1-1　1990~2015 年我国各级政府财政自给能力变化趋势

资料来源：1994~2015 年我国各级政府财政自给能力情况［J］. 地方财政研究，2017（7）：113.

由于分税制改革不彻底导致了地方政府财力与支出责任不匹配问题，在 2000 年左右集中爆发了县乡财政困难。为缓解农村税费改革以来的县级财政困难，省直管县体制建设最早是作为支农政策进入公众视野。2005 年 6 月，全国农村税费改革工作会议指出"具备条件的地方，可以推进'省直管县'的试点"。2009 年颁布的《财政部关于推进省直接管理县财政改革的意见》中明确提出了改革的总体目标是"2012 年底前，力争全国除民族自治地区外全面推进省直接管理县财政改革，近期首先将粮食、油料、棉花、生猪生产大县全部纳入改革范围"。随着国务院和财政部相关文件的出台，越来越多的省份展开了以"省直管县"为抓手的地方财政体制试点改革。到 2009 年底，全国 24 个省份、875 个（市）县进行了财政省直管县试点改革；截至 2010 年有 27 个省份、970 个县推行了省直管县财政管理方式改革；截至 2011 年，有 27 个省份 1080 个县实行省直管县财政管理方式改革，约占全国县级政府总数的 54%；截至 2012 年底，全国有 28 个省（市、区）对 1087 个县实行了财政直接管理，其中，全国粮食、油料、棉花、生猪生产大县已全部纳入改革范围。

党的十八届三中全会通过的《中共中央关于全面深化改革若干重大问题的决定》明确提出了"优化行政区划设置，有条件的地方可探索省直接管理县（市）改革"，这为财政省直管县迈向行政省直管县提供了政策依据。党的十九届四中全会通过的《中共中央关于坚持和完善中国特色社会主义制度推进国家治理体系和治理能力现代化若干重大问题的决定》也明确要推进扁平化改革，"优化行政区划设置，提高中心城市和城市群综合承载和资源优化配置能力，实行扁平化管理，形成高效率组织体系"。

1.1.2　研究意义

本书以省直管县改革为例探讨地方财政体制改革对地方政府间财政竞争关系和国内外统一市场发展的影响，其理论意义和现实意义主要体现在以下两个方面。

第一，将政府间财政竞争关系的研究范围拓展至县级政府层面，有助于深化对我国政府间横向财政竞争关系的认识。政府间财政关系是财政体制安排的核心问题，政府间财权事权关系的安排会对公共资金的合理配置及其绩效起关键作用。省直管县财政体制改革是继 1994 年的分税制改革以来在财政体制领域掀起的又一重大改革，但与分税制改革由中央统一安排在同一年份在全国各省份整体推进不同，省直管县改革是各个省份自主决定改革时间表，因此各省份开始省直管县试点改革的时间不同、模式不同，从而改革的效应有所差异。另外，即使是推行省直管县改革的省份在下辖市县也是由点到面逐步展开的，省直管县财政体制改革的省际差异很大，这一方面加大了研究的难度，但在另一方面也恰恰是样本的变异性使得研究更富有学术价值。国内在分税制改革对省级政府间的横向财政竞争和中央与地方纵向财政竞争的影响方面已经积累了不少文献（沈坤荣和付文林，2006；郭杰和李涛，2009；李涛和周业安，2009；郭庆旺和贾俊雪，2009；王美今等，2010；付文林和耿强，2011；汪冲，2011；李永乐等，2018），地市级政府间的横向财政竞争也有所涉及（张征宇和朱平芳，2011；尹恒和徐琰超，2011；龚锋等，2021），但关于县级政府间财政竞争关系影响的研究仍不多（王小龙和方金金，2015）。鉴于县域竞争是中国经济奇迹的最大成因（张五常，2009）和省内人口迁移规模远远大于省际人口迁移规模的特征事实，可以认为省以下政府间的财政竞争特别是县级财政横向竞争是省级、地市级和县级三类横向财政竞争中最为重要的一种，在财政分权背景下研究地方财政体制改革的财政竞争效应仍是一个值得关注的课题。

第二，党的十八届三中全会提出全面深化改革的总目标是完善和发展中国特色社会主义制度，推进国家治理体系和治理能力现代化，而财政恰好又是国家治理的基础和重要支柱，科学的财税体制是优化资源配置、维护市场统一、促进社会公平、实现国家长治久安的制度保障。"县积而郡，郡积而天下。郡县治，天下无不治"，财税体制设计的科学化和国家的长治久安都离不开省以下财政管理体制的完善。地方财政体制改革有助于从制度层面解决当前较普遍存在的县乡财政困难和地方债务危机，为保障县级政府基本公共服务提供财力支持。"亲民之治，实惟州县，州县而上，皆以整饬州县之治为治而已"，如果说市县基层政府的主要职能是直接向社会公众提供公共服务的话，中央政府和省级政府的重要职责是设计一套科学合理的财政体制，用财政激励手段来促使市县基层政府转变职能、实现地方善治。因此，评估地方财政体制改革对政府间财政关系的影响有助于我们了解现行财政体制的积极作用和负面效应，从而更好地把握省以下财政体制改革的方向。

1.2 文 献 回 顾

国内外关于财政体制或政府间财政关系的文献非常丰富，考虑到与研究议题的相关性，本书从政府间财政竞争关系和财政省直管县改革两个方面对国内外研究现状作一个梳理和评述。

1.2.1　财政竞争相关研究

国外对地方政府间横向竞争研究最早可追溯到蒂伯特（Tiebout，1956）的经典文章，《一个关于地方支出的纯理论》指出地区间竞争主要指地方政府根据辖区居民偏好和社会经济特点来选择地区财政收支政策组合，居民在社区间自由流动，用脚投票机制可以使地方公共服务供给实现帕累托最优。后续的研究拓展了财政竞争的内涵，地方政府间财政竞争主要是吸引流动资本和劳动力的税收竞争和支出竞争（Keen and Marchand，1997）。

威尔逊（Wilson，1986）、佐德罗和米料瓦斯基（Zodrow and Mieszkowski，1986）对税收竞争的分析是财政竞争研究的早期代表。在威尔逊的资本竞争模型和 Z－M 模型中一国资本总量给定，地方政府为争取有限的资源而竞相降低资本税率，最终会导致税率和公共产品供给水平过低而影响到居民福利。随着空间计量经济学的发展，在后续的研究中大量学者对流转税、所得税和财产税等各类税收竞争的存在性进行了经验分析。纳尔逊（Nelson，2002）、罗克（Rork，2003）和布鲁克纳（Brueckner，2003）等关注了美国各州之间烟草消费税或汽油消费税的竞争，认为州政府在税率设定时存在纳什均衡；梅洛（Mello，2008）验证了巴西各州的增值税竞争，认为在横向税收竞争中存在斯塔尔伯格领导者，与追随者税收政策的变动相比，领导者税收策略的变动给其他各州造成的影响更大。除了税率竞争之外，流转税税基竞争是另一种重要的税收竞争形式，即使某个地区的法定税率较高，但给予的税收豁免较多税基较窄，该地区仍可能在税收竞争中取得优势。弗莱彻和默里（Fletcher and Murray，2006）对美国各州营业税（sales tax）税基的竞争进行了实证检验，结果没有发现地域相邻各州之间的税基竞争但经济社会条件相近各州间存在税基竞争。埃德马克和奥格伦（Edmark and Ågren，2008）检验了瑞典市政府的所得税竞争情况，相邻市政府所得税率每降低 1 个百分点，本地政府的所得税率会降低 0.74 个百分点；德斯金斯和希尔（Deskins and Hill，2010）以个人所得税为例检验了美国各州的动态税收策略反应函数随经济环境的变化，在人口和资本流动性变小的情况下各州之间的税收竞争强度也有所降低。吕蒂凯宁（Lyytikäinen，2012）利用芬兰 2000 年财产税改革的外生冲击检验市政府间的税收竞争，结果没有发现财产税竞争的证据，认为利用空间滞后模型估计的税收竞争可能高估了地方政府间的财政竞争关系。国内对税收竞争的经验分析也取得了较大进展，根据郭杰和李涛（2009）的初步观察，各省份的增值税、企业所得税和财产税类的税负水平表现出显著的、同期的空间策略互补特征，而各省份的营业税、个人所得税的税负水平表现出显著的、同期的空间策略替代特征。龙小宁等（2014）利用空间计量模型对我国企业所得税和营业税的县际税收竞争问题进行了定量研究，结果表明我国县级政府在其辖区内的企业所得税税率和营业税税率上都存在着策略互补行为。县级政府间营业税税率的相互模仿行为在杨见龙和尹恒（2014）的研究中也得到了证实。许敬轩等（2019）的研究进一步考察了税收征管领域地方政府是展开的"逐底竞争"还是"争优竞赛"的制度根源。

公共支出竞争的最早检验来自凯斯等（Case et al.，1993）对

1970～1985 年美国各州数据的研究，他们发现一个州的人均财政支出和邻州的人均财政支出显著正相关，邻州人均财政支出每增加 1 美元本州人均财政支出会增加 70 美分，各州政府的财政支出存在策略互补关系。之后费利奥等（Figlio et al., 1999）讨论了地方财政的福利支出竞争；萨维德拉（Saavedra，2000）讨论了地方财政对家庭的转移支出竞争；雷韦利（Revelli，2003）估计了地方财政的环境和文化支出竞争；克尔（Baicker，2005）、博克等（Borck et al., 2007）分析了地方财政总支出竞争；伦德伯格（Lundberg，2006）分析了地方财政的文化娱乐支出竞争。在国内支出竞争的相关文献中，李涛和周业安（2009）的研究结果表明 1999～2005 年各省份人均实际本级财政支出总量和行政管理费支出表现出显著的策略替代特征，而各省份人均实际基本建设、教育、科学、医疗卫生、预算外等支出都表现出显著的策略互补特征。张征宇和朱平芳（2011）、曹鸿杰等（2020）对地方政府环境支出竞争关系进行了研究；彭冲和汤二子（2018）对地方政府卫生支出竞争关系进行了研究；尹恒和徐琰超（2011）对地级市的基本建设支出竞争关系进行了研究，认为存在标尺竞争的同省地区间基本建设公共支出正相关，地理相邻地区间基本建设支出则负相关。

大量文献对区域间的税收竞争和支出竞争的存在性和强度进行了识别，但很少有文献关注财政竞争关系的变化趋势和变化原因（Deskins and Hill，2010）。财政体制改革对财政竞争关系的影响可以分为对上下级政府间纵向竞争关系的影响和对同级政府间横向竞争的影响两类。在对纵向财政竞争影响方面，普遍认为分税制改革后出现了预算内财政收支"财权层层上移、事权层层下移"的上下级竞争关系（周飞舟，2006；刘玲玲和冯懿男，2010；孙开，2011）。张清勇（2008）利用 1994 年分税制财政体制改革的实践检验，通过比较城镇土地使用税、耕地占用税和国有土地有偿出让收入在分税制改革前后的差异，验证了中央和地方之间在土地收入上的纵向竞争关系。在对横向财政竞争影响方面，沈坤荣和付文林（2006）发现分税制改革后中央政府加强了对地方随意减免税收政策的管理，省级政府间的税收竞争程度略有下降；但地区间预算外税收竞争从模仿策略转变到了差别化竞争。王美今等（2010）发现省际宏观税负竞争以分税制改革为界，改革前各省税负的策略互动关系为相互模仿而改革后转变为差异化，而基本建设支出和科教文卫支出均表现出相互模仿的策略互动。张晏等（2010）认为分税制改革后地理相邻省份之间的生产性支出的标尺竞争显著下降而 GDP 相邻省份之间的标尺竞争没有出现显著变化。

　　纵观国内外对政府间财政竞争关系的相关研究，可以发现以下几个特点：关于税收竞争关系的文献较多，而关于财政支出和转移支付竞争关系的文献较少；对政府间财政竞争关系的研究较多，而相对较少地关注政府间财政合作关系；关于财政竞争关系识别的研究较多，对财政竞争关系为什么变迁的研究较少。在国务院 2000 年后严格限制地方政府擅自对企业税收返还的情况下，地方政府转而将本级留存的税收通过乡镇财政所或政府融资平台公司以"财政奖励""财政补助""基础设施配套费"等专项资金支出名义返还给企业，地方财政竞争的表现形式从税收竞争转向了支出竞争，单纯的税收竞争已经不能反映政府横向竞争的全貌，因此有必要加强财政支出竞争的研究。另外，目前国内关于财政体制改革对财政竞争关系影响的研究主要在分析分税制改革对省级政府间横向财政竞争的影响，而很少有考虑到省以下财政体制改革对县域竞争和市县纵向竞争的影响。

1.2.2　省直管县改革相关研究

关于推行省直管县财政体制改革的原因分析方面的研究。贾康和阎坤（2005）认为对分税制改革进行系统调整、合理配置政府间事权和财权才是解决基层财政困境的长远之策。为解决财政体制建设难题，实现基本公共服务均等化，马国贤（2008）提出了"五级政府、三级财政"的设想，其中就包括推行财政管理上的省直管县。杨志勇（2009）将省直管县改革目标定位为提高基层政府的公共服务能力，保证基层政府最低水平公共服务的提供和促进基本公共服务的均等化。马海涛等（2011）认为提高城乡基本公共服务水平就应该通过完善省以下财政分配体制来缓解县乡财政困难。

关于省直管县改革社会经济效应方面的研究主要从县域经济增长和财政收支两方面展开。才国伟和黄亮雄（2010）用面板数据模型证实财政省直管县有利于经济增长；郑新业等（2011）用倍差估计法验证了省直管县对县域经济增长的积极含义，但他们也发现这一增长效应不是来源于省直管县过程中的财政分权而是由强县扩权过程中的经济分权。不过，这些研究都没有注意到改革更能促进弱县的发展还是强县的发展。如果省直管县财政管理体制改革更多地促进了强县的县域经济发展，则强县和弱县的经济发展水平差距会越来越大，旨在促进县域经济均衡发展的省政府应该考虑调整相关财政政策；如果省直管县改革更大程度上促进了弱县的发展，这说明省直管县改革具有政策合意性，改革应进一步深入。韦东明等（2021）利用渐进双重差分模型验证了省直管县改革对县域经济包容性发展的积极作用，发现弱市下辖县、非省会城市管辖县是省直管县改革的主要受益者。舒成（2010）尝试从市县公共品供给能力方面分析省直管县财政改革的政策效应，但由于样本选择问题和变量测度问题使其研究存在一些缺陷，如遗漏省直管县制度变量引发回归结果偏差使得研究的可信度降低了。相比而言，郭庆旺和贾俊雪（2010）的研究更为科学，他们的研究表明 2002 年来实施的省直管县财政管理体制有助于遏制县级地方政府支出规模的过度膨胀，而且这一影响在东、中、西部地区有所不同。而与此不同，才国伟和黄亮雄（2010）认为财政上的省直管县与经济管理上的强县扩权一起共同促进了财政支出的增长。刘佳等（2011）发现省直管县改革对县级财政自给能力的政策效应十分明显，并且还注意到了改革效应的公平性问题——改革对强县更加有利。骆祖春（2010）的个案研究指出江苏省的财政省直管县改革使得县级财政留成比例有所增加、财政收支快速增长、财政资金运转效率提高，同时县级财政理财能力和财政管理水平增强，更为重要的一点是"省管县作为一个有效的制度框架，推动县域经济向内寻求发展动力，强化了发展区域经济制度导向"。王德祥和李建军（2008）认为省直管县改革具有简化财政级次、规范地方财政关系和改善市县公共品提供的作用。不过，贾俊雪等（2011）的研究成果再次表明省直管县财政管理体制不仅不能增强我国县级政府的财政自给能力，反而在一定程度上加剧了县政府的财政困难程度，但在贾俊雪等（2013）的研究中他们修正了之前的观点，认为省直管县财政体制改革有助于增强县级财政自给能力实现县级财政解困，但也显著抑制着县域经济增长。宁静和赵旭杰（2019）的研究结果表明省直管县改革有助于提高县级可支配财力，而且县级政府财力的增长主要是通过约束转移支付"截留"行为实现的。刘勇政等（2019）则认为省直管县改革同时具备"授人以鱼"和"授人以渔"的性质，改革不仅提高转移支付规模也增加了地方税收自主权。

骆祖春（2010）认为财政省直管县改革不可避免地会对市级政府造成冲击，财政权与市级行政权存在匹配错位不仅会影响到市级政府履行综合平衡区域发展的职责，直接影响到行政管理权在全市域内的实施，而且也会引起跨区域公共品提供不足的问题。胡卫星（2010）也指出省直管县改革后市县两级之间容易产生摩擦，在县级财权不断扩大的情况有可能越过市级，市级失去县级财政管理权后对县级行政管理的弱化，同时也会削弱市级财政对县级财政的支持。才国伟等（2011）专门研究省直管县改革对地市级利益的影响，文章指出省直管县改革会损害地市级的短期利益，如财政收入能力弱化、抑制城市经济的增长和城市规模的扩大，但从长远来看未必都是损失，比如省直管县改革也存在助长市级财政支出的倾向、优化产业结构和改善城市环境的作用。李广众和贾凡胜（2020）基于中国工业企业微观数据的经验研究发现省直管县改革带来的财政压力会促使地市级政府加强辖区企业税收征管力度。

国内学者较多地比较了省直管县和市管县两种不同财政体制对经济增长绩效和社会发展事业的不同影响，相关研究结论为如何进行省以下财政体制改革指明了大的发展方向。不过，从上述研究可以看出，国内关于地方财政体制改革的研究仍存在以下两方面问题：一是由于研究方法、样本选取和观察时期的不同，即使同一作者得到的实证结果亦有所不同，因此要得出一个关于地方财政管理体制改革对基层财政能力影响的稳健结论需要进一步讨论；二是现有文献很少有研究关注地方财政体制改革模式经济社会影响的异质性问题，即在全面管理型、行政管理型、补助管理型和省市共管型这四种省直管县模式中哪种改革模式更加有利于社会经济发展。

1.3　研究内容、思路与方法

1.3.1　概念界定

财政体制是处理政府间财政关系的基本制度，包括政府间支出责任划分、收入划分和财政转移支付等要素。按照财政层级的不同设置，财政体制可以分为中央对省级政府的财政体制和省对下财政体制，其中省对下财政体制又可分为"省管市、市管县"和"省直管县"两种。如果没特殊说明，本书所讲的地方财政体制改革指的就是财政省直管县改革。财政省直管县是指为了缓解县级财政困难，解决政府预算级次过多等问题，在现行行政体制和法律框架内省级财政直接管理地（市）级和县（市）级财政，地方政府间在事权和支出责任、收入的划分，以及省对下转移支付补助、专项拨款补助、各项结算补助、预算资金调度等方面都由省级财政直接对地（市）级和县（市）级财政。

地区间的财政竞争是指地方政府通过财政收入和财政支出的组合，引起资本、劳动力等生产要素的跨区域流动，从而实现公共品供给的帕累托最优。与财政竞争紧密相连的另外一个概念是财政策略互动。政府间财政策略互动关系是在分权财政体制下，上级财政调整对下级财政所造成的影响或省、市、县等地方政府进行财政调整时对相应上级政府和其他同级财政所造成的影响。根据发生财政策略关系主体的差异，可以分为横向财政策略互动关系和纵向财政策略互动关系两类，其中横向财政策略关系是指同一层级政府间进行财政政策变量调整所导致的相互影响，纵向财政策略关系是指不同层级政府间进行财政政策变量调整所导致的上下级财政政策变量的交互作用；根据发生策略关系客体的差异，可以分为财政收入策略互动关系（包含税收策略互动关系和非税收入策略互动关系）、财政支出策略互动关系和转移支付策略互动关系；根据财政策略互动关系性质的差异，可分为策略互补关系和策略替代关系，如果某个政府财政政策变量变动导致对应的上下级政府（或同级其他政府）同方向的变动称为策略互补关系，反之则称为财政策略替代关系（见表1-1）。由此可见，财政竞争只是政府间财政策略互动关系的一个重要来源。除此之外，财政支出的外溢性、地方政府的标尺竞争都可能构成政府间财政策略互动关系的来源。由于两者关系的紧密性和区分的困难性，本书在分析过程对财政策略互动关系和财政竞争关系不加严格区分。

表 1 – 1　　　　　　　　　政府间财政竞争关系的分类

主体性质		财政收入		财政支出	转移支付
		税收收入	非税收入		
同级	互补	横向税收策略互补	横向非税策略互补	横向支出策略互补	横向转移支付策略互补
	替代	横向税收策略替代	横向非税策略替代	横向支出策略替代	横向转移支付策略替代
上下级	互补	纵向税收策略互补	纵向非税策略互补	纵向支出策略互补	纵向转移支付策略互补
	替代	纵向税收策略替代	纵向非税策略替代	纵向支出策略替代	纵向转移支付策略替代

资料来源：笔者整理。

1.3.2　研究内容与范围

与其他关于省直管县改革社会经济影响的研究不同，本书着重于考察省直管县财政管理体制改革的本质特征——政府间财政关系的变迁，主要研究内容如下。

一是梳理研究背景、归纳各省地方财政体制改革的特征事实。通过搜集整理各省推行地方财政体制改革的政策文本，比较各省份地方财政体制改革采用的基本模式和改革进程，从税收收入分成、财政支出责任划分和转移支付三个角度回顾各省如何进行地方财政体制改革，并在此基础上指出省以下地方财政体制存在的问题以及进一步深化改革的方向和路径。由于目前理论界对地方财政体制改革属于财政分权性质还是财政集权性质存在一定争议，本书从省对下财政收入分权、省对下财政支出分权和省以下地方政府转移支付依赖度三个维度论证地方财政体制改革的分权倾向。

二是从理论命题推演和经验数据检验两方面探寻地方财政体制改革如何影响政府间财政竞争关系，在分批试点改革的地区省直管县是否会造成区域间的非对称竞争。政府间财政竞争关系的研究可以从竞争关系主体和竞争关系客体内容两个维度展开，具体来说在于考察地方财政体制改革对横向和纵向的税收竞争关系、横向和纵向的财政支出竞争关系、横向和纵向的转移支付竞争关系的影响。

三是探寻地方财政体制改革引发的财政竞争如何影响国内统一市场发展和国际市场拓展。形成强大国内市场、构建新发展格局不仅需要依托强大国内市场，打破行业垄断和地方保护，形成国民经济良性循环，还需要充分利用国内国际两个市场两种资源，提升出口质量，促进国内国际双循环。对此，有必要从国内市场分割度和出口贸易增长额两个维度研究地方财政体制改革对新发展格局构建的影响。

四是提出完善省以下财政体制的政策建议。协调好现有地方政府层级与地方财政层级两者关系是破解地方财政体制改革难题的突破口，也是释放财政竞争经济增长效应和财政体制改革红利的关键点。因此本书从如何优化政府间财政竞争关系、加强区域间政府协同合作角度提出深化省以下财政体制改革的建议。

1.3.3　研究思路与方法

本书的目的主要是以省直管县改革为例，说明地方财政体制改革如何影响了上下级政府间和同级政府间的财政竞争关系。围绕这一主题，本书遵循以下思路依次展开。

第一阶段是对地方财政体制改革特征事实的描述和现有理论文献的总结，并以此寻找研究的突破口。其中本书的第 2 章介绍省以下财政体制改革的演变过程，重点介绍：①各省采取的改革模式，即是整体推进还是分批逐步试点循序渐进推进，是否与社会经济管理权限的下放（扩权强县改革）相配套；②地方财政体制改革类型，即采取的是行政管理型、全面管理型、补助管理型还是省市共管型的省直管县改革；③地方财政体制改革内容，即考察改革前后省财政与市县财政如何划分收入和支出责任，省对下转移支付又有何变化。第二阶段是多级政府框架下财政体制改革的性质识别，这是第三、第四阶段研究的理论基石。第三阶段和第四阶段的实证研究是对财政竞争关系强度的测算和地方财政体制改革对财政竞争关系的分析，这是研究的重点和难点。在研究顺序上按税收竞争、财政支出竞争、转移支付竞争逐步进行讨论，并相应构成第 4 章至第 6 章的内容；在税收竞争和财政支出竞争的相关章节中又按先研究横向财政竞争再研究纵向财政竞争的顺序依次展开。第四阶段的实证研究同时包括地方财政体制改革如何影响国内统一市场构建和国际市场拓展的研究，利用省级面板数据实证考察地方财政体制变革对国内市场分割和出口贸易的影响，并相应构成第 7 章和第 8 章的内容。最后是对全书实证分析结果的总结和省以下财政体制改革的展望。具体研究技术路线见图 1 - 2。

在研究方法上做到了三个结合：一是规范分析与实证分析相结合。规范分析是一个价值判断过程，涉及"应该怎样"的问题，而实证分析解决的"是什么""怎么样"的问题。基于国内市场一体化的视角分析地方财政分权改革的价值取向属于规范分析的范畴，

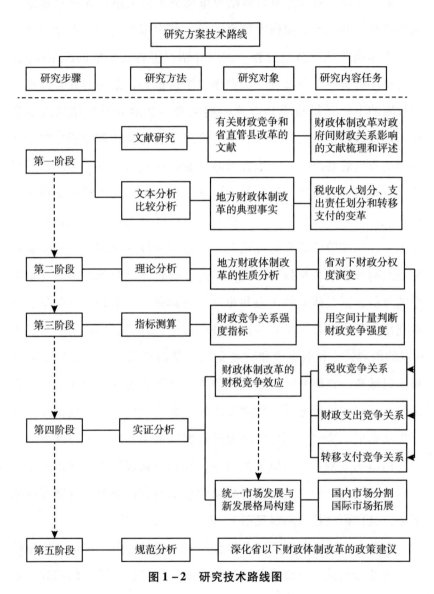

图 1－2　研究技术路线图

资料来源：笔者绘制。

而具体分析地方财政体制改革对政府间财政竞争关系的影响则属于
实证分析的范畴。二是定性分析与定量分析相结合。定性分析是对
事物"质"的分析，如对地方财政管理体制模式的刻画便采用了这
一方法，这主要是因为量化制度比较困难，而利用类别变量区分
"市管县"与"省直管县"这两类不同的地方财政体制成了替代性
选择。定量分析则是对事物"量"的分析，如政府间财政竞争关系
强度的空间计量分析采用的便是量化分析方法，并由此得出财政体
制改革对政府间财政竞争关系影响的结论。三是历史比较分析法与
政策文本分析法相结合。历史比较研究不仅适用于探究某个特殊结
果是哪些社会因素共同促成的，也适用于比较整个社会体系以了解
不同社会之间哪些是共同特性哪些是独特之处，以及长期的社会变
迁问题。本书利用政策文本分析法收集各省推行省直管县等地方财
政体制改革的相关政策文件，进而获取某个县是否进行试点改革的
信息，在此基础上比较各个地区地方财政体制改革前后省以下财政
体制的变化内容，做到了历史比较分析与政策文本分析相结合。

1.4 可能的创新点

本书采用两体制空间计量模型（two-regime spatial model）等方
法，利用省直管县改革这一准自然实验，在多级政府的框架下对地
方财政体制改革进行了多方面的理论探讨和经验分析，可能的贡献
之处在于以下三个方面。

一是对省以下财政体制变迁的全面梳理。在财政部的推动下，

省直管县财政管理体制逐步从浙江省推广到其他省份，全国范围内省以下财政体制又发生了怎样的变化呢？据笔者所知，国内学者仍未对这一变化做全面系统的梳理，而本书第 2 章从税收收入和支出责任划分、省对下转移支付这三个方面比较了改革前后地方财政管理体制的变化，这有助于我们深化对省以下财政体制的认识。

二是对财政竞争关系研究内容和范围的拓展。这具体体现在以下两个方面：①国内财政竞争研究基本上还停留在省级和地市级层面，而本书将研究范围拓展到县级层面同样有助于我们把握政府间财政竞争关系的变迁；②考虑到国外各级政府间事权划分比较清晰的特征事实，国外纵向财政竞争的文献聚焦于纵向税收竞争而很少研究纵向财政支出竞争，而我国由于事权划分不明确、上下级政府间支出责任的相互推诿形成的纵向支出竞争关系反而构成了上下级财政竞争关系的重要内容，结合中国的特殊环境研究纵向财政支出竞争关系也就赋予了地方政府财政竞争行为新的内容。

三是研究方法上的创新。吉本斯和奥弗曼（Gibbons and Over-man，2012）认为对空间交叉项系数的可靠估计需要利用准自然实验环境中解释变量的外生变异，而国内现有对财政策略互动关系的识别基本上采用标准的空间计量方法，这可能高估了地区间财政竞争关系的强度。本书利用省直管县财政管理体制改革中财政层级关系调整、税收收入重新划分和转移支付体系重构这一准自然实验（quasi experimental）对省以下地方政府财政竞争关系进行实证检验，得到的估计结果可能会更可靠。

第 2 章

地方财政体制的历史演变与
改革进程

2.1 分权体制下地方政府间财政关系的历史演变

财政体制是处理政府间财政关系的基本制度，包括政府间收入划分、支出责任划分和财政转移支付三大类要素。从 1949 年新中国成立到 1978 年十一届三中全会提出"对内改革、对外开放"战略决策期间，中央与地方财政关系先后经历了"高度集中、统收统支"阶段（1950 ~ 1952 年）、"划分收支、分类分成"阶段（1953 ~ 1957 年）和"划分收支、总额分成"阶段（1958 ~ 1979 年），虽经集权与放权的几番调整，但始终未打破中央集中过多、地方财权较小的格局。改革开放后，党和国家的工作重心重新转移到经济建设上来，财政体制改革作为经济体制改革的突破口而先行一步，拉开了"放权让利"式社会主义市场经济建设的序幕。在这期间，我国中央与地方财政关系可大致分为分级包干体制（1980 ~ 1992 年，可细分为"划分收支、分级包干""划分税种、核定收支、分级包干"和"大包干"三个阶段）和分税制财政体制（1994年至今）两个阶段。作为中央与地方财政关系的贯彻和自然延伸，财政分权时代的省对下地方财政体制也经历了分级包干和分税制财政体制两个阶段。

2.1.1 分级包干时代的地方财政管理体制

"划分收支、分级包干"时期（1980～1984年）省对下财政管理体制的主要内容为：年初核定各市、县的年度财政收入和支出指标，然后收支挂钩，确定收入分成办法，完不成收入指标的地区要压缩支出规模，自求平衡；收入完成好的地区可以参与增收部分（当年实际收入超过上年收入的部分）的分成，具体分成比例在各省有所不同，超收部分或市县全部留用，或全部上解省级财政，或省财政与市县财政按比例分成。之后，随着中央与地方财政体制的变化，省以下地方财政体制也大致经历了"划分税种、核定收支、分级包干"时期（1985～1987年）和"大包干"时期（1988～1993/1994年）。

在分级包干时期发生了一件对省以下地方政府间财政关系影响甚为深远的事件——行政"市管县"改革。1982年12月中共中央和国务院印发了《中共中央、国务院关于省、市、自治区党政机关机构改革的若干问题的通知》，其中提出"要在经济发达地区将省辖中等城市周围的地委、行署与市委、市政府合并，由市管县。"1982年末，"市管县"改革首先在江苏省试点展开，撤销原有的地区行政公署，转而实行市领导县体制。1983 年，中共中央和国务院印发的《关于地市州党政机关改革的若干问题的通知》明确指出"以经济发达的城市为中心，以广大农村为基础逐步实行市领导县体制……是我们改革的基本目的和要求"。随后，地市合并和撤地设市工作在全国范围内开展，到 1994 年底除海南省外中国已有 30 个省份都推行了"市管县"体制。伴随行政"市管县"改革的推进，除浙江省外，财政"市管县"也逐渐取代了原先的财政省管县体制。

2.1.2　分税制改革以来的地方财政管理体制

分税制改革后各地省对下财政收入划分方式多样，除江苏、浙江和福建三个省份继续选择总额分成方式外，其他 28 个省份都采用了按税种分税的财政收入分配方式。在按税种划分收入的省份，一般把收入稳定、规模较大的税种（如增值税、营业税、企业所得税、个人所得税和城镇土地使用税）设为共享税，分享比例主要有"五五""六四""三七"三种；把收入规模小、征管难度大的税种（如资源税、城建税、城市房地产税或房产税、耕地占用税、印花税、契税等）设为市县政府的独立税种，部分省份在设置共享税和市县独立税种的同时还按行政隶属关系将主要行业或支柱产业（如石油石化业、有色电力业、邮电通信业、金融保险业）产生的主要税种收入设为省级政府独享收入。由于中央和省级政府将税收收入规模大的增值税、所得税设定为共享税，省以下地方政府基本没有独立的税种，各省名义上的分税制实则是讨价还价的分成制。

图 2-1 展示了分税制改革以来地方财政收入在各级政府间的配置情况。政府间财政收入分配关系虽几经调整，地方财政收入占全国财政收入比重没有发生大的变化，中央政府集中了全国①一半以上的财政收入，县乡级财政收入和地市级财政收入各占二成左右，省级财政收入占一成左右。

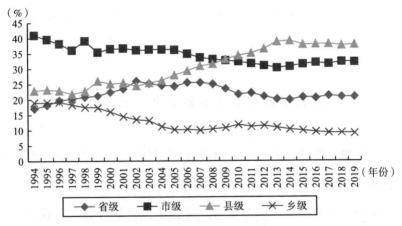

图 2-1   分税制改革以来各级财政收入占地方财政收入比重演变情况

资料来源：1994~2019 年我国一般公共预算收入级次情况［J］. 地方财政研究，2020（11）：113.

图 2-2 展示了分税制改革以来财政支出责任在各级地方政府间的配置情况。县乡级财政支出比重相对较高，地市级和省级财政支出比重相对较低。中央本级财政支出占比在 2000 年以后逐年下降并在 2008 年与地市级财政支出比重持平，约占全国财政支出的 20%；县乡级财政支出比重在 2000 年以后逐年上升，并在 2003 年后跃居

---

① 本书中所指全国不包含港、澳、台地区，后面不再赘述。

为财政支出责任最重一级政府；地市级和省级财政支出比重在各年份间虽有所波动，但变化幅度不大，其中省级政府一直是支出责任最轻的一级政府。

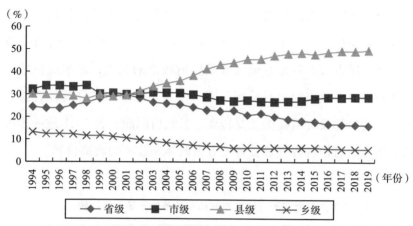

图 2 - 2　分税制改革以来各级财政支出占地方财政支出比重演变情况

资料来源：1994～2019 年一般公共预算支出级次情况 ［J］. 地方财政研究，2021 （6）：113.

2.2　地方财政体制改革目标、进程及基本类型

2.2.1　各省改革目的的比较

推行地方财政体制改革不仅有着鲜明的时代背景，也有着深远的战略意义。从五级财政向三级财政的转变也许是破解现行税收体系下省以下地方政府无税可分难题和县级财政困难的一个突破口，

因此有必要了解各省自下而上或自上而下推动省直管县改革的政策目标以及采取的措施是否有利于政策目标的实现。

在 2009 年财政部出台《关于推进省直接管理县财政改革的意见》之前，自发学习浙江省经验的省份一般将省直管县改革政策目标定位为经济发展，如安徽、湖北、吉林和黑龙江等省份都在改革目的中有类似"加快县域经济发展"的表述；在 2009 年财政部推动下展开试点改革省份，则大致按照财政部的表述，改革的目的在于理顺省以下政府间财政分配关系，不过，除山东省外其他省份在改革目的中都没有明确提及要转变市县政府职能。表 2 - 1 进一步展示了地方政府推行省直管县等地方财政体制改革的政策目标。

表 2 - 1   中央与地方推行地方财政体制改革的政策目标比较

省份	改革目的	资料来源
中央	理顺省以下政府间财政分配关系，推动市县政府加快职能转变，更好地提供公共服务，促进经济社会全面协调可持续发展	财预［2009］78 号
河北	加快县域经济发展，推进城市化进程	冀政［2005］8 号
山西	致力于和谐社会的建设，建立各级收入共同增长机制，促进各级财政良性发展，调动各级增收节支的积极性；适应社会主义市场经济体制和公共财政的发展要求，统一和规范省对市、市对县财政体制，合理划分收支范围，实现事权与财权的统一	晋政发［2006］45 号
辽宁	规范省以下政府间财政分配关系，建立财政收入的稳定增长机制，促进全省经济和社会事业的协调发展	辽政发［2010］9 号
吉林	扩大县域经济社会管理权限，加快县域经济社会发展	吉政发［2005］17 号
黑龙江	完善省管县财政管理体制，促进县域经济加快发展	黑政发［2007］87 号

省份	改革目的	资料来源
江苏	适应经济迅速发展和社会主义市场经济体制逐步完善的需要	苏政发〔2007〕29 号
浙江	探索符合省情的财政体制，促进和保持全省财政与经济良性循环，推动全省城乡、区域和经济社会全面、协调、可持续发展，加快全面建设小康社会、提前基本实现现代化	浙政发〔2003〕38 号
安徽	理顺财政分配关系，加快县域经济发展	皖政〔2004〕8 号
江西	促进经济又好又快的发展和社会主义和谐社会的构建； 理顺和规范省以下财政分配关系，促进县域经济又好又快发展	赣府字〔2007〕12 号 赣府发〔2009〕6 号
山东	创新财政管理方式，理顺省以下财政分配关系，更好地调动市县发展经济的积极性，推动市县政府加快职能转变，增强县乡财政保障能力，促进县域经济加快发展和城乡统筹协调发展	鲁政发〔2009〕110 号
河南	推进经济结构调整和发展方式转变，建立有利于科学发展的财政体制，促进我省经济社会又好又快发展	豫政〔2009〕32 号
湖北	理顺和规范省以下财政分配关系，加快县域经济发展	鄂政发〔2004〕20 号
广东	合理调整省以下各级财政收入划分范围，进一步形成省级与市县财政收入同步增长机制，适当增加省级财力，增强省级对经济社会发展的调控能力，为促进区域协调发展，推进基本公共服务均等化，实现全面协调可持续发展创造条件	粤府〔2010〕169 号
四川	为贯彻落实"坚持科学发展、构建和谐四川"的主题，加快县域经济发展，努力实现"四个跨越"，促进城乡共同繁荣	川府发〔2007〕58 号
湖南	完善分税制财政管理体制，规范政府间财政关系，促进县域经济快速发展，推进基本公共服务均等化，统筹城乡区域协调发展	湘发〔2010〕3 号

省份	改革目的	资料来源
陕西	理顺财政分配关系，加快县域经济发展	陕政发［2006］65号
甘肃	改革和完善财政管理体制，加快县域经济发展	甘政发［2007］51号
青海	理顺和规范省以下政府间财政分配关系，提高财政资金运行效率，有效缓解县乡财政困难	青政办［2007］17号

资料来源：笔者根据各省政府和财政部门门户网站搜集整理。

根据中央政府的定位，省直管县等地方财政体制改革的直接政策目标是理顺省以下政府间财政分配关系、解决县级财政困境问题。由于1994年的分税制改革没有很好地解决省以下地方政府间财政收入划分问题，再加上地方政府间支出责任划分不清，全国普遍出现了县乡财政困难，因此需要改变财政资源的配置方式，通过县域经济的发展和省对下转移支付制度的完善来保障县级基本财力。改革的最终目标是厘清省以下地方政府间职能关系，以便县级政府更好地提供公共服务，促进地方善治。在市管县体制下作为基层政府的地市级政府不仅承担着管理县级政府的职责，也承担着直接向社会提供公共服务的职责，职能混乱造成了市县关系的紧张。因此改革的最终目的在于促进政府职能转变、构建服务型基层政府。

2.2.2　各省改革进程的比较

表2-2展示了各省份推行省直管县地方财政体制改革进程的基本情况。在改革进程上，"一步到位"与渐进改革两种方式并存。吉林省（不含延边自治州）、黑龙江省、江苏省、浙江省（不含宁

波市)、福建省(不含厦门市)、湖北省(不含恩施自治州)选择了"一步到位"式改革。安徽省和湖南省除个别地区外也一步到位在全省范围内推行省直管县改革,安徽省在 2004 年除市辖区和马鞍山市、铜陵市、淮南市、淮北市所辖县外,全省 57 县都推行了省直管县改革;湖南省在 2010 年除市辖区、湘西自治州所辖县市、长沙市所辖长沙县和望城区仍维持省管市州、市州管县市的财政管理体制外,其余 79 个县(市)实行财政"省直管县"改革。大多数省份选择了渐进改革的方式,其中江西省和广西壮族自治区已经将全部县(市)纳入了改革范围,其他地区则只有部分地区纳入改革范围,如河北省、河南省、甘肃省等有三批试点县纳入了改革范围,四川省、贵州省、陕西省等有两批试点县纳入改革范围,山西省、云南省、青海省等则只有个别地区纳入试点改革范围。

表 2 - 2 各省份地方财政体制改革进程

省(区、市)	管理模式	改革试点县(市)
北京	行政管理型	—
天津	行政管理型	—
河北	全面管理型	2005 年:辛集、平山、承德、丰宁、怀来、张北、昌黎、迁安、遵化、三河、霸州、涿州、定州、安国、任丘、黄骅、冀州、安平、清河、宁晋、武安、大名 2009 年:行唐、深泽、无极、元氏、赵县、晋州、新乐、平泉、卢龙、滦县、滦南、玉田、香河、定兴、容城、望都、蠡县、雄县、高碑店、东光、盐山、肃宁、南皮、吴桥、献县、泊头、河间、武强、故城、阜城、饶阳、柏乡、隆尧、威县、临西、南宫、广平、临漳、邱县、肥乡、馆陶、魏县、曲周 2010 年:赞皇、高邑、灵寿、兴隆、围场、尚义、涿鹿、阳原、蔚县、康保、沽源、文安、大城、涞水、涞源、易县、阜平、曲阳、唐县、博野、顺平、高阳、巨鹿、新河、广宗、临城、平乡、鸡泽

续表

省（区、市）	管理模式	改革试点县（市）
山西	补助管理型	2007 年：娄烦、阳高、天镇、广灵、灵丘、浑源、壶关、平顺、武乡、右玉、五台、静乐、神池、宁武、河曲、保德、偏关、五寨、繁峙、岢岚、代县、临县、石楼、方山、兴县、岚县、中阳、左权、和顺、大宁、永和、隰县、汾西、吉县、平陆
内蒙古	—	（未试点改革）
辽宁	补助管理型 全面管理型	2006 年：新民、普兰店、长海、海城、抚顺、本溪、东港、凌海、大石桥、阜新、辽阳、铁岭、凌源、大洼、绥中 2011 年：绥中
吉林	全面管理型	2005 年：除延边州下辖地区外的其他县（市）
黑龙江	全面管理型	2007 年：下辖各县（市）
上海	行政管理型	—
江苏	全面管理型	2007 年：下辖各县（市）
浙江	全面管理型	1994 年：除宁波市管辖 5 个（市）县外的其他 53 个县（市）
安徽	全面管理型	2004 年：全省 57 个县（包括县级市，不包括市辖区和马鞍山、铜陵、淮南、淮北市辖县）
福建	省市共管型 全面管理型	2003 年：除厦门市管辖（市）县外的其他县（市） 2009 年：除厦门市管辖（市）县外的其他县（市）
江西	全面管理型	2005 年：修水、莲花、安远、赣县、宁都、寻乌、兴国、于都、会昌、上犹、上饶、鄱阳、余干、横峰、广昌、乐安、永新、遂川、井冈山、吉安、万安 2007 年：浮梁、武宁、永修、都昌、湖口、彭泽、星子、九江、余江、南康、信丰、定南、全南、瑞金、石城、奉新、万载、上高、宜丰、靖安、铜鼓、玉山、铅山、弋阳、万年、婺源、吉水、永丰、安福、峡江、南城、南丰、黎川、崇仁、宜黄、金溪、资溪、东乡 2009 年：南昌、新建、进贤、安义、乐平、上栗、芦溪、德安、瑞昌、分宜、贵溪、大余、崇义、龙南、丰城、高安、樟树、广丰、德兴、新干、泰和（扩围至下辖全部市县）
山东	省市共管型	2009 年：商河、高青、莱阳、安丘、金乡、泗水、郯城、平邑、宁阳、莘县、冠县、曹县、鄄城、夏津、庆云、惠民、阳信、利津、荣成、莒县

续表

省（区、市）	管理模式	改革试点县（市）
河南	补助管理型	2004 年：巩义、项城、固始、邓州 2007 年：中牟 2009 年：兰考、宜阳、郏县、滑县、封丘、温县、范县、鄢陵、卢氏、唐河、夏邑、潢川、郸城、新蔡、正阳
湖北	全面管理型	2004 年：除恩施自治州所属的 8 个县（市）外其他 52 个县（市）全部实行省直接管理的财政体制
湖南	全面管理型	2010 年：浏阳、宁乡、株洲、醴陵、攸县、茶县、炎陵、湘潭、湘乡、韶山、衡南、衡阳、衡山、衡东、常宁、祁东、耒阳、邵东、新邵、隆回、武冈、洞口、新宁、邵阳、城步、绥宁、汨罗、平江、湘阴、临湘、华容、岳阳、津市、安乡、汉寿、澧县、临澧、桃源、石门、慈利、桑植、沅江、南县、桃江、安化、东安、道县、宁远、江永、江华、蓝山、新田、双牌、祁阳、资兴、桂阳、永兴、宜章、嘉禾、临武、汝城、桂东、安仁、冷水江、双峰、涟源、新化、沅陵、辰溪、溆浦、麻阳、新晃、芷江、中方、洪江、会同、靖州、通道
广东	省市共管型 全面管理型	2004 年：除深圳市管辖（市）县外的其他县（市） 2010 年：顺德、兴宁、南雄、紫金、封开 2012 年：龙川、五华、博罗、阳春、徐闻、高州、英德、饶平、普宁、罗定 2013 年：南澳、仁化、丰顺、陆河、怀集、揭西
广西	补助管理型	2010 年：上林、融水、龙胜、蒙山、合浦、上思、浦北、平南、博白、田林、昭平、都安、象州、天等 2011 年：全部下辖县（市）
海南	行政管理型	—
重庆	行政管理型	—
四川	全面管理型	2007 年：富顺、盐边、泸县、什邡、绵竹、广汉、中江、江油、三台、射洪、威远、资中、峨眉山、夹江、南部、仪陇、阆中、宜宾、岳池、华蓥、大竹、渠县、宣汉、简阳、安岳、仁寿、平昌 2009 年：荣县、合江、叙永、古蔺、罗江、盐亭、梓潼、安县、苍溪、剑阁、旺苍、蓬溪、大英、隆昌、犍为、井研、西充、蓬安、营山、南溪、江安、长宁、高县、兴文、邻水、武胜、万源、开江、南江、通江、彭山、乐至

续表

省（区、市）	管理模式	改革试点县（市）
贵州	补助管理型	2009 年：盘县、遵义、桐梓、绥阳、湄潭、凤冈、余庆、仁怀、习水、正安、道真、务川、平坝、普定、镇宁、毕节、大方、黔西、金沙、织金、威宁、松桃、石阡、印江、思南、德江、六枝特区、水城、纳雍、赫章、万山特区 + 三都、平塘、雷山 2013 年：赤水、江口、玉屏、沿河、紫云、关岭、开阳、修文、息烽、清镇 剔除了转为区的七星关区和万山区
云南	全面管理型	2010 年：镇雄、宣威、腾冲
西藏	—	（未试点改革）
陕西	全面管理型	2007 年：蓝田、宜君、太白、永寿、大荔、佛坪、留坝、宁陕、岚皋、镇安、丹凤、黄龙、延长、佳县、定边 2009 年：周至、扶风、陇县、淳化、武功、富平、浦城、镇巴、紫阳、山阳、清涧
甘肃	补助管理型	2007 年：榆中、永登、会宁、张家川、敦煌、金塔、临泽、高台、民勤、临洮、礼县、崇信、静宁、镇原、东乡、夏河 2009 年：皋兰、靖远、景泰、秦安、武山、瓜州、阿克塞、民乐、山丹、古浪、天祝、通渭、岷县、陇西、宕昌、西和、庄浪、泾川、庆城、华池、正宁、临夏、积石山、永靖、临潭 2011 年：永昌、清水、甘谷、玉门、肃北、肃南、渭源、漳县、成县、文县、康县、徽县、两当、灵台、华亭、宁县、合水、环县、和政、康乐、广河、卓尼、舟曲、迭部、碌曲、玛曲
青海	补助管理型	2007 年：大通、湟中、湟源、民和、互助、乐都、平安、循化、化隆
宁夏	—	（未试点改革）
新疆	—	（未试点改革）

资料来源：笔者根据各省政府和财政部门门户网站搜集整理。

图 2-3 展示了财政部 2009 年出台改革文件之前 1628 个样本县财政省直管县改革进程，2000 年只有 57 个县采用了省直管县模式，

占样本县的 3.50%；2009 年则有 766 个县采用省直管县模式，占样本县的 47.05%。

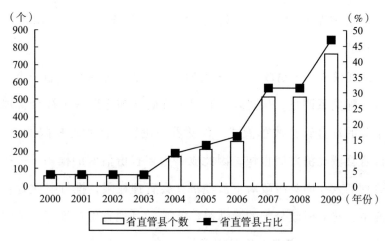

图 2 - 3　省以下地方财政体制改革进程

资料来源：笔者根据各省政府和财政部门门户网站搜集整理。

2.2.3　地方财政体制改革模式比较

根据各种管理模式的特点，财政省直管县改革大致可以分为四种模式。北京市、上海市、海南省等采取的行政管理型省直管县源于直辖市（省）地域面积较小，只设市—区县—乡镇（街道）三级政府，是其他省份不能模仿学习的。全面管理型是其他三类模式中属于改革最彻底的省直管县模式，是对县级政府财政放权最大的一种，这种模式主要被浙江、江苏等发达省份所采用。补助管理型和省市共管型的省直管县则对县级财政放权不彻底，市级财政在省—县财政往来关系中还发挥着重要作用，主要被中西部地区所采用。福建和山东两省比较特殊，虽然这两个地区处于东部沿海发达地区，但由于历史原因在2009年前采用的是省市共管型，但在财政部出台省直管县改革文件后逐步向全面管理型转变。在改革过程中，各省结合实际探索出了几种典型模式。

浙江模式——财政主导型。浙江模式是一种侧重于省—市—县财政分配关系调整，从财政体制寻求突破并辅之以一定社会管理权限下放的省直管县改革模式。伴随着一轮轮经济管理权限的下放，浙江省县域经济发展很快，因此成了很多省份借鉴的模板——从经济管理切入，向县级政府下放经济社会管理权限，推行财政省直管县改革，建立财政分配的激励相容机制 。其他省份在推行改革的时候往往选择了经济实力相对较强的县（市），因而这是一种效率导向的改革模式。浙江省改革时间较早，向县政府放权比较彻底，取得成效也很明显。

海南模式——行政主导型。海南模式注重行政上的省直管县。其实，从1988年设立海南省以来，海南就没有地市级政府管理县级政府的制度，这与海南省行政区域面积较小有很大关联，省政府同时能够管理市级政府和县级政府。在2008年，海南省政府进一步放权，将177项行政管理权限下放到县级政府。由于海南模式有其特殊的地理原因，对其他省份借鉴意义并不大。不过，行政上的省直管县是进一步改革的方向。

湖南模式——财政、行政同步。与浙江模式单纯推行财政省直管县不同，湖南省采取了一步到位的改革方式。湖南省改革时间虽相对较晚，但没有采取渐进试点改革的办法，在2010年将除民族自治地区之外的所有县（市）都纳入了改革范围。此外，根据《湖南省省直管县体制改革建议方案》，湖南省直接推行财政和行政上的双直管，较好地解决了县级政府面临"两个婆婆"难办事的问题，这在全国省直管县改革省份中是较为成功的案例。

地方财政体制改革减少财政管理层级难免要触及利益分配关系和改变既有政府间权力配置格局，因此地方财政体制改革的过程也是地方政府间利益博弈的过程，博弈关系的强弱在某种程度上决定了地方财政体制改革的类型。在地方财政管理体制改革过程中省级政府有进行试点改革和不进行试点改革两种博弈策略，试点改革的收益是能够壮大县域经济、缓解县级财政压力。同样，县级政府也有两类博弈策略——争取试点改革和不争取试点。县政府基于自身利益考虑往往会表现出强烈的改革动机，尤其是贫困落后地区改革积极性更高。如河南省政府第一批试点改革的范围原本是 20 个，但由于各县（市）的强烈要求，省政府在正式确定改革名单时扩围到 35 个，下放的经济管理权限也由最初设定的 40 条增加到了 80 条。由此看出，省政府和县政府在要不要进行试点改革的问题上立场基本一致，为便于分析，我们可以把省政府看作县政府的代言人，地方财政改革中的博弈关系简化为省政府与市政府之间的博弈。

在"市管县"体制下，市级财政担当着"中转站"的角色，大力发展城市社会经济，而忽略了县域经济的发展，城市经济不仅没有发挥外溢效应带动县域经济的发展，反而像抽水机一样抽取了县域经济发展的资源。地方财政体制改革就是要取消这种不

合理的发展现状。但是改革后市政府对县政府的财政补助也相应
地减少了。在具体应对改革的负面影响上，市政府一般会要求推
迟试点改革的时间，在推迟办法不可行的情况下行政区域的调整
便成了市政府为减少利益冲击的一个重要手段，市政府一方面争
取市政府对财政富裕县或资源大县"改县为区"的政策支持；另
一方面通过各种方式说服县政府同意改为区政府。这一点在江苏
省改革过程表现得淋漓尽致，由于市级权力普遍受损，各市级政府
容易形成利益联盟共同抵制省直管县改革的推行。无论是苏南还是
苏北，各地级市在省委省政府的相关会议上共同抵制改革措施的推
行。因此，合作和不合作是市级政府的两种基本博弈策略，在合作
情况下，市级政府成了利益受损者；在不合作情况下市级利益受到
冲击相对较小。

　　由于各个省份进行改革的成本收益不同，地方政府间的博弈结
果是形成了三条不同的改革道路（见图 2 - 4）。在省政府和县政府
改革意愿强烈、市政府合作态度良好的情况下可以从市管县直接过
渡到全面管理型的省直管县制度；在省政府改革力度较弱的情况
下，补助管理型的省管县成为地方政府间财政博弈的解；在市政府
对改革合作不积极或市管县体制下市县关系比较融洽的情况下，省
市共管型的省管县制度成为博弈的解。根据县级政府自主理财原
则，路径 A 应该是省直管县财政改革的最佳模式。在路径 B 和路径
C 中市级财政仍很大程度上参与县级财政管理，因而还存在一定局
限性，在各方面条件成熟之后需要继续深化改革。

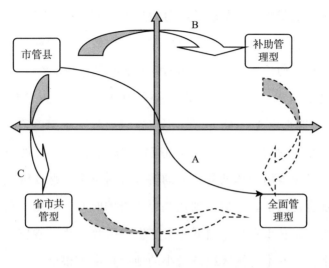

图 2 - 4 地方财政体制改革模式的三条路径

资料来源：笔者绘制。

2.3 地方财政体制改革的基本内容

2.3.1 扁平化的财政层级变革

科层制下的"官僚主义、腐败、效率低下"三大管理难题通常很难得到有效解决，在"政府再造"的潮流下各国政府纷纷通过改革组织管理模式来寻求公共服务的有效提供。中国政府的扁平化改革主要集中体现在财政管理的层级改革（即省直管县与乡财县管两项改革）和经济社会管理权限下放（强县扩权改革）两方面。由于1994年分税制改革后财政级次过多，省以下财政管理体制成了分成制与包干制的凝固态，基层政府财力显得十分窘迫（贾康，2007）。在市管县体制下，中央和省级政府对县级财政的补助都要通过市级财政，在现代通信技术日渐发达的背景下显得有些多余。图2-5便说明了这个情况，若省级政府要补助县 B_{11}，财政资金的流向是"省财政→地级市 A_1→县 B_{11}"，不仅省级财政要承担该笔资金的管理成本，市级政府 A_1 也要承担相应管理成本，多头管理使得行政支出挤占了原本用于补助县政府的转移支付资金。财政资金流通环节的增加也延迟了转移支付到达基层政府的时间，降低了资金使用效率。另外，在市管县体制下还会产生"财政漏斗"效应。在市管县体制下，一些本身城区经济量小的地级市由于很难靠自身财力维持市政府的正常运转而会采取"市卡县""市刮县"的行为，利用行政手段对下"抽血加压"或利用转移支付资金转手机会"截流"，造成县级政府事责偏大而财力过小的状况，形成了市管县体制的"财政漏斗"。这在图2-5中的表现就是财政资金流渠道越往基层越小。财政省直管县改革使得地方政府间财政关系变为"省级财政——市级财政+县级财政"，取消了地市级财政这一中间环节，

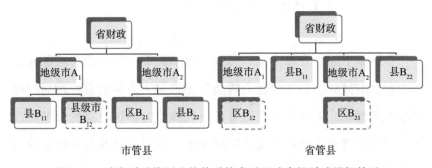

图2-5　地方财政体制改革前后的省以下政府间财政层级关系

资料来源：笔者绘制。

市级财政与县级财政的竞争关系从"父子竞争"转变成"兄弟竞争"，县级财政的独立性得到了提升。

推进省直管县等地方财政体制改革后，如果省级政府有资金转移到县级政府不必再通过市级财政这一环节，财力能够快速有效地下沉到基层政府，当然在省直管县体制下区政府的财政仍归市级财政管理。地市级为避免财政管理权的旁落，在地方财政体制改革过程中要求推行"撤县设区"改革，如江苏省南通市在推行省直管县财政体制改革 2 年后在 2009 年将通州市划归为通州区，从而增大了市级财政的"蛋糕"。

由于县级财政与省级财政发生资金往来关系时不存在市级财政，使得财政管理变得更加精简、纵向管理层级更少，较好地解决了"金字塔"式地方财政层级管理体系中管理层次重叠、冗员多、组织机构运转效率低下的弊端，缩短了省级财政资金到达县级财政的时滞，起到了有效降低财政交易成本的作用。省级财政虽然会因为管理单位的增加而导致管理成本上升，但在实现财政管理的规模经济情况下，总的财政管理成本变化趋势仍是在减少的。在扁平化管理模式下省级财政直接与县级财政建立往来关系，减少了委托代理管理层次、降低了信息不对称程度，尤其是在国库集中支付系统下财政联网使得省级支付能够及时把握县级财政运行状况，省政府能够有重点帮扶财政贫困县，化解潜在的财政风险。此外，扁平化的管理模式还有助于提高财政均等化程度，进而促成城乡和区域间基本公共服务均等化的实现。

2.3.2　财政收入划分的变革

财政部对省以下地方政府间财政收入划分改革的总体要求是

"按照规范的办法，合理划分省与市、县的收入范围"。根据各省份实际改革情况来看，省以下地方政府间财政收入划分的变革体现在以下几个方面：一是按照收入属地划分原则，在现行体制规定的中央和省级收入分享范围和比例不变，各市不再参与分享直管县的税收收入和各项非税收入，按税种划分为省级固定收入、地市级和县（市）级的固定收入、省与市县政府的共享收入，采取这一模式的有河北省、山西省、辽宁省、吉林省、江苏省、浙江省、山东省、河南省、湖北省、湖南省、广东省、广西壮族自治区、海南省、四川省、贵州省、甘肃省等，在收入划分改革时为维护地级市政府的既得财政利益，往往会通过核定改革基数的方式给予地市级政府税收返还；二是一些省份并未取消地级市的财政收入分成，省、市、县三级政府的财税收入分配格局在省直管县改革前后没有发生实质性变化，采取这一模式的有安徽省和青海省。表 2－3 展示了各省份在地方财政体制改革过程及后续改革中对省以下地方政府间财政收入划分的规定。

表 2－3　　各省份地方财政体制改革中的财政收入划分改革

省份	改革内容	政策依据
河北	从 2005 年 1 月 1 日起，设区市不再分享扩权县（市）收入，扩权县（市）收入除按现行财政体制上缴中央、省部分外，其余全部缴入本级金库	冀政〔2005〕8 号
	增值税属地征收，省分享 10%，直管县分享 15%；除地方金融业务营业税作为省级固定收入外，地方营业税直管县分享 100%；企业所得税剔除中央收入外，省财政和直管县各分享 20%；个人所得税中央 60%，省分享 10%，直管县分享 30%；资源税省分享 60%，直管县分享 40%；除上述税收和中央原固定收入外的其他各项税收收入，按属地征收，全部为直管县本级收入	冀政〔2009〕51 号

省份	改革内容	政策依据
山西	省市县税收收入共享范围为增值税、营业税、资源税、企业所得税、个人所得税五个税种的地方留成部分，城镇土地使用税全部下放为市县收入。五税分享比例为：省级分享 30%，市级分享比例不超过 15%，县级分享比例不低于 55%；按原体制规定未参与县级税收收入分享的市，改革后原则上仍不参与县级收入分享；确因市级以上企业收入基数下放对市级财力增长影响较大的，经批准市级可适当参与县级收入分享。市与市辖区的收入分享比例按照充实和增强县级财政实力的原则由市级确定	晋政发〔2006〕45 号
辽宁	葫芦岛市财政收入不再分享绥中县财政收入，铁岭市财政收入不再分享昌图县财政收入，绥中县和昌图县财政收入范围主要包括：县域内实现的增值税 25%、企业所得税 40%（不含中央固定收入）、个人所得税 40%、营业税、房产税、资源税、城市维护建设税、印花税、城镇土地使用税、土地增值税、车船税、耕地占用税、契税、烟叶税、其他税收收入全部作为县的固定收入，实行属地征管、属地入库。各项非税收入及基金收入的征收管理权限由市全部下放到县管理，除按规定需上缴国家和省分成的非税收入和基金收入外，其余均作为县级收入范围，市级征收部门不再参与分成	辽政办发〔2011〕33 号、辽政办发〔2012〕35 号
吉林	省级固定收入包括：省及省以下各银行、保险公司和非银行金融机构上缴的金融保险营业税（包括城市和农村信用社），省级企业上缴的国有资产经营收益和国有企业计划亏损补贴，行政性收费收入，罚没收入，其他收入等；市级固定收入包括：城市维护建设税、房产税、城镇土地使用税、车船使用和牌照税、印花税、土地增值税、耕地占用税、契税、市级企业上缴的国有资产经营收益和国有企业计划亏损补贴、行政性收费收入、罚没收入、其他收入等；县（市）级固定收入主要包括：城市维护建设税、房产税、城镇土地使用税、资源税、印花税、农业特产税（烟叶）、耕地占用税、契税、县（市）级企业上缴的国有资产经营收益和国有企业计划亏损补贴、行政性收费收入、罚没收入、其他收入等；省与市、县（市）共享收入：增值税（地方分享 25% 部分）、营业税（不含金融保险营业税）省与市、县（市）的分享比例为 5∶5，企业所得税（地方分享 40% 部分）省与市、县（市）的分享比例为 4∶6	吉政发〔2005〕17 号

省份	改革内容	政策依据
江苏	除省级收入外，市级与县（市）级财政收入按收入属地原则统一划分 尊重历史事由进行协商划分，分清收入级次。划分后，原市、县之间分享集中的收入包括单项收入，以 2005 年为基期年由市、县双方财政部门商定划转基数 对新产生的各项税收等收入划分应按收入属地原则办理，市、县之间不得再分享集中对区域内的财政收入包括单项收入	苏政发〔2007〕29 号、苏财预〔2007〕22 号
江苏	地方营业税以 2007 年为基期年，对增量部分全额留给地方；对地方新引进的银行保险机构缴纳的营业税，由省给予 50%的返还奖励。地方增值税以 2007 年为基期年，对增量部分省统一集中 50%，同时相应调整出口退税超基数负担比例。其中，对利用新能源发电企业缴纳的地方增值税增量部分，全额留给地方；对新办火力发电厂增值税 25% 地方部分，全部上交省级，按区域发展要求实行不同的返还政策 除耕地占用税仍按总额集中 50% 外，以 2007 年为基期年，对地方城镇土地使用税、土地增值税、房产税和契税等四税增量省统一集中 30% 以 2007 年为基期年，除对企业所得税和罚没收入增量仍由省集中 20% 之外，对个人所得税、城市维护建设税、印花税、资源税、车船使用和牌照税等地方其他税收收入增量和预算内非税收入增量，省均不再集中，全额留给地方	苏发〔2008〕15 号
浙江	省级收入：全省电力企业（不包括市县及以下单位开办的小水电或新能源发电）缴纳的增值税、企业所得税等地方分享部分，全省储蓄存款利息所得税地方分享部分，全省银行及保险、证券等非银行金融企业（不包括交通银行、城市商业银行和城市、农村信用社）缴纳的营业税和企业所得税等地方分享部分，与杭州市实行总额分享的省级收入，跨地区经营、集中缴纳所得税等地方分成部分（市县按投资比例应得的收入分成，年终由省财政结算返还），省级各项非税收入和各类基金收入 市、县（市）级收入：除规定为中央和省级以外的收入，包括市、县（市）企业增值税、企业所得税、个人所得税地方分享部分，营业税、城市维护建设税、农业税、契税等；市、县（市）各项非税收入和各类基金收入 固定上交市、县（市）原体制上交以及分税制增值上交省部分，以 2002 年决算数为基数，作为固定上交；增量分成 2003 年以后，杭州及其他市、县（市）地方财政收入超过 2002 年收入基数的增量部分，省得 20%，市、县（市）得 80%，继续对少数贫困县和海岛县作适当照顾；原由省直接征收和杭州市代征的省级收入（不包括电力、金融业及跨地区经营、集中缴纳企业的增值税、营业税、所得税和储蓄存款利息所得税地方分享部分，各项非税收入和各类基金收入）并入杭州市，全部由杭州市税务部门组织征收管理，省与杭州市根据 2002 年各自所占的收入份额，按比例实行收入总额分享	浙政发〔2003〕38 号、浙政发〔2008〕54 号

续表

省份	改革内容	政策依据
浙江	全省金融业营业税调整为省与市、县（市）共享收入，省与市、县（市）统一按"六四"比例分享，60%部分为省级地方财政收入，40%为市、县（市）级地方财政收入，分别入库。原省级金融业营业税下放市、县（市）40%，原市、县（市）级金融业营业税上划省60%；原省级金融业企业所得税全部下放市、县（市），地方分享的40%部分为市、县（市）级地方财政收入。原属省级的电力生产企业增值税、企业所得税下放市、县（市），地方分享的增值税25%部分、企业所得税40%部分为市、县（市）级地方财政收入。上述收入下放、上划以2011年入库数（或核定数）为基数，相应调整市、县（市）上交省财政的数额或省财政对市、县（市）的补助数额	浙政发〔2012〕85号
安徽	按照积极稳妥、循序渐进的原则，现行符合省财政支持县域经济发展要求的市、县财政收支范围暂不作调整	皖政〔2004〕8号
福建	省财政直接核定设区市和县（市）的财政体制、确定设区市、县（市）各自的财政收支范围，按照财政收支划分情况直接核定设区市、县（市）的财政收支基数	闽财预〔2009〕130号
江西	取消设区市对试点县市各项政府性基金收入的分成办法，试点县市按原规定应上交设区市的各项政府性基金收入留归自己	赣府发〔2005〕2号
山东	按照收入属地划分原则，现行体制规定的中央和省级收入分享范围和比例不变，设区市不再参与分享直管县（市）的税收收入和各项非税收入，包括设区市在直管县（市）境内保留企业的收入	鲁政发〔2009〕110号
山东	自2013年起，将省级分享的一般企业营业税、企业所得税、个人所得税以及石化企业增值税，胜利石油管理局增值税，电力生产企业增值税和企业所得税，国家开发银行山东分行、高速公路和铁路运输企业城市维护建设税和教育费附加，全部下划市县，作为市县财政收入，属地征管、就地缴库。省级保留的税收全部为跨区域经营特殊企业税收，具体包括：中石化胜利油田分公司增值税和石油（天然气）资源税、电网企业所得税和增值税、高速公路及铁路运输企业所得税和营业税地方分享部分，以及中央财政划转的跨省市总分机构企业所得税 自2013年起，对增值税、营业税、企业所得税、个人所得税、资源税、房产税、城镇土地使用税、土地增值税、耕地占用税和契税收入比核定的2012年收入基数增长部分，由省与市县按照15：85的比例分成。其中，耕地占用税2013～2015年省级暂不分成。省级分享的税收，年终由市县通过体制结算上解	鲁政发〔2013〕11号

省份	改革内容	政策依据
河南	市县增值税收入（地方留成部分）以 2008 年为基数，增量部分省级分成 20%，取消省下划郑州市增值税收入上解递增规定；市县企业所得税收入（地方留成部分）增量部分省级分成比例从 20% 调整为 15%；市县资源税收入以 2008 年为基数，增量部分省级集中 30%；市县耕地占用税收入以 2007 ~ 2008 年两年加权平均数为基数（分年权重为 2007 年 1/3 和 2008 年 2/3），增量部分省级集中 20%；市县罚没收入和行政性收费收入中的社会抚养费收入以 2008 年为基数，增量部分省级分别集中 20%	豫政〔2009〕32 号
湖北	将原财政管理体制规定的省参与分享的税收收入（增值税 8%、营业税 30%、企业所得税 15%、个人所得税 15%）全部下划到市县，其他财政收入省与市县划分范围不变 省级财政分享税收主要包括：中央财政调库划转的跨省市总分机构企业所得税地方分享部分，中央核定我省个人储蓄存款利息所得税省级 40% 部分（根据中央决定，已从 2008 年 7 月 1 日起暂停征收），铁路、高速公路等另有规定由省直接集中征收有专项用途的税收等。省级财政继续按 32% 比例分享中央消费税、增值税增量返还 市县财政分享税收主要包括：增值税 25%、一般企业所得税 40%（不含中央独享及中央、省级分享税收）、一般个人所得税 40%、营业税 100% 以及房产税、资源税、城市维护建设税、印花税、城镇土地使用税、土地增值税、车船税、耕地占用税、契税、烟叶税和其他税收收入等。市县财政继续按 68% 比例分享中央消费税、增值税增量返还	鄂政发〔2010〕64 号
湖南	湖南中烟公司、华菱集团的增值税继续作为省级收入，其他增值税由省与市州或县市按 25∶75 比例分享；除中央所属铁路以外的其他铁路运营环节实现的营业税，高速公路和铁路设计、施工、监理环节实现的营业税继续作为省级收入，其他营业税由省与市州或县市按 25∶75 比例分享；湖南中烟公司、华菱集团以及部分跨省市总分机构等企业所得税继续作为省级收入，其他企业所得税省与市州或县市按 30∶70 比例分享；个人所得税由省与市州或县市按 30∶70 比例分享；资源税由省与市州或县市按 25∶75 比例分享；土地增值税、城镇土地使用税、房产税、城市维护建设税、印花税、车船税、烟叶税、耕地占用税、契税等其他税收收入作为市州或县市固定收入；除属于省、市州、县市固定非税收入之外，其他非税收入由省与市州或省与县市分别分享	湘发〔2010〕3 号、湘财预〔2010〕107 号

省份	改革内容	政策依据
广东	除南方电网公司、中国电信广东公司、中国移动通信集团广东有限公司、广东电网公司、广东中烟工业有限责任公司和省粤电集团有限公司企业所得税，以及中央返还总分机构企业所得税继续作为省级固定收入外，其他所得税地方收入部分均由省级与市县按"五五"比例分享；营业税、企业所得税、个人所得税、土地增值税地方收入部分，省级与市县分享比例由"四六"调整为"五五" 省级固定收入：地方铁路（三茂铁路总公司、广梅汕铁路总公司）和南方航空集团公司运输营业税，金融保险业营业税（不含各银行总行、各保险总公司集中缴纳的营业税）；电力增值税（维持原体制执行范围不变）；南方电网公司、中国电信广东公司、中国移动通信集团广东有限公司、广东电网公司、广东中烟工业有限责任公司和省粤电集团有限公司企业所得税以及中央返还总分机构企业所得税；消费税、增值税增量中央1：0.3系数返还部分 市县固定收入：增值税（不含属于省级固定收入部分），房产税，车船税，资源税（不含海洋石油资源税），印花税（不含证券交易印花税），城镇土地使用税，耕地占用税，契税，城市维护建设税，烟叶税	粤府〔2010〕169号
广西	国内增值税地方分享25%部分由自治区与征管属地按比例分享，自治区分享8%，征管属地市或县（市）分享17%，税收返还增量自治区不参与分享；区内各级各类银行及非银行金融机构的金融保险营业税继续作为自治区本级固定收入，其余营业税由自治区与征管属地按比例分享，其中自治区分享40%，征管属地市或县（市）分享60%；企业所得税地方分享40%部分不再按企业隶属关系划分为各级财政收入，除中央明确规定划为中央收入的企业所得税及中央核定的跨地区经营集中缴库企业所得税（40%部分）外，其余各类企业所得税由自治区与征管属地按比例分享，其中自治区分享10%，征管属地市或县（市）分享30%；利息所得税地方分享40%部分继续作为自治区本级固定收入，其余个人所得税地方分享40%部分由自治区与征管属地按比例分享，其中自治区分享15%，征管属地市或县（市）分享25%	桂政发〔2004〕73号、桂财预〔2004〕184号
海南	省本级固定收入：金融保险业营业税（不含洋浦金融保险业营业税），跨地区经营、集中缴库的中央企业所得税地方分享部分，利息所得税地方分享部分 市、县固定收入：资源税、城市维护建设税、房产税、印花税、城镇土地使用税、车船税、耕地占用税 共享收入：增值税（地方25%部分）、营业税（不含金融保险业营业税）、企业所得税（地方40%部分，不含跨地区经营、集中缴库中央企业所得税）、个人所得税（地方40%部分，不含利息所得税）、土地增值税和契税6项税收。省与海口市分享比例为55：45；省与三亚市、洋浦分享比例为35：65；省与其他市、县分享比例为25：75	琼府〔2007〕78号、琼府〔2012〕72号

省份	改革内容	政策依据
四川	对增值税、营业税等 8 个税种，省与试点县（市）按 35∶65 比例分享，其中对纳入扩权试点的民族待遇县省仍暂不参与分享。企业所得税实行中央、省级企业所得税 40% 部分暂留省级，县级以下企业所得税 40% 暂留县级的分享办法。扩权试点县（市）与地级市互不参与税收分享。对扩权试点县（市）的行政性收费、专项收入、政府性基金收入等非税收入按照有关规定分别缴入中央、省、试点县级金库或财政专户，所在地级市不再参与试点县（市）非税收入的分享	川府发〔2007〕58 号
贵州	省级固定收入：一次性的重点交通设施建设项目的营业税，茅台集团、中烟集团、瓮福集团和盘江集团 4 户企业的企业所得税，中国移动通信等 13 户企业的企业所得税及集中缴纳的铁路运输各项税收中央下划地方分享部分，中央财政按照相关因素通过国库划转的总机构预缴企业所得税，暂停征收的个人储蓄利息税，以及省级政府非税收入执收部门收取的行政事业性收费收入、政府性基金收入、罚没收入等政府非税收入 市级固定收入：未纳入省级分享的市级政府执收部门收取的行政事业性收费收入、政府性基金收入、罚没收入等非税收入 县级固定收入：房产税、印花税、土地增值税、车船税、烟叶税和其他税收收入，以及未纳入省、市级分享的县级政府执收部门收取的行政事业性收费收入、政府性基金收入、罚没收入等非税收入 共享收入：增值税、企业所得税、个人所得税三项税种的地方分享部分以及营业税、资源税、城镇土地使用税，按省、市、县三级"2∶2∶6"比例分享，城市维护建设税、耕地占用税、契税三项税种，按市、县两级"2∶8"比例分享	黔府发〔2013〕9 号
云南	按照中央分税制财政体制的有关规定，遵循属地原则，试点县（市）范围内实现的各项财政收入（税收收入、基金收入和预算外收入）由中央、省与县（市）分享。市对试点县（市）的一切收入分成政策停止执行	云政发〔2009〕210 号
陕西	除现行体制规定属于中省的收入外，其他收入全部作为县级固定收入，市级不再参与分享县级收入，全部下放县级	陕政发〔2006〕65 号

省份	改革内容	政策依据
甘肃	省级财政固定收入：中央分配的跨省市总分机构企业所得税收入，跨市州总分机构企业所得税地方留成部分，中央下划有色、煤炭企业和省属文化出版企业缴纳的企业所得税地方留成部分，银行储蓄存款利息所得税地方留成部分，矿区缴纳的各项税收收入，以及专项收入（不含教育费附加收入），纳入预算管理的行政性收费收入，罚没收入，省级国有资本经营收入，省级国有资源（资产）有偿使用收入，其他收入和矿区缴纳的各项非税收入等 市州及直管县财政固定收入：城市维护建设税，房产税，印花税，城镇土地使用税，土地增值税，车船税，耕地占用税，契税，烟叶税，以及专项收入，纳入预算管理的行政性收费收入，罚没收入，市县国有资本经营收入，市县国有资源（资产）有偿使用收入和其他收入等 共享收入：增值税按属地征收，地方留成 25% 部分中，兰州、嘉峪关、金昌、白银、酒泉五市及所属省直管县省级分享 10%，市州、直管县分享 15%，其他市州及所属省直管县省级不参与分享，市州、直管县分享 25%；金融保险业营业税省级分享 100%，一般营业税按属地征收，省与市州、直管县的分享比例为 30：70；剔除中央和省级固定收入的企业所得税和个人所得税（不包括银行储蓄存款利息所得税）按属地征收，中央分享 60%，省级分享 20%，市州、直管县分享 20%；资源税按属地征收兰州、嘉峪关、金昌、白银、酒泉五市及所属省直管县省级分享 50%，市州、直管县分享 50%，其他市州及所属省直管县省级不参与分享，全部作为市县收入	甘政发〔2009〕9 号
青海	要保证各级财政现行体制和政策规定范围内的既得利益不受影响，促进州（地、市）、县财政平稳运行	青政办〔2007〕17 号

资料来源：笔者根据各省份相关政策文件整理。

2.3.3　支出责任划分的变革

财政部对省以下地方政府间支出责任划分改革的总体要求是"在进一步理顺省与市、县支出责任的基础上，确定市、县财政各自的支出范围，市、县不得要求对方分担应属自身事权范围内的支出责任"。在实际改革中，除河北省在《河北省人民政府批转省财政厅关于省以下政府间财政支出责任划分改革试点意见的通知》中和云南省在《云南省省与省直管试点县（市）政府间财政支出责任划分方案》中对省政府和省直管县的支出责任进行了明确划分，其他省份并没有明确详细列举各级政府的财政支出责任。即使有个别省份（如吉林省、浙江省、湖南省、贵州省）试图明确各级政府的支出责任，但在相关政策文件列举的省级支出责任和市县支出责任几乎没有差异，"上下一般粗"的问题依然存在。表2-4展示了各省份在地方财政体制改革过程及后续改革中对各级地方政府财政支出责任的规定。

表2-4   地方财政体制改革中的财政支出责任划分改革

省份	改革内容	政策依据
山西	省财政主要承担省级国家机关运转经费，调整国民经济结构、协调各市发展、实施宏观调控必需的支出以及省级直接管理的事业发展支出。跨地区的涉及全省的公共产品及服务的提供以省为主。市县财政承担市县政权机关运转经费，本行政区域经济和社会事业发展支出。义务教育、社会保障维持和发展支出由省和市县承担，以市县为主	晋政发〔2006〕45号
	由于市财政继续参与省直管县的收入分享，且会随着县级收入的增长而增长，市对省直管县的财政支持责任不变。市对县财力性补助和专项补助在2005年、2006年的基础上逐步增加。市财政要按照中央、省关于各项支出的地方配套政策，保证对省直管县的市级配套资金	晋财预〔2007〕6号

省份	改革内容	政策依据
吉林	省级财政支出：基本建设支出、企业挖潜改造资金、科技三项费用、农业支出、水利和气象支出、文体广播事业费、教育支出、科学支出、医疗卫生支出、行政事业单位离退休支出、社会保障补助支出、行政管理费、公检法司支出、政策性补贴支出、其他支出等。对按国家要求，省级财政安排的抗灾救灾资金、国家专项资金配套、重点项目贴息、跨区域使用的专项资金等继续由省集中统筹安排，不列入市、县（市）预算 市级财政支出：基本建设支出、企业挖潜改造资金、科技三项费用、农业支出、文体广播事业费、教育支出、科学支出、医疗卫生支出、抚恤和社会福利救济、行政事业单位离退休支出、社会保障补助支出、行政管理费、公检法司支出、城市维护费、政策性补贴支出、其他支出等 县（市）级财政支出：农业支出、林业支出、水利和气象支出、文体广播事业费、教育支出、科学支出、医疗卫生支出、抚恤和社会福利救济、行政事业单位离退休支出、社会保障	吉政发〔2005〕17 号
江苏	按照财权与事权对等的要求，今后省级在对县（市）安排项目资金或出台政策时，一般不要求市级配套；市对县（市）不能随意开减收增支的政策口子，或要求县级配套资金。各市对县（市）出台增加支出政策时要相应安排补助资金	苏政发〔2007〕29 号
浙江	省级支出：省级一般公共服务、公共安全、教育、科学技术、文化体育与传媒、社会保障和就业、医疗卫生、环境保护、城乡社区事务、农林水事务、交通运输、工业商业金融等事务支出，以及省级其他支出 市、县（市）级支出：市、县（市）级一般公共服务、公共安全、教育、科学技术、文化体育与传媒、社会保障和就业、医疗卫生、环境保护、城乡社区事务、农林水事务、交通运输、工业商业金融等事务支出，以及市、县（市）级其他支出	浙政发〔2008〕54 号； 浙政发〔2012〕85 号
湖南	省财政支出：省级一般公共服务支出，省级负担的公共安全、教育、科技、文化、医疗卫生、社会保障、环境保护、城乡社区事务、农林水事务、交通运输等各项支出 市州、县市财政支出：市州、县市一般公共服务支出，市州、县市负担的公共安全、教育、科技、文化、医疗卫生、社会保障、环境保护、城乡社区事务、农林水事务、交通运输等各项支出	湘发〔2010〕3 号

续表

省份	改革内容	政策依据
贵州	省级财政支出：省级一般公共服务支出，省级负担的公共安全、教育、科技、文化、医疗卫生、社会保障、环境保护、城乡社区事务、农林水事务、交通运输等各项支出 市、县级财政支出：市、县一般公共服务支出，市、县负担的公共安全、教育、科技、文化、医疗卫生、社会保障、环境保护、城乡社区事务、农林水事务、交通运输等各项支出	黔府发〔2013〕9号

资料来源：笔者根据各省份相关政策文件整理。

根据党的十八届三中全会《中共中央关于全面深化改革若干重大问题的决定》，财政支出责任划分"上下一般粗"的问题有望在现代财政制度建设中得到解决。根据 2014 年《中共江苏省委江苏省人民政府关于深化财税体制改革加快建立现代财政制度的实施意见》，江苏省将在教育、卫生、交通等基本公共服务领域开展先行先试，划分省与市县政府事权和相应的支出责任；根据 2014 年《中共山东省委山东省人民政府关于深化财税体制改革的意见》，2015 年山东省将在教育、卫生、交通运输等基本公共服务领域先行先试，探索性地划分省政府与市县政府的事权和支出责任；根据 2014 年 11 月《广东省深化财税体制改革率先基本建立现代财政制度总体方案》，广东省事权置换调整通过试点先行，成熟一项推进一项，并在此基础上，采取省级限制列举、剩余归属市县的方式，逐项明确省与市县的事权范围。地方政府间支出责任划分改革的实质性推进则在 2016 年国务院出台《国务院关于推进中央与地方财政事权和支出责任划分改革的指导意见》之后，教育、医疗卫生、环境保护、交通运输、科技、自然资源等领域先后启动财政事权和支出责任划分改革，"上下一般粗"的问题得到了缓解。

2.3.4　转移支付的变革

财政部 2009 年在《关于推进省直接管理县财政改革的意见》中对省直管县改革后省以下地方政府间的转移支付关系作了明确规定，"转移支付、税收返还、所得税返还等由省直接核定并补助到市、县；专项拨款补助，由各市、县直接向省级财政等有关部门申请，由省级财政部门直接下达市、县。市级财政可通过省级财政继续对县给予转移支付"。从改革的实际情况来看，各省份基本都能按照财政部的要求重构省对下转移支付体系，实现省级财政与县级财政的直接对接。省对下转移支付改革在财政收入划分变革、财政支出责任划分变革和转移支付变革三项改革内容属于政策执行情况最好的一项。表 2 - 5 展示了各省份在地方财政体制改革过程及后续改革中相关政策文件对省对下转移支付的规定。

表 2 - 5　　　　　地方财政体制改革中的转移支付改革

省份	改革内容	政策依据
河北	涉及扩权县（市）体制上解（补助）基数、体制改革收支基数的核定，税收返还，转移支付，财政补助，资金调度等事项，由省财政直接对扩权县（市）办理 省有关部门向设区市划拨各类事业费、交通规费及其他建设资金、预算外返还资金、福利救济资金、科技计划项目经费等资金时，凡按规定扩权县（市）应当享有的，一律在所在设区市名下以"其中"形式直接向扩权县（市）划拨	冀政〔2005〕8 号

续表

省份	改革内容	政策依据
山西	建立增收返还激励机制，鼓励县级多收多得。晋西北、太行山革命老区县"五税"收入每年超过省人民政府确定的全省一般预算收入增幅的部分，省、市分享部分返还50%；其他县，省、市分享部分返还30%	晋政发〔2006〕45号
	省对直管县的税收返还、一般转移支付、调整工资专项转移支付、农村税费改革转移支付及其他财力性转移支付，直接测算、分配、下达到县，并抄送市财政局以登记指标	晋财预〔2007〕6号
辽宁	继续执行省对县直接补助的财政政策，除按制度规定实行市级统筹的省对县转移支付补助资金外，省对县其他各类转移支付补助资金，均由省直接补助到县；从2011年起，以2009年省对各县（区）上划省级共享税收"增量返还"的决算数为基数，省每年对各县（区）实行定额财力补助；将县上划中央两税返还系数从1∶0.2提高到1∶0.5，相应增加的返还财力部分，由省和市分别承担0.2和0.1，省承担0.2部分通过省对市县转移支付给予补助	辽政发〔2010〕9号
	省对市县的一般性转移支付，按照公平、公正、科学、规范的原则进行计算、分配和资金调度；专项转移支付，由绥中县和昌图县直接向省级财政等有关部门申请，由省财政直接下达绥中县和昌图县；市级财政可通过省级财政继续对县级财政给予转移支付支持	辽政办发〔2011〕33号、辽政办发〔2012〕35号
吉林	实行省管县财政体制后，省集中统筹的专项拨款，由市、县（市）财政部门按照有关规定向省财政厅申报，省财政厅按有关专项资金管理办法的规定分配下达到市、县（市），与其他省直部门共管的资金，由省财政厅会同省直有关部门分配并下达到市、县（市）；实行省管县财政体制后，省对下转移支付补助以市、县（市）为单位，通过科学合理的转移支付办法进行测算，确定对市、县（市）的转移支付数额，报省政府审定后，下达到市、县（市）	吉政发〔2005〕17号
黑龙江	完善"核算到县（含县级市）、结算到市（地）"的省直管县财政体制，体制基数、税收返还、转移支付、专项资金、结算补助和资金调度由省直接核定到县，通过市（地）结算	黑政发〔2006〕79号
	消费税、增值税、企业所得税、个人所得税和营业税等财政收入的上划基数和税收返还直接核定到县；省对县财力性转移支付由省财政部门直接核定到县；县申请国家和省专项资金由县财政部门直接向省财政部门申报，属于国家专项资金项目的由省财政部门审核汇总后向国家申报并按国家批准的项目和要求分配下达到县财政部门，属于省专项资金项目的由省财政部门或省财政部门与主管部门共同审核批准后下达到县财政部门，省对县安排的专项拨款除国家另有规定外不要求县配套	黑政发〔2007〕87号

续表

省份	改革内容	政策依据
江苏	取消市与县（市）之间的财政往来制度，建立省与市、省与县（市）之间的财政往来制度；省对各县（市）各类专项补助和专款不再经过市，由省财政直接分配下达到各县（市），市原对县（市）财政专项补助通过省财政下达到县（市）	苏政发〔2007〕29 号
浙江	"两保两挂"政策 "两保一挂"政策	浙政发〔2003〕38 号
	将"两保两挂""两保一挂"统一调整为"分类分档激励奖补机制"，将全省各市县分为两大类，一类是欠发达地区，实施三档激励补助政策、两档激励奖励政策；另一类是发达地区和较发达地区，实施两档激励奖励政策	浙政发〔2008〕54 号
安徽	省对县的转移支付统一计算分配到县；各县要求专项资金支持，直接向省直有关主管部门和省财政厅申报，需地市级财政配套资金的项目应经市财政审核同意后上报。省财政的专项补助资金，由省财政厅或省财政厅会同省直有关部门直接分配和下达到县，同时抄送市财政及有关部门	皖政〔2004〕8 号
福建	转移支付、税收返还、所得税返还等由省财政直接核定并补助到设区市、县（市）；专项拨款补助，由各设区市、县（市）直接向省直有关部门和省财政厅申请，省财政厅会同相关部门将资金直接分配下达到设区市、县（市），同时将省对县（市）的转移支付和专项拨款补助抄送相关设区市	闽财预〔2009〕130 号
江西	体制基数直接固定到县，"两税"返还和所得税基数返还由省直接计算到试点县市；转移支付及专项资金补助直接下达到县	赣府发〔2005〕2 号
山东	省级要将财力性转移支付和专款补助单独核定下达到直管县（市），进一步加大帮扶力度，提高直管县（市）基本公共服务保障能力	鲁政发〔2009〕110 号

续表

省份	改革内容	政策依据
河南	巩义、项城、固始、邓州 4 县（市）财政实行与省财政直接结算。4 县（市）的财政预决算在报所属省辖市财政汇总的同时报省财政审核。省财政批复决算、安排转移支付和补助专款时，将 4 县（市）在所属省辖市名下以"其中"形式列出，直接批复安排到县（市）。省有关部门向省辖市划拨各类事业费、交通规费等建设资金、预算外返还资金、福利救济资金、科技计划项目经费等资金时，凡按规定 4 县（市）应当享有的，一律在所属省辖市名下以"其中"形式直接向 4 县（市）划拨	豫政〔2004〕32 号
	市县消费税和增值税税收返还增长与上划中央"两税"增长率的比例系数从 1∶0.15 提高到 1∶0.3 分类实施激励性财政政策，2009~2012 年对开封、南阳、商丘、周口、信阳、驻马店 6 个省辖市（含省直管县）省级分成市县营业税、企业所得税和个人所得税当年增量部分全额奖励市县，对其他省辖市（含省直管县）省级分成收入按当年增量的 60% 奖励市县，其中分成收入增量超过全省平均增幅部分全额奖励市县 建立市县基本财力保障机制。按照 2008 年省对市县一般性转移支付测算情况，对存在基本支出缺口的县（市），缺口部分全部纳入县（市）补助基数	豫政〔2009〕32 号
湖北	以 2003 年省核定的各市对所属县（市）财政体制补助（上解）为基础，将市对所属县（市）的体制补助（上解），相应调整为省对县（市）和市的体制补助（上解）；税收返还和所得税、营业税等基数返在市、县（市）间进行调整，由省直接计算到县（市）	鄂政发〔2004〕20 号
	按照"有保有挂、体现激励"的原则省财政建立激励机制，对各市县当年地方税收入增长超过平均增长水平的部分，省财政按 50% 对市县财政予以奖励性返还补助；对地方一般预算收入和税收收入增长较快的市县，省财政给予激励性转移支付；对经济发展较快、地方税收收入在全省进位较多的市县，省财政给予激励性转移支付，对市（州）经济、县域经济发展在全国排序取得重大突破的市（州）、县（市），省财政给予特别奖励；按照基本公共服务均等化的要求，增加对县（市）一般性转移支付补助，加大对民生支出的补助力度	鄂政发〔2010〕64 号

省份	改革内容	政策依据
湖南	各市州、县市上划中央"两税"基数和"两税"返还系数，省财政不再按0.1系数集中各市州、县市的"两税"返还；省对下转移支付补助（含一般性转移支付和专项转移支付）由省财政厅或省财政会同省直有关部门直接分配下达到市州、县市；省财政建立激励型转移支付制度，对税收收入增长较快、贡献较大的优势地区根据其贡献大小给予挂钩奖励；省财政因调整财政体制集中的收入增量全部用于财政困难县市的转移支付补助	湘发〔2010〕3号
广东	省财政对县级财政按照确保既得利益、促进收入增长、实行奖励先进、鞭策后进的原则，建立"确定基数，超增分成，挂钩奖罚，鼓励先进"的"三不减、三确定、三奖励"的财政激励机制	粤府办〔2004〕37号、粤府办〔2007〕109号
广西	一般性转移支付、税收返还等由自治区直接核定并补助到试点县；专项转移支付，由各试点县直接向自治区财政等有关部门申请，并由自治区财政直接下达试点县。市级财政可继续对试点县给予财力补助	桂政发〔2009〕114号
四川	涉及扩权试点县（市）的体制上解（补助）、税收分成及返还、转移支付、专项拨款补助、企事业上下划、财政结算等事项由省财政对扩权试点县（市）办理，资金由省结算到扩权试点县（市）。省对试点县（市）的专项补助资金（包括基数性专款）按照规范、透明的办法直接分配下达到县（市），不再经过市级财政转拨。各试点县（市）要求专项资金支持，直接向省级有关主管部门和省财政厅申报	川府发〔2007〕58号
贵州	省对下转移支付、税收返还等由省财政直接核定并补助到市、县；凡能直接核算到县的专项补助资金，由各市、县直接向省级财政及有关部门申报，由省财政厅或省财政会同省直有关部门直接下达市、县，同时抄送市财政及有关部门。市级财政可通过省财政继续对县给予转移支付	黔府办发〔2009〕95号、黔府发〔2012〕35号
云南	省对下各项转移支付补助直接分配到试点县（市）。专项转移支付项目和资金由试点县（市）直接向省财政厅及省直有关部门申报；省级专项补助资金由省财政厅会同省直有关部门直接分配下达到试点县（市），同时抄送所属市财政及有关部门	云政发〔2009〕210号

续表

省份	改革内容	政策依据
陕西	省对下的各项转移支付补助，按照公平、公正、科学、规范的原则，统一计算分配、下达到县，同时抄送市级财政。各县申请各类专项资金，直接向省直有关主管部门和省财政厅申报。省财政的专项补助资金，由省财政厅或省财政厅会同省直有关部门直接分配和下达到县，同时抄送市财政及有关主管部门	陕政发〔2006〕65号、陕政办发〔2009〕94号
甘肃	省对市州、县市各项转移支付补助按照规范办法直接测算下达到试点县市，并抄送市州财政部门。省级部门安排项目计划和发展规划，要直接明确到试点县市。试点县市的项目计划、专项资金申请应按规定程序直接上报省级有关部门，并抄送市州相关部门。省级专项补助资金，由省财政厅或省财政厅会同省级有资金分配权的部门直接分配下达到试点县市，并抄送市州财政部门	甘政发〔2007〕51号、甘政发〔2009〕47号、甘政发〔2011〕1号
青海	省对试点县的转移支付补助资金，包括一般性转移支付和激励性转移支付，在充分征求地（市）财政部门意见的基础上，由省财政按照公平、公正、科学、规范的办法统一计算、直接分配到县。为防止地（市）财政通过体制调整来集中县级财力，省财政将通过激励性转移支付办法对地（市）级财政给予奖惩	青政办〔2007〕17号

资料来源：笔者根据各省份相关政策文件整理。

2.4 本章小结

　　本章基于历史比较法和政策文本分析法回顾了财政分权时期省以下地方政府间财政关系的变化，结果表明各级财政收入占全国财政收入比重在分税制改革后没有发生大的变化，中央政府集中了全国一半以上的财政收入、县乡级财政收入和地市级财政收入各占二成左右、省级财政收入占一成左右；县乡级财政支出比重在2000年以后逐年上升，并在 2003 年后跃居为财政支出责任最重一级政府。在"财政收入不断上移、支出责任不断下移"背景下，地方财政体制改革成为改善省以下地方政府间财政关系的一个契机。

从各省份地方财政体制改革目的、进程、内容等实际情况来看，由于存在既得利益集团的阻碍和顶层设计的欠缺，地方财政体制改革存在以下一些问题：一是改革进程缓慢，在全国范围内推进除民族自治地区外的省直管县财政体制改革的预期改革目标并没有完成；二是改革内容不彻底，虽然大部分省份对省市县三级政府如何划分财政收入作出了明确规定，地级市政府也不再参与县级财政收入增量的分成，一些地区的地市级财政能获取改革的基数返还，另外，除河北省和云南省外在财政支出责任划分方面没有取得实质性进展；三是渐进式的改革模式造成同一省份内地区间财政制度的不公平待遇，在转移支付方面，省直管县地区与省级财政直接对接，不仅可以避免市级财政的"截流"，也可以直接向省级职能部门申请专项资金，而市管县地区仍面临着"市卡县""市挤县"等问题，财政待遇的不公可能造成非对称财政竞争和县域社会经济发展机会的不公平。

第 3 章

分权抑或集权：地方财政体制改革对政府间财政关系的影响

3.1 引　　言

对于一个多层级政府国家而言，财政资源如何在各级政府之间分配是一个事关资源配置效率和经济增长速度的重要议题（Jin and Zou，2005）。尤其是对直接面向社会公众的市县基层政府来说，财政收支的多寡关乎其能否维持政府的正常运转、维护社会安全稳定以及能在多大程度上向基层群众提供教育、医疗卫生等基本公共服务。1994 年分税制改革对中央和省级政府财政支出范围确定和税收收入划分作出了详细的说明，中央财政对地方的税收返还和转移支付制度也随着财政体制改革的深入在不断完善，但中央政府对省以下财政管理体制的改革却一直未作出明确规定，各省、自治区、直辖市以及计划单列市人民政府根据《国务院关于实行分税制财政管理体制的决定》制定对所属市、县的财政管理体制。据此，一些省份在处理省以下地方政府间财政关系时采用省直管县模式，而另一些省份则采取了"省管市、市管县"的模式，从而包括财政收入支出划分与省对下转移支付制度在内的省以下财政管理体制和省对下财政分权度在各省有较大的差异。就财政收入分权度的区域差异而言，江苏省和浙江省的市县政府分享的财政收入占全省财政收入的比例将近90%，安徽省在分税制改革后的最初几年省对下财政收入分权度更是达到98%以上，而在分权度较低的黑龙江省和宁夏回族自治区，市县政府分享的财政收入比例只有70%左右。在事权和支出责任划分方面，我国宪法规定："中央和地方的国家机构职权的划分，遵循在中央的统一领导下，充分发挥地方的主动性、积极性的原则。"并授权国务院规定中央和省、自治区、直辖市国家行政机关的具体职权划分。在支出责任划分缺乏统一法律框架的背景下，各省份上下级政府谈判力量的不同造成了财政支出分权度的区域差异，广东省下辖市县政府财政支出占全省财政支出的比重高达86.45%；而分权度较低的青海省，下辖市县政府的财政支出比重只有56.25%。财政收入分权和财政支出分权不对称的结果是基层政府大量依靠上级转移支付，就转移支付依赖度的区域差异而言，青海、甘肃等西部省份下辖市县政府67%左右的财政支出来自上级转移支付，而福建省下辖市县对转移支付的依赖度只有32.60%，不及青海、甘肃等省份的一半。对此，我们不得不思考是什么原因造成了省对下财政分权度如此大的差异？中央政府出于区域均衡发展的考虑是否应该介入省以下地方政府间财政管理事务？

《国务院批转财政部关于完善省以下财政管理体制有关问题意见的通知》开启了中央政府干预省以下政府间财政分配关系的历

程,《通知》提出"省以下地区间人均财力差距较小的地区,要适当降低省、市级财政收入比重,保证基层财政有稳定的收入来源,调动基层政府组织收入的积极性;省以下地区间人均财力差距较大的地区,要适当提高省、市级财政收入比重,并将因此而增加的收入用于对县、乡的转移支付,调节地区间财政收入差距。"为切实缓解农村税费改革以来的县乡财政困难,财政部印发了《2005 年中央财政对地方缓解县乡财政困难奖励和补助办法》和《2008 年中央财政对地方缓解县乡财政困难奖励和补助办法》,通过"三奖一补"的方式来激励省级政府对省以下财政分配做出调整①。2009 年后中央政府开始尝试用制度重构和机制设计方式来调节省 – 市 – 县三级政府的财政关系,财政部《关于推进省直接管理县财政改革的意见》提出 2012 年底前要力争全国除民族自治地区外全面推进省直接管理县财政改革,粮食、油料、棉花、生猪生产大县要率先纳入试点改革范围。为鼓励地方政府消化县级基本财力缺口,在"三奖一补"政策的基础上财政部印发了《关于建立和完善县级基本财力保障机制的意见》,由中央政府对地方保障县级基本财力的行为进行补助和奖励。《国务院办公厅转发财政部关于调整和完善县级基本财力保障机制意见的通知》进一步要求将财政省直管县改革与建立县级基本财力保障机制有机结合起来,省以下财政体制主要由省级政府确定,实施县级基本财力保障机制的责任主体为省级政府,这标志着 2010 年启动的县级基本财力保障机制由解决财力缺口问题推向了解决财力均衡问题的新阶段。不过,省直管县改革等地方财政体制改革在多大程度上影响了省以下政府间财政关系仍缺乏系统研究。

本章利用制度变迁的研究视角从财政收入分权、财政支出分权和转移支付依赖度三个维度比较全面地考察了省直管县等地方财政体制改革对省以下地方政府间财政关系的影响，并探讨了省直管县等地方财政体制改革在促进省以下地方政府间财力与支出责任相匹配中的作用，进而丰富了省以下财政分权度影响因素的研究。研究结果表明地方财政体制改革对财政收入分权度的影响大于对财政支出分权度的影响，这意味着省直管县改革有助于纠正非对称财政分权给市县基层政府带来的财力与支出责任不匹配问题。本章接下来的内容安排如下：首先回顾理论界对财政省直管县改革性质的两种基本看法——"改革是旨在提高县级财政独立自主性的放权行为"和"改革是基于省级财政集权考虑的顶层设计"；其次介绍计量分析框架和基本数据情况；再次通过评估省直管县等地方财政体制改革对财政分权度的影响来判断改革的分（集）权性质；最后是简短的结论。

3.2 地方财政体制改革性质的理论争议

国内目前大部分关于省直管县等地方财政体制改革对省以下地方政府间财政关系影响的研究是单方面从对地市级或县级财政收支影响方面展开的。在省直管县改革对地市级财政影响方面，才国伟等（2011）探讨了省直管县改革对地市级利益的影响，结果表明省直管县改革会弱化财政收入能力、抑制城市经济增长和城市规模扩大，损害地市级的短期财政利益，但从长远来看也存在省直管县改革助长市级财政支出的倾向、优化产业结构和改善城市环境的作用。在省直管县改革对县级财政影响方面的国内文献较多但相关研究结论差异较大，郭庆旺和贾俊雪（2010）的研究表明2002年来实施的省直管县财政管理体制有助于遏制县级政府支出规模的过度膨胀，而才国伟和黄亮雄（2010）认为财政上的省直管县与经济管理上的强县扩权一起共同促进了县级财政支出的增长。刘佳等（2011）发现省直管县改革提高县级财政自给能力的政策效应十分明显，而贾俊雪等（2011）的研究成果表明省直管县财政管理体制不仅不能增强我国县级政府的财政自给能力，反而在一定程度上加剧了县政府的财政困难程度。

作为一项调节省以下地方政府间财政分配关系的制度变革，地方财政体制改革不仅会影响到地市级政府和县级政府的财政利益，同时也影响着省级财政利益。全面考察省直管县改革对地方政府间财政分配关系的影响，需要从财政集权或财政分权的角度系统考虑。国内学者关于省直管县改革如何影响省以下地方政府间财政关系初步形成了两类基本观点。

一类观点认为省直管县改革会加大省内财政分权度。从财政收入划分的角度来说，五级财政违背了"分税种形成不同层级政府的收入来源"的分税制基本原则，由于将当前开征的税种实行五级分税在技术上是无解的，省级财政与市县财政基本上是讨价还价的分成制，构建县级政府独立税种体系的出路在于推进"乡财县管"和"省直管县"两个层面的扁平化改革，只有把财政的实体层次减少到三级省以下的分税制才可能真正实行（贾康，2013）。从财政支出责任划分角度来说，县级政府法定教育、科技财政支出刚性较大，约占县级总财政支出的 30%，中央政府制定多种惠民政策的具体支出责任也往往经省级政府和地市级政府层层压到县级政府，这使得县级政府的财政支出自主性大幅下降（周波，2010）。而在省直管县改革后，县级财政直接与省级财政发生往来关系，避免了地级市政府将政策性支出责任推卸给县级政府的可能，县级财政支出的自主安排权会在一定程度上得到提升。另一类观点支持省直管县改革具有分权性质，他们认为改革后省级财政管辖宽度过大会导致省政府被迫放权，如马蔡琛和李璐（2010）认为既有的"市管县"模式大致符合管理学中的最优管辖宽度条件（省级财政直接管理十个地级市财政，地级市财政再管理十个左右的县级财政），而省直管县模式将导致省级财政管辖半径过大，省级财政很可能会面临管不过来的困境，特别是一些交通不便、信息不畅的中西部省份。因此，省直管县改革后省级财政部门不得不向县级政府下放财政权力，这有可能拓展县级财政的自主空间。

另外，还有观点认为省直管县改革加大了省级财政集权程度。由于单纯的财政省直管县没有取消地级市政府对县级政府的行政管理权和人事任免权，县级财政的相对独立很难得到保证，即使实施省直管县财政管理体制后也无法真正避免市级财政对县级财政的截留或其他形式的盘剥。王占阳（2013）认为省直管县改革在省—县财政分配关系上具有强化省级调控功能的内在倾向，改革后大幅加强了省级政府对县级政府转移支付、资金往来和财政结算的财政决定权，这是在用行政集权的办法解决县乡财政困难问题和县域基本公共服务均等化问题，而不是在用推进民主财政和法治财政改革的方法解决问题。在税权和预算支出自主安排权原本就双重缺失的情况下，省直管县改革更是强化了县级政府对省级政府的转移支付依赖度，县级政府日益形同省级政府的派出机构。谭兰英（2013）更是直接指出中央政府积极推进地方政府实施"省管县"改革是基于加强省级财政集权的顶层设计，中央希望通过省直管县改革中财力再分配来加强省级财政的调控能力，希望通过减少省以下地方政府行政层级和政策传递环节从而达到政令畅通、降低行政成本的目的，一方面，可以避免市县政府在基础设施建设领域的盲目投资和重复建设；另一方面，可以通过加大对落后市县的扶持力度以实现全省各辖区的基本公共服务均等化。

不同学者对财政省直管县如何影响省以下地方政府间财政关系判断差异的原因在于观察视角的不同，认为改革具有分权倾向的学者将观察的对象聚焦在县级政府层面而很少注意到省级财政权力是否加强，而认为省直管县改革具有集权倾向的原因在于他们将观察的对象聚焦于省级政府财政统筹能力的变化而未注意到县级财政权力的变化。为此，本章通过观察省以下地方政府财政收支占全省收支比重和转移支付依赖度的变化来考察地方财政体制改革对省以下地方政府间财政关系的影响。

3.3　模型、数据与方法

3.3.1　计量模型

面板数据模型能够同时反映研究对象在时间和截面单元两个方

向上的变化规律及其在不同时间和不同单元上的特性，并充分利用了样本所提供的信息，因而与截面数据模型和时间序列数据模型相比能得到更加可靠的估计值。为剔除各省不可观测的因素对估计结果的影响，本章拟用个体固定效应模型来检验省直管县等地方财政体制改革进程与省对下财政分权的关系，基准估计模型如下：

$$FDtax_{it} = \beta_0 + \beta_1 PMC_{it} + \beta_2 \ln county_{it} + \beta_3 \ln pgdp_{it} + \beta_4 industry_{it} + \beta_5 open_{it}$$

$$+ \beta_6 urban_{it} + \beta_7 immigrate_{it} + \beta_8 \ln density_{it} + \mu_i + \varepsilon_{it} \qquad (3-1)$$

$$FDsp_{it} = \beta_0 + \beta_1 PMC_{it} + \beta_2 \ln county_{it} + \beta_3 \ln pgdp_{it} + \beta_4 industry_{it} + \beta_5 open_{it}$$

$$+ \beta_6 urban_{it} + \beta_7 immigrate_{it} + \beta_8 \ln density_{it} + \mu_i + \varepsilon_{it} \qquad (3-2)$$

其中，被解释变量 $FDtax$ 和 $FDsp$ 分别表示省对下财政收入分权和支出分权，关键解释变量 PMC 为各省财政省直管县改革进程，控制变量 $\ln county$、$\ln pgdp$ 和 $\ln density$ 为该省下辖县级政府数量、人均实际地区生产总值和人口密度的自然对数，$industry$、$open$、$urban$ 和 $immigrate$ 分别表示工业化程度、对外贸易开放度、城镇化程度和人口迁移率。如果估计方程式（3-1）和式（3-2）中改革进程的估计系数 β_1 显著为正，表明财政省直管县改革促进了省级政府对下财政分权。财政收入分权（$FDtax$）和财政支出分权（$FDsp$）是财政分权度的正向指标，省以下地方政府财政收支占全省财政收支的份额越高，该省对下财政分权度越高；省以下财政依赖度（$FDdep$）是财政分权的逆向指标，省以下地方政府对上级转移支付的依赖程度越高，该省对下财政分权度越低。我们进一步构建以转移支付依赖度为被解释变量的估计模型：

$$FDdep_{it} = \beta_0 + \beta_1 PMC_{it} + \beta_2 \ln county_{it} + \beta_3 \ln pgdp_{it} + \beta_4 industry_{it} + \beta_5 open_{it}$$

$$+ \beta_6 urban_{it} + \beta_7 immigrate_{it} + \beta_8 \ln density_{it} + \mu_i + \varepsilon_{it} \qquad (3-3)$$

在估计方程式（3-3）中，如果改革进程的估计系数 β_1 显著为负，则表明财政省直管县改革促进了市县财政支出的自主性，也是省对下财政分权度提高的一种表现。

张晏和龚六堂（2005）等的研究结果表明财政分权是经济增长的有力手段，而吴木銮和王闻（2005）的结果又表明经济发展水平是有效财政分权的前提，财政分权度与取自然对数的人均地区生产总值存在互为因果的可能。为解决省对下财政分权与经济发展水平等各经济社会特征变量的同时性问题（simultaneity issues），在具体估计过程中本章将除省直管县改革进程和下辖县级政府数量外的其他六个控制变量均取滞后一期数据。

3.3.2　变量说明

被解释变量——省对下财政分权。在跨国比较研究中，财政分权最常见的一种测度方法是以全国的财政总收入或支出为分母、以地方财政总收入或支出为分子，计算出一国地方财政收支占全国财政收支中的比重，该比重越大表明财政分权程度越高。国内关于财政分权的研究绝大部分都使用了地方财政收支占全国或中央财政收支的比重来测度财政分权变量（张晏和龚六堂，2005；沈坤荣和付文林，2005；傅勇和张晏，2007；郭庆旺和贾俊雪，2010），但越来越多的学者意识到了采用这一传统方法的潜在逻辑问题并尝试用新的方法测度各省的财政分权度（张光，2009；张光，2011；吴木銮和王闻，2011；陈硕和高琳，2012；徐永胜和乔宝云，2012；杨良松，2013）。本章遵循跨国比较研究的逻辑，用各省省以下地方政府财政收支占全省财政收支的比重来衡量各省的财政收入和财政支出分权度，即"财政收入分权＝省以下财政收入/全省财政收入×100%""财政支出分权＝省以下财政支出/全省财政支出×100%"，同时把省以下地方政府对上级转移支付的依赖度作为该省财政分权度的逆向指标，其计算方式为"省以下财政依赖度＝省以下转移支付收入/省以下财政支出×100%"。

关键解释变量——地方财政体制改革进程。地方财政体制改革进程用实施省直管县模式的县级政府个数占全省县级政府个数的比重来衡量。就样本省份的试点情况而言，财政省直管县改革模式有以下三种基本类型：一是以浙江省、江苏省为代表的全面管理型，对财政体制的制定、转移支付和专款的分配、财政结算、收入报解、资金调度、债务管理等财政管理的各个方面，全部实行省对县直接管理；二是以辽宁省和山西省为代表的补助资金管理型，主要是对转移支付、专款分配，以及资金调度等涉及省对县补助资金分配的方面实行省直接管理；三是以广西壮族自治区为代表的省（区、市）共管型，即省级财政在分配转移支付等补助资金时，直接核定到县，但在分配和资金调度时仍以省对市、市对县方式办理，同时加强省级财政对县级财政的监管①。由于本章的目的在于比较市管县和省直管县两类模式对省对下财政分权度的差异，我们暂不比较不同改革模式对分权度的影响。

为控制其他社会经济变量对省对下财政分权度的影响，还加入了如下控制变量。

---

① 第四种省直管县模式是以北京市、天津市、上海市、重庆市等直辖市和海南省为代表的行政管理型，由于这 5 个地区行政管理层级就是省直接管理县，没有地级市这一中间环节，财政体制自然是省直管县。

（1）下辖县级政府个数。由于每级政府都有必要的支出项目（如本级行政管理支出）并需要相应的财政收入来支撑其完成规定的支出责任，下辖县级政府越多的省份越需要将财力配置到省以下地方政府。就县级政府数量对财政支出分权度而言，由于县级政府"麻雀虽小、五脏俱全"，每增加一个政府便会相应增加很多机构和公务人员，使财力多用于"吃饭财政"，加大了行政成本，市县财政支出占全省财政支出的比重自然会有所上升。当然，县级政府个数也存在对财政分权度带来负面影响的可能。由于地方政府主要的横向竞争对象是同一区域内、同一级别的其他政府，因此省内县级政府数量越多，地方政府吸引流动资本的财政竞争和地方政府的标尺竞争也越激烈，也越需要省级政府集中财政权力来防止恶性财政竞争的发生①。因此从理论上无法确定该变量估计系数的符号。

（2）人均实际地区生产总值。杨龙见等（2012）将经济发展水平对财政分权的影响分为集中效应和分散效应两类。随着经济发展水平的提高，对溢出效应较大的区域性公共品的社会需求也会随之增长，由上级政府来提供的公共品占全省提供的公共品的比重也会相应上升。另外，在经济增长过程中对收入再分配的要求越来越高，而收入再分配的职能往往由较高层级的政府来履行，上述两个原因会造成经济发展对财政分权度影响的集中效应。经济发展对财政分权度影响的分散效应则来自经济增长过程中社会对教育、医疗卫生等劳动密集型公共服务需求数量和质量的提升，这些公共服务相对于高层级政府提供的资本密集型服务（如跨区域的省际高速公

---

① Lv X, Landry P F. Show Me the Money: Interjurisdiction Political Competition and Fiscal Extraction in China [J]. American Political Science Review, 2014, 108（3）: 706－722.

路）更为昂贵，因而经济发展水平更高的省份将倾向于更大程度的财政分权（Letelier，2005）。本章将人均实际地区生产总值作为经济发展水平的代理指标，其计算公式为"人均实际地区生产总值＝人均名义地区生产总值/地区生产总值平减指数（1994 年＝100）"。

（3）工业化程度。工业化程度高的地区受农村税费改革和取消农业税的冲击较小，县级政府的财政汲取能力相对较高，相应地县级财政收入占全省财政收入的比重也较高；而工业化程度较低的地区在涉农税制改革后，县级政府的正常运转在很大程度上都依赖于省级政府和中央政府的转移支付，因此我们预期工业化程度与财政收入分权和支出分权正相关而与转移支付依赖度负相关。工业化程度用第二产业增加值占地区生产总值的比值来衡量。

（4）贸易开放度。贸易开放对财政分权存在正反两方面影响。贸易开放对财政支出规模影响的补偿假设认为开放度高的地区往往要承受更多的外部冲击，因而上级政府的协调作用显得尤为重要（Stegarescu，2009；高凌云和毛日昇，2011），上级政府因此有可能用财政集权来增强其宏观协调能力以应对外部的冲击，因此在其他条件不变的情况下，经济开放有可能提高财政集权度。财政分权作为一项制度创新，在最近二十年成为世界潮流，贸易开放度高的地区在与国际接轨过程中会学习国外分权治理的经验，从而贸易开放度高的地区财政分权度也相对较高。

（5）城镇化水平。与农业人口比重高的地区相比，城镇人口比重高的地区对地方性公共品需求偏好的差异更大，由基层政府提供公共品更能反映偏好的异质性，因此城镇化水平可能与财政分权度正相关。城镇化水平由非农人口占总人口比重来衡量。

（6）人口迁移率。人口迁移率高的地区要素流动比较频繁，引起地方恶性财政竞争的可能性较高，需要省级政府集中一定财政权来减少财政竞争造成的外部性，因此我们预期人口迁移率与财政分权度呈现负相关关系。人口迁移率为迁入人口与迁出人口之和占全省总人口的比重来衡量。

（7）人口密度。当人口密度上升时，地方性公共品的拥挤程度就会相应上升，需要将更多的财政资金配置到市县基层政府以满足社会对地方性公共品的基本需求，因此人口密度与财政收入分权和支出分权正相关。

3.3.3 数 据 来 源

本章所使用数据涵盖我国 26 个省份省以下财政分权的平衡面板数据（北京、天津、上海和重庆这 4 个直辖市因其特殊的行政管理体制，省以下地方政府只有县乡级政府而与其他省份可比性较差而未包括在内；西藏自治区由于存在数据缺失且与其他省份政治、经济、社会条件差异较大也没有包括在内）。由于缺乏 2010 年后省以下地方政府获得转移支付收入的数据，以转移支付依赖度衡量的省对下财政分权模型的样本期间为 1995～2009 年。

本章的数据来源情况如下：1995～2009 年省以下财政分权（收入分权、支出分权和转移支付依赖度）根据历年《全国地市县财政统计资料》和《中国财政年鉴》相关数据计算所得，2010～2012 年省以下财政收入分权和财政支出分权根据各省份预算报告或决算报告计算所得。各省财政省直管县改革进程来自对各省政府和财政部门门户网站相关政策文件的收集整理。县级行政区划设置、人均实际地区生产总值、工业化程度、贸易开放度和人口密度根据历年《中国统计年鉴》相关数据计算所得，城镇化水平和人口迁移率来自公安部治安管理局编制的《中华人民共和国全国分县市人口统计资料》。

3.3.4　基本统计描述

表 3-1 是各变量的基本统计描述，从中可见，省对下财政分权度高低的判断取决于衡量指标的选取，以收入分权衡量的省对下财政分权最高，均值为 80.33%；以支出分权度衡量的省对下财政分权其次，均值为 74.58%；以转移支付依赖度衡量的省对下财政分权最低，均值为 53.05%。就省直管县改革进程而言，在样本省份中改革最彻底的是海南省，全部县级财政均由省级管理，而其他省份由于市辖区财政由地级市财政管理，改革进程均未达到 100%。

表 3-1　　　　　　　　　　　　变量基本统计描述

变量	观测数	均值	标准差	最小值	最大值
财政收入分权（%）	468	80.33	8.70	55.20	99.08
财政支出分权（%）	468	74.58	8.75	46.25	90.25
转移支付依赖度（%）	390	53.05	12.53	22.88	85.16
地方财政体制改革进程（%）	468	18.15	28.67	0.00	100.00
ln（县级政府数）（个）	468	4.54	0.52	3.00	5.40
ln（人均 GDP）（元）	468	4.29	1.99	1.04	8.78
工业化程度（%）	468	44.99	7.71	20.05	61.14

变量	观测数	均值	标准差	最小值	最大值
贸易开放度（%）	468	24.62	30.50	2.95	188.46
城镇化水平（%）	468	28.94	10.28	13.32	54.09
人口迁移率（‰）	468	28.94	9.42	2.69	102.86
ln（人口密度）（人/km²）	468	5.14	1.15	1.88	6.65

资料来源：笔者根据《全国地市县财政统计资料》《中国财政年鉴》《中国统计年鉴》等整理得到。

3.4　改革与省对下财政分权关系的实证结果

3.4.1　省对下财政分权关系的测度结果

表 3-2 列示了样本省份的平均省对下财政分权度情况，从中可见省对下收入分权度最高的三个省份依次是江苏、福建和浙江，最低的三个省份是青海、黑龙江和海南；省对下支出分权度最高的三个省份依次是广东、浙江和山东，最低的三个省份则是陕西、宁夏和青海；转移支付依赖度最低的三个省份是福建、广东和山东，最高的三个省份则是吉林、青海和甘肃。财政收入分权与支出分权、转移支付依赖度作为刻画省对下财政分权度的指标，三者之间存在较高的相关性，样本期间财政收入分权与支出分权、转移支付依赖度的相关系数分别为 0.4238 和 -0.4413 且都在 1% 水平上显著，财政支出分权和转移支付依赖度的相关系数 -0.3864 同样在 1% 水平上显著。

表 3 - 2　　　　　　　　　样本省份省对下财政分权度　　　　　单位：%

省份	收入分权	支出分权	转移支付依赖度	省份	收入分权	支出分权	转移支付依赖度
河北	76.90	77.24	49.18	湖北	82.42	76.94	55.72
山西	74.10	72.13	48.18	湖南	83.12	75.02	51.86
内蒙古	83.03	78.12	61.51	广东	77.33	86.45	34.78
辽宁	85.58	82.30	52.55	广西	81.95	74.21	54.82
吉林	71.41	68.29	67.06	海南	65.72	67.35	50.44
黑龙江	70.46	71.20	56.95	四川	76.33	81.62	58.68
江苏	89.68	81.14	47.37	贵州	78.90	72.42	56.27
浙江	89.61	86.39	50.22	云南	81.31	73.61	54.98
安徽	87.70	74.16	52.78	陕西	75.63	64.20	53.29
福建	89.68	78.96	32.60	甘肃	71.55	71.11	68.13
江西	86.90	77.88	52.05	青海	70.59	56.25	67.62
山东	87.04	84.57	37.97	宁夏	73.58	60.33	60.46
河南	88.98	80.12	49.03	新疆	89.06	67.03	54.75

注：样本期间北京市、天津市、上海市和重庆市的省对下财政收入分权度分别为 43.79%、55.60%、50.09% 和 63.55%，低于所有样本省份；省对下财政支出分权度分别为 50.46%、52.23%、59.29% 和 68.86%，低于绝大多数省份；转移支付依赖度分别为 38.79%、27.28%、40.29% 和 57.04%。

资料来源：笔者根据《全国地市县财政统计资料》等整理得到。

3.4.2　改革与省对下财政分权关系的基准回归结果

表 3 - 3 估计结果中均包含被解释变量的一阶滞后项，内生性问题将导致传统的 OLS 估计结果有偏差。差分 GMM 和系统 GMM 是解决动态面板数据模型中内生性问题的两种主要估计方法，其中差分

GMM 估计仅对差分方程进行估计而面临着信息损失问题，系统 GMM 则同时利用水平方程和差分方程进行估计，并以差分变量的滞后项作为水平方程的工具变量，以水平变量的滞后项作为差分方程的工具变量，能够更加充分地利用样本信息。在新增工具变量有效的情况下，系统 GMM 估计比差分 GMM 估计更可靠，因此采用系统 GMM 方法进行估计。系统 GMM 可分为一步估计法（one-step system GMM）和两步估计法（two-step system GMM）。相比于一步估计法，两步估计法不容易受到异方差的干扰，因此表 3 – 3 中报告的是两步系统 GMM 估计结果。为保证工具变量是有效的，我们进行了残差项的序列相关检验和工具变量有效性的 Sargan 检验。从检验结果来看，各项估计结果中残差项的一阶序列相关系数在 1% 水平上显著而二阶序列相关系数即使在 10% 水平上也不显著，Sargan 检验也表明所用工具变量是有效的。

第（1）列和第（2）列报告了地方财政体制改革对省对下财政收入分权影响的回归结果，其中第（1）列是未加入任何控制变量时的估计结果，第（2）列则加入了其他影响省对下财政分权度的社会经济特征变量。在未加入控制变量时，改革进程的估计系数在 1% 水平显著为正；在加入其他社会经济特征变量后，改革进程的估计系数有所变大但仍在 5% 水平上显著为正。基于表 3 – 3 的估计结果，我们可以得到以下关于省对下财政收入分权的基本结论：第一，滞后一期的省对下财政收入分权的估计系数高达 0.6 以上，且在 1% 水平上显著，这表明省对下财政分权具有明显的路径依赖特征，省政府与市县政府财政关系的平稳性较高。第二，推进地方财政体制改革有利于提高市县政府财政收入在全省财政收入中的比重，改革具有财力分配向市县基层政府倾斜的倾向。当然，省以下地方政府财政收入占全省财政收入比重的提高与一系列财政政策调整有很大的关联。针对农业税费改革后出现的县乡财政困难问题，财政部在 2005 ～ 2009 年实行了旨在增加财政困难县税收收入的"三奖一补"政策，2010 年后又建立健全了县级基本财力保障机制，逐年变化的中央财政政策也可能促进了市县级财政收入份额的提高。

表 3 – 3 地方财政体制改革对省对下财政分权度影响的估计结果

解释变量	财政收入分权		财政支出分权		转移支付依赖度	
	(1)	(2)	(3)	(4)	(5)	(6)
$L.$ 财政收入分权	0.773 *** (0.009)	0.609 *** (0.056)				
$L.$ 财政支出分权			0.732 *** (0.033)	0.645 *** (0.086)		
$L.$ 转移支付依赖度					1.012 *** (0.017)	0.665 *** (0.053)
改革进程	0.012 *** (0.002)	0.034 ** (0.013)	0.063 *** (0.005)	0.019 (0.012)	– 0.014 ** (0.006)	– 0.002 (0.026)
ln（县级政府数）		24.939 (27.068)		– 7.937 (16.892)		– 3.218 (4.855)
ln（人均 GDP）		0.921 *** (0.319)		0.117 (0.380)		– 2.168 *** (0.380)
工业化程度		0.157 *** (0.041)		0.062 (0.136)		– 0.210 ** (0.087)
贸易开放度		– 0.027 (0.018)		0.009 (0.034)		– 0.080 *** (0.029)

续表

解释变量	财政收入分权		财政支出分权		转移支付依赖度	
	(1)	(2)	(3)	(4)	(5)	(6)
城镇化水平		0.109 (0.153)		0.245 (0.155)		-0.218 (0.228)
人口迁移率		-0.032*** (0.011)		-0.004 (0.025)		-0.058* (0.032)
ln（人口密度）		0.365 (11.644)		4.076 (4.275)		-3.374* (1.865)
常数项	17.849*** (0.683)	-96.043 (165.825)	19.046*** (2.353)	30.704 (54.478)		78.988*** (11.837)
AR(1)	-3.670***	-3.441***	-3.365***	-3.261***	-3.855***	-3.558***
AR(2)	0.963	0.772	0.831	0.742	0.827	0.377
Sargan 检验	24.803	21.414	25.775	23.134	25.643	22.939
样本量	442	442	442	442	364	364

注：①括号内的数值表示估计系数的标准差，***、**、*分别表示在1%、5%和10%水平上显著；②第（5）列估计结果中常数项被自动剔除。

资料来源：笔者绘制。

第（3）列和第（4）列报告了地方财政体制改革对省对下财政支出分权影响的回归结果，其中第（3）列是未加入任何控制变量时的估计结果，第（4）列是加入了影响省对下财政分权度的其他社会经济特征变量后的估计结果。从中可以发现改革进程的估计系数在1%水平显著为正，这表明随着地方财政体制改革推进，省以下地方政府财政支出在全省财政支出中的比重也会随之增加，省直管县改革具有财政支出责任向市县基层政府倾斜的倾向。

　　第（5）列和第（6）列则报告了地方财政体制改革对省以下地方政府对转移支付依赖度影响的回归结果，其中第（5）列是未加入任何控制变量时的估计结果，第（6）列则是加入了影响市县政府转移支付依赖度的其他社会经济特征变量后的估计结果。我们从中可以发现在未控制任何社会经济特征变量时改革进程的估计系数在5%水平上显著为负，而在加入社会经济特征变量后改革进程的估计系数虽不显著但依然为负，我们虽无法完全确定地方财政体制改革加强还是减弱了省以下地方政府对上级转移支付依赖度的影响，但可以基本否定省级政府在地方财政体制改革中通过转移支付手段来加强对县级财政行为控制的命题。

　　从控制变量的估计来看，我们还可以得出以下结论：第一，在以省对下财政收入分权、财政支出分权和转移支付依赖度为被解释变量的模型中，取自然对数的县级政府数的估计系数都不显著，而人口迁移率的估计系数在收入分权模型中显著为负，这表明地方政府为超额完成税收任务的标尺竞争对省以下地方政府间的财政分配关系没有显著的影响，而辖区政府间为吸引要素流动的财政竞争则构成了影响省以下地方政府间财政分配关系的因素，要素流动越频繁、财政竞争越激烈，省级政府越有可能集中财政收入以避免恶性税收竞争的发生；第二，人均GDP和工业化程度在财政收入分权模型显著为正而在转移支付依赖度模型中显著为负，这表明了经济发展水平越高的地区越倾向于用分权手段来进行公共治理，这与莱特利尔（Letelier，2005）的理论假说相一致。贸易开放度的估计系数在收入分权模型中为负，这在一定程度上验证了贸易开放对财政规模影响的补偿假设，虽然两者的负相关关系在统计意义上并不显著；第三，城镇化进程对省对下财政收入分权和财政支出分权有促进作用且在一定程度上降低了市县政府对上级政府的转移支付依赖度，这可能与我国城市化进程中城镇人口集中的集聚外部性有关，城镇人口向大中型城市集聚激发了区域经济发展潜能，而城市经济的发展又使得市县级政府特别是省会城市和副省级城市掌握了更多的财政资源，省以下地方政府占全省的财政收支比重也相应地得到了提升。人口密度与财政分权度的正相关关系也表明地方性公共品的拥挤性将导致市县基层政府分享更多的财政资金以满足社会公众对地方性公共品的基本需求。

3.4.3 异质性分析

在"财权层层上移、事权层层下移"的特定财政环境下，省级政府与下级政府财政关系的确定很可能追随中央对该省的税收收入划分模式和转移支付模式。中央政府在该省分享的税收越多，省级政府财政收入在全省财政收入中的比例也可能越高；中央政府对该省的转移支付越少，省级政府向市县政府的转移支付也可能越少。因此，省对下财政分权的地区差异和中央与各省的不同财政分配关系有很大的关联。为避免中央与地方财政关系干扰到地方财政体制改革与省以下财政分权关系的稳健性，本章进一步将样本省份分为财政利益净流入省份和财政利益净流出省份两类地区进行子样本估计。

根据方红生和张军（2013）的定义，"财政利益净流出 = 中央税收 + 地方上解 − 税收返还 − 不含税收返还的中央补助收入"。财政利益净流入（出）状况指标同时包含了中央与地方财政收入分配关系因素和转移支付关系因素，是"攫取之手"和"援助之手"共同作用的结果。分税制改革以来所有年份财政利益净流出的有北京市、天津市、辽宁省、上海市、江苏省、浙江省、福建省、山东省、广东省 9 个省（市），而其他省（区、市）则可能处于所有年份都财政利益净流入的状况（如内蒙古自治区、江西省、广西壮族自治区、贵州省、西藏自治区、甘肃省、青海省、宁夏回族自治区和新疆维吾尔自治区），或处于有些年份净流出而有些年份净流入的状态。表 3 - 4 报告了分财政利益净流出省份和净流入省份的子样本估计结果。

在财政利益净流入省份，地方财政体制改革对省对下财政收入分权和财政支出分权的影响系数在 1% 或 5% 水平显著为正，地方财政体制改革对省以下地方政府转移支付依赖度的影响虽不显著但估计系数的符号仍为负，表明在财政利益净流出省份，实施省直管县体制的县级政府越多，省对下财政收入分权度和财政支出分权度越高、市县政府对省级政府转移支付的依赖度越小，地方财政体制改革具有促进省内财政分权的作用且对财政收入分权的促进作用要大于对财政支出分权的促进作用；在财政利益净流入省份，地方财政体制改革对省对下收入分权和支出分权的影响也为正，但估计系数要小于财政利益净流出省份，且在财政收入分权模型中改革进程的估计系数仅在 10% 水平显著，这表明在财政利益净流入省份，地方财政体制改革对省内财政分权的促进作用不及财政利益净流出省份明显。

表 3 – 4　　　　分地区地方财政体制改革与省对下财政分权

关系的两步系统 GMM 估计

解释变量	财政利益净流出省份			财政利益净流入省份		
	FDtax	*FDsp*	*FDdep*	*FDtax*	*FDsp*	*FDdep*
L. 财政收入分权	0.313 *** (0.083)			0.460 *** (0.049)		
L. 财政支出分权		0.452 *** (0.118)			0.416 *** (0.069)	
L. 转移支付依赖度			0.507 *** (0.060)			0.688 *** (0.059)
改革进程	0.075 ** (0.030)	0.067 *** (0.018)	– 0.018 (0.031)	0.026 * (0.015)	0.052 *** (0.012)	0.028 (0.038)
ln（县级政府数）	– 112.9 (119.6)	– 37.46 (55.32)	– 11.49 *** (3.307)	– 4.367 (22.399)	4.066 (12.255)	– 5.120 (4.316)
ln（人均 GDP）	1.500 *** (0.448)	0.760 (0.508)	– 0.977 (0.610)	1.033 * (0.598)	– 0.521 ** (0.215)	– 1.907 *** (0.660)
工业化程度	0.199 * (0.108)	0.132 (0.172)	0.260 ** (0.111)	0.101 (0.104)	– 0.247 *** (0.095)	– 0.294 * (0.168)
贸易开放度	– 0.073 * (0.042)	– 0.044 (0.081)	– 0.110 ** (0.055)	0.013 (0.024)	0.041 (0.025)	– 0.087 * (0.047)
城镇化水平	0.048 (0.182)	0.568 (0.453)	– 0.426 (0.366)	0.101 (0.075)	0.076 (0.099)	0.012 (0.167)
人口迁移率	– 0.007 (0.018)	– 0.047 (0.029)	– 0.169 *** (0.036)	– 0.024 (0.022)	– 0.010 (0.022)	– 0.040 ** (0.019)
ln（人口密度）	1.913 (5.350)	22.800 (23.718)	– 3.916 * (2.160)	4.710 (23.992)	1.443 (2.755)	– 3.171 * (1.629)
常数项	537.7 (569.7)	67.12 (130.7)	110.1 *** (24.51)	27.121 (28.331)	27.320 (43.317)	80.94 *** (8.576)

续表

解释变量	财政利益净流出省份			财政利益净流入省份		
	FDtax	*FDsp*	*FDdep*	*FDtax*	*FDsp*	*FDdep*
AR(1)	−1.828*	−2.101**	−2.110**	−2.243**	−2.499**	−2.885***
AR(2)	1.014	0.636	−0.897	−0.452	0.872	0.346
Sargan 检验	14.768	18.833	18.887	24.187	22.162	21.199
样本量	174	174	140	268	268	224

注：①在 26 个样本省份中，属于财政利益净流出地区为所有年份都是净流出的省份（辽宁省、江苏省、浙江省、福建省、山东省、广东省）和有些年份净流出有些年份净流入但总体属于净流出的省份（河北省、山西省、黑龙江省和云南省），属于财政利益净流入的地区有内蒙古、吉林省、安徽省、江西省、河南省、湖北省、湖南省、广西壮族自治区、海南省、四川省、贵州省、陕西省、甘肃省、青海省、宁夏回族自治区和新疆维吾尔自治区 16 个省份；②括号内的数值表示估计系数的标准差，***、**、*分别表示在 1%、5% 和 10% 水平上显著。

资料来源：笔者绘制。

另外，值得注意的是在以转移支付依赖度为被解释变量的模型中，以财政利益净流出省份和净流入省份为样本的估计结果中改革进程估计系数的符号截然相反，地方财政体制改革反而加强了财政利益净流入省份的市县政府对上级财政的转移支付依赖度。两类地区的转移支付依赖度变化的差异可能缘于地方财政体制改革模式的不同，财政利益净流出地区大多采取的是全面管理型的省直管县改革模式，财力下放减轻了县级政府对上级政府的转移支付依赖度，而财政利益净流入省份大多采取的是补助管理型的省直管县模式，省级政府加大对下转移支付力度的自然结果就是县级财政支出更加依赖于上级转移支付。

3.5 结论与启示

本章利用省级面板数据从省对下财政收入分权、省对下财政支出分权和省以下地方政府转移支付依赖度三个角度测度了省对下财政分权度。从省对下财政分权分布的空间维度来看，江苏、浙江、广东等东部沿海地区的财政分权度要高于青海、甘肃等中西部省份。从省对下财政分权度分布的时间维度来看，与中央与地方财政收支分配关系类似，省以下地方政府间在收支分配问题上也存在"财权上移、事权下移"的倾向，1995 年以来省以下地方政府占全省财政收入的比重一直在下降，直到 2009 年财政部在全国范围内推广省直管县改革和 2010 年开始建立县级基本财力保障机制后省以下地方政府占全省财政收入的比重才略有上升；省对下财政支出分权度则以 2002 年为分界点呈现"V"形变化；省以下地方政府转移支付的依赖度在 1995～2002 年以 1998 年为分界点呈现"V"形变化，而在 2002 年后保持基本稳定。

从地方财政体制改革与省对下财政分权关系的实证检验中我们可以得到如下基本结论和政策含义：第一，无论是在财政利益净流出地区还是财政利益净流入地区，地方财政体制改革都能促进省对下财政收入分权度和支出分权度的提高，地方财政体制改革对财政收入分权度的影响也大于对财政支出分权度的影响，因此可以认为地方财政体制改革具有内在的财政分权倾向，财权和事权的下放有利于提高市县基层政府对社会偏好的反应；第二，地方财政体制改革与省以下地方政府转移支付依赖度的关系则受中央与省级财政关系的制约，在财政利益净流出地区地方财政体制改革降低了市县政府对上级转移支付的依赖度而在财政利益净流入地区改革使得市县政府更加依赖于上级转移支付。因此，在调整省以下地方政府间财政关系的同时也要注意中央与省级财政关系的调整，省级政府集中市县财政收入、下放支出责任是应对中央政府不断集中全国财政收入、下放支出责任的无奈选择，要解决县级政府财政收支压力大、过度依赖转移支付的问题还需中央、省、市、县四级政府的通力协作。

第 4 章

地方财政体制改革对政府间税收竞争关系的影响

4.1 政府间税收竞争的特征事实

税收竞争或税收外部性是在分权财政体制下，上级政府税收调整对下级政府税收收入所造成的影响或省、市、县等地方政府进行税收调整时对相应上级政府和其他同级政府税收收入所造成的影响。根据税收外部性的接受主体与产生主体之间的政府层级关系可以将税收外部性分为横向税收外部性和纵向税收外部性两类，其中横向税收外部性是指同一层级政府间进行税收调整所导致的税收收入的相互影响，纵向税收外部性是指不同层级政府间进行税收调整所导致的税收收入的交互作用。根据税收外部性效果的差异又可分为税收策略互补和税收策略替代，如果某个政府提高税收导致对应的上下级政府（或同级其他政府）税收收入增加称为纵向（或横向）税收策略互补，反之则称为纵向（或横向）税收策略替代。

4.1.1　国外政府间税收竞争关系

威尔逊（1986）、佐德罗和米科瓦斯基（1986）对税收竞争的分析是财政竞争研究的早期代表。在威尔逊的资本竞争模型和 Z－M 模型中一国资本总量给定，地方政府为争取有限的资源而竞相降低资本税率，最终会导致税率和公共产品供给水平过低而影响到居民福利。随着空间计量经济学的发展，在后续的研究中大量学者对流转税、所得税和财产税等各类税收竞争的存在性进行了经验分析。纳尔逊（2002）、罗克（2003）和布鲁克纳（Brueckner，2003）等关注了美国各州之间烟草消费税或汽油消费税的竞争，认为州政府在税率设定时存在纳什均衡；梅洛（2008）验证了巴西各州的增值税竞争，认为在横向税收竞争中存在斯塔克尔伯格（Stackelberg）领导者（领导者可能是财政收入最少的贫困地区也可能是财政体量最大的富裕地区），与追随者税收政策的变动相比领导者税收策略的变动给其他各州造成的影响更大。除了税率竞争之外，流转税税基竞争是另一种重要的税收竞争形式，即使某个地区的法定税率较高，但给予的税收豁免较多税基较窄，该地区仍可能在税收竞争中取得优势。弗莱彻和默里（2006）对美国各州营业税（sales tax）税基的竞争进行了实证检验，结果没有发现地域相邻各州之间的税基竞争，但经济社会条件相近各州间存在税基竞争。埃德马克和奥格伦（2008）检验了瑞典市政府的所得税竞争情况，相邻市政府所得税率每降低 1 个百分点，本地政府的所得税率会降低 0.74 个百分点；德斯金斯和希尔（2010）以个人所得税为例检验了 1978～2006

年美国各州的动态税收策略反应函数随经济环境的变化，在人口和资本流动性变小的情况下各州之间的税收竞争强度也有所降低。吕蒂凯宁（2012）利用芬兰2000年财产税改革的外生冲击检验市政府间的税收竞争，结果没有发现财产税竞争的证据，认为利用空间滞后模型估计的税收竞争可能高估了地方政府间的财政策略关系。国外最近对横向税收竞争的研究越来越关注不对称税收竞争，特别是经济集聚对税收竞争的影响（Borck and Pflüger, 2006; Hill, 2008; Brülhart et al., 2012; Jofre-Monseny and Solé-Ollé, 2012; Koh et al., 2013）。大量企业在一个地区集聚会加快知识技术的传播和降低企业的流通成本，资本流动性的降低会削弱集聚地区对相邻地区税收政策变化的反应，政府从而可以向企业征收集聚租金。希尔（2008）检验了田纳西州的县政府如何通过提高财产税和销售税来获取集聚租金，其估计结果表明集聚经济不仅可以使集聚地区的政府征收更高的税率，也可以改变各地区的策略性竞争行为。不过柯等（Koh et al., 2013）的研究表明地方政府能否或多大程度上征收集聚租金取决相邻地区的集聚水平，如果相邻竞争地区的集聚水平更高，本地区即使有大量企业集聚当地政府也未必能征收集聚租金。

当不同层级的政府共享同一税基时，大量研究表明还存在另外一种形式的税收竞争——纵向税收竞争，与横向税收竞争降低税率不同，纵向税收竞争的结果反而是抬高税率。无论是只考虑纵向竞争关系（Besley and Rosen, 1998），还是同时考虑横向竞争和纵向竞争的情形（Devereux et al., 2007），美国的经验表明联邦政府提高烟草和汽油的消费税率与相应州政府的税率显著正相关，上下级政府的税收策略关系属于策略互补型。由于选取的研究对象各有不同, 国外学者关于地方政府间纵向税收策略互动关系的结论也不尽一致, 具体可参考表 4 - 1。

表 4 - 1 　　　　　　　国外政府间纵向税收竞争的经验证据

作者	研究对象	上下级税收策略关系
Besley and Rosen (1998)	美国烟草、汽油消费税	策略互补
Esteller-Moré et al. (2001)	美国个人所得税和一般零售税	策略互补
Esteller-Moré et al. (2002)	加拿大所得税	策略互补
Brülhart and Jametti (2006)	瑞士所得税、财产税	策略互补
Devereux et al. (2007)	美国烟草、汽油消费税	策略互补
Goodspeed (2000)	OECD 国家所得税	策略替代
Hayashi and Boadway (2001)	加拿大企业所得税	策略替代
Fredriksson and Mamun (2008)	美国烟草消费税	策略替代
Wu and Hendrick (2009)	美国佛罗里达州财产税	策略替代
Leprince et al. (2007)	法国工商税收	不存在策略互动关系

资料来源: 笔者根据相关文献整理。

4.1.2　中国政府间税收竞争关系

国外地方政府拥有比较充分的税收自主权, 可以有效开展税收竞争, 而我国税权高度集中在中央政府, 在税收自主权不充分的情况下地方政府能否展开税收竞争? 针对这一质疑, 郭杰和李涛 (2009) 基于以下三点理由认为中国存在实质意义上的税收竞争: ①尽管地方政府无法改变税种和法定税率, 但在税务登记环节可以充分利用产业和区域税收优惠政策调整实际税率。地方政府为 "招商引资" 和 "安商稳商" 就会想尽办法把各种资本归集到经济开发区、外商直接投资、高新技术产业、中小企业和其他符合税收优惠政策的领域，利用税收优惠政策来减轻企业税费负担；②地方政府可以通过隐瞒信息来进行税收竞争，特别是利用征税努力度的灵活调整来达到降低企业税负的目的；③地方政府还可以通过土地收入和制度外收入等非税收入的灵活调整来控制当地的实际税负。

郭杰和李涛（2009）对地方政府如何进行横向税收竞争作出了较好的阐述，而没有回答上下级政府如何进行纵向税收竞争，特别是下级政府如何争取更多税收收入的问题。上级政府特别是中央政府可以利用行政权力改变税收分成契约，从下级政府手中获取更多税收收入。下级政府要保留既有财税利益或从上级政府中争取更多的税收收入则比较困难，其主要渠道有以下两个：一是改变税基，多发展建筑业、房地产业等以本级税收为主体税种的行业，甚至在新办工业企业登记注册时地方政府会引导企业增加属于服务业部分的经营项目，从而在名义上改变企业的经营性质、增加本级政府的税基；二是在税基既定的情况下改变税种入库、截留上级收入的非法行为。根据山东省审计厅在《关于山东省 2012 年度省级预算执行和其他财政收支的审计工作报告》中的披露，"2009～2012 年，平邑县地税局将 5 户企业申报缴纳的企业所得税 7822.71 万元、个人所得税 643.75 万元，改变为资源税、房产税和土地使用税缴入国库，导致截留上级收入 5802.25 万元"。下级财政截留侵占上级税收的手段可能形式有以下三种：一是通过手工开出正确的完税凭证，汇总缴款时将完税凭证中的税种变更为其他税种（如耕地占用税、契税等由财政部门或地税部门征收的地方性税收）入库的方式调整税种；二是通过退库再入库的方式调整税种，先将正常入库的税收（通常是增值税、营业税等上级政府分成比例高的税种）以超收、错收等名义办理税款退库，再按地方性税种办理入库；三是利用开票再冲票的方法调整税种，税务部门先开出两份税种不同但纳税人、纳税税额等其他内容完全一致的税票，将正确的纳税人联次交给纳税人入账而将错误税票中的税务机关联次、国库联次作为税务机关和国库机构的入账凭证。由此可见我国政府间的横向税收策略关系和纵向税收策略关系都是普遍存在的。

4.2　政府间税收竞争关系的识别方法

4.2.1　横向税收竞争关系的识别方法

收敛性标准和空间相关指数是检验横向税收竞争关系的两个基本方法。收敛性检验标准的提出是基于税收竞争会驱使地方税收政策相互模仿而逐渐趋同的考虑，如果税收负担的地区差异（用变异系数衡量）在逐步缩小则表明存在明显的横向税收竞争关系。县际税收竞争关系也可以通过计算 Moran's I 指数来检验。Moran's I 取值范围介于 -1 与 1 之间，若其数值显著大于 0，说明相邻各县的税收负担存在正相关关系，数值越大说明政府间横向税收策略互补关系越强；若其数值显著小于 0，说明税收负担在相邻县级行政单位之间不具有相似属性，数值越小则说明各政府间横向税收策略替代关系越强。

图 4-1 和图 4-2 分别展示了 2000 年以来县级宏观税负、县级

商品税负、县级所得税负的变异系数和 Moran's I 值变化趋势。从
图 4 -1 可知，就税收负担的地区差异而言，县级所得税负最大、
县级商品税负其次、县级宏观税负最小；县级宏观税负和县级商品
税负的变异系数没有显现的变化趋势，而县级所得税负的差异系数
在 2006 年前呈现了一定的下降趋势，这表明在招商引资的税收竞争
作用机制下各地区的所得税负出现了趋同倾向。用变异系数衡量的
政府间税收横向竞争关系不仅包含税收负担省内的各县差异，还包
括税收负担省际差异，而不同省份间的县际税收竞争关系几乎不存
在，因此用变异系数来表征县际税收竞争程度存在夸大政府间横向
竞争关系的倾向。图 4 - 2 展示了基于地理距离权重矩阵的宏观税
负、商品税负、所得税负的 Moran's I 值变化趋势情况，其中县级商
品税负的 Moran's I 值相对较大且呈现逐年上升趋势，而县级宏观税
负和县级所得税负的 Moran's I 值相对较小且没有明显的变化趋势。
这表明与基于变异系数的结果有所不同，商品税的县际策略互补关
系可能强于宏观税负和所得税负的县际策略互补关系。

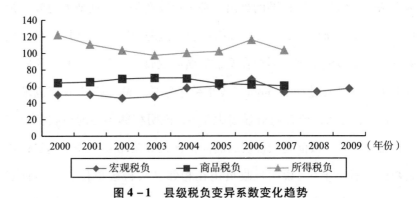

图 4 -1　县级税负变异系数变化趋势

资料来源：笔者绘制。

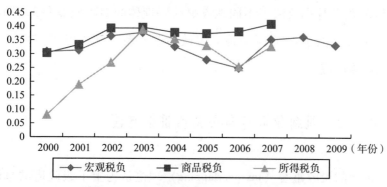

图 4 - 2　县级税负的 Moran's I 值变化趋势

资料来源：笔者绘制。

横向税收竞争关系还可以通过空间计量模型来检验，本章采用埃洛斯特和弗雷烈（Elhorst and Fréret，2009）提出的两体制空间计量模型（two-regime spatial model）来比较市管县和省直管县两类地方财政管理模式对横向税收竞争关系的不同影响，模型的基准表达式为：

$$y_{it} = \alpha + \underbrace{\delta_1(1 - d_{it})\sum_{j \neq i} w_{ij}y_{jt}}_{\text{市管县横向税收策略外部性}} + \underbrace{\delta_2 d_{it}\sum_{j \neq i} w_{ij}y_{jt}}_{\substack{\text{省直管县横向} \\ \text{税收策略外部性}}} + X'_{it}\gamma + \mu_i + \varepsilon_{it}$$

$$(4 - 1)$$

其中，被解释变量 y_{it} 可以是该地区的宏观税收负担变量也可以是该地区的商品税负或所得税负；财政管理体制虚拟变量 d_{it} 的取值依据各地区改革情况而定，在省直管县时取为 1 否则取为 0；X 为一系列影响被解释变量 y_{it} 的社会经济变量；不同空间权重矩阵 w_{ij} 的设定可以用来检验地方财政体制改革对税收竞争的作用机制，具体来说，尝试采用的权重矩阵有地理距离权重矩阵、0 - 1 行政相邻权重矩阵、经济距离权重矩阵和行政 - 经济距离权重矩阵。回归系数

δ_1 和 δ_2 的差异则反映了不同地方财政管理体制对税收竞争的影响，如果 δ_2 显著大于 δ_1 则说明地方财政体制改革会加剧对相邻地区的税收策略反应。

4.2.2 纵向税收竞争关系的识别方法

传统的税收重叠（tax overlapping）理论认为上下级政府共享同一税基会导致基层政府税率过高，如果这一理论命题在中国也成立的话地方财政体制改革中地方政府间税收分成改革将降低县级税率。通过各级政府税收负担的变化趋势，可以初步观察纵向税收竞争关系演变进程。如果上下级政府的宏观税负表现出相同的变化趋势则表明县级政府与上级政府的税收策略互动关系可能属于策略互补型；如果上下级政府的宏观税负变化趋势相反则表明县级政府与上级政府的税收策略互动关系可能属于策略替代型。图 4 - 3 展示了 2000 年以来的县级、地市本级和省本级宏观税负的变化情况，从中可见市本级和省本级的宏观税负基本没有变化、县级宏观税负则呈现 "U" 形变化，在 2005 年前县级宏观税负呈下降趋势，而在 2005 ~ 2009 年县级宏观税负又有所回升。县级宏观税负的回升与实行的 "三奖一补" 等保障县级基本财力的政策有很大的关系，针对当时出现的县乡财政困难问题，中央财政安排专门资金对省市级政府增加财政困难县转移支付和财政困难县增加税收收入、县级政府精简机构人员、以前缓解县乡财政困难工作做得好的地区和产粮大县，给予奖励性补助。

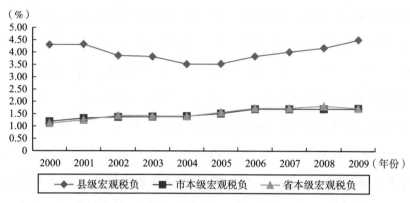

图 4 - 3　2000 ～ 2009 年省市县三级财政收入分配关系的演变

资料来源：笔者绘制。

　　在纵向税收竞争模型中，如果上级政府税收政策变量的回归系数显著为负则说明存在纵向税收策略替代关系，"财权层层上移"的说法能够得到印证；如果上级政府税收政策变量的回归系数显著为正，则说明存在纵向税收策略互补关系。省对下财政体制改革中的财政层级关系调整对纵向税收竞争关系的影响可以通过观察省直管县虚拟变量与上级税收政策变量交互项的回归系数来识别，如果交互项的估计系数显著且与上级税收政策变量估计系数符号一致，则说明地方财政体制改革加剧了纵向税收策略关系。借鉴贝斯利和罗森（Besley and Rosen，1998）的方法，纵向税收竞争关系的识别方程如下：

$$y_{it} = \alpha + \beta_1 d_{it} + \underbrace{\beta_2 y_{it}^c + \beta_3 d_{it} \times y_{it}^c}_{\text{市级税收纵向策略外部性}} + \underbrace{\beta_4 y_{it}^p + \beta_5 d_{it} \times y_{it}^p}_{\text{省级税收纵向策略外部性}} + X_{it}' \gamma + \mu_i + \varepsilon_{it}$$

$$(4-2)$$

　　式（4-2）中 y_{it}^c 和 y_{it}^p 分别表示地市级和省级税收变量。在纵向税收竞争模型中需要解决的三个难题是：①缺乏地市级政府和省级政府在每个县（市）财政收入分享比例的相关数据；②我国税权高度集中在中央政府，省市县三级政府缺乏税收立法权、税法解释权、税种开征与停征权、税率调整权和税种减免权，借鉴国外纵向税收竞争模型来分析我国上下级税收竞争关系面临着可行性挑战；③税收征管从按隶属关系征收到属地征收在省以下各级地方政府改革不彻底。针对第一个问题，我们假定上级政府分享的税收比例在各个下级政府是一致的，在不考虑省级和地市级固定收入的情况下，用地市级本级税收收入衡量的 y_{it}^c 和用省级本级税收收入衡量的 y_{it}^p 在一定程度上刻画了上级政府伸向县级政府的"攫取之手"。针对第二个问题，我们认为在缺乏税收法定的情况下，地方政府是否具有税基、税率的自主决定权无关紧要，上级政府层层向下级政府下达年度税收任务是上级政府结合自身财政利益最大化原则制定的，而下级政府税收任务的完成额度情况也是市县基层政府利益最大化的最优选择，因此省以下各级政府在实际税率方面具有较高的自主性。

4.2.3　空间权重矩阵的选取

选取恰当的空间权重矩阵是空间计量实证研究的关键，参考国内外文献的做法（LeSage，2010；尹恒和徐琰超，2011；周亚虹等，2013），依据地理空间和经济空间标准构造了四类空间权重矩阵：

第一类是根据两个地区之间的经纬度距离来设定权重的地理距离矩阵 W_{dis}。本章利用 google 地图（http：//www.gpsspg.com/maps.htm）提供的经纬度数据计算出地区 i 和 j 之间的地理距离 d_{ij}。

在这种设置方式下两个地区距离越近，相互影响也越大。地理距离矩阵 W_{dis} 中的元素为：

$$w_{ij} = \begin{cases} 1/d_{ij}, & \text{如果 } i \text{ 和 } j \text{ 同属一个省} \\ 0, & \text{其他} \end{cases} \tag{4-3}$$

第二类是二进制行政相邻矩阵 W_{adm}。如果地区 i 和 j（$i \neq j$）同属一个地级市，元素取为 1 否则取值为 0。这种设置方式对同一地级市内的所有邻居赋予了同等权重而不论两个地区之间的远近关系。行政相邻矩阵 W_{adm} 的元素定义如下：

$$w_{ij} = \begin{cases} 1, & \text{如果 } i \text{ 和 } j \text{ 同属一个地级市} \\ 0, & \text{其他} \end{cases} \tag{4-4}$$

第三类是经济距离矩阵 W_{eco}。税收竞争理论认为相邻地区间出现竞争关系的关键是地区间的可比性，两个地区间的社会经济条件越相似，相互间的竞争关系越明显。在财政省直管县的情况下县级政府间的税收竞争关系已经超越了与市内其他县级政府发生竞争关系的范畴，只要与之社会经济条件相似就有可能存在税收竞争关系。地区生产总值最为一项综合性指标最能反映一个地区的社会经济发展状况，因此本章采用样本期间人均地区生产总值的平均值来计算地区间的经济距离。经济距离矩阵 W_{eco} 中的元素为：

$$w_{ij} = \begin{cases} 1/\left| perGPD_i - perGDP_j \right|, & \text{如果 } i \text{ 和 } j \text{ 同属一个省} \\ 0, & \text{其他} \end{cases}$$

$$\tag{4-5}$$

第四类是综合考虑行政相邻关系和经济距离的行政经济距离矩阵 $W_{adm\text{-}eco}$。在这种设置方式下同一地级市内两个地区的经济距离越近，相互影响也越大，而认为与市外其他地区不存在税收竞争关系。行政经济距离矩阵 $W_{adm\text{-}eco}$ 的元素定义如下：

$$w_{ij} = \begin{cases} 1/\left| perGPD_i - perGDP_j \right|, & \text{如果 } i \text{ 和 } j \text{ 同属一个市} \\ 0, & \text{其他} \end{cases}$$

$$(4-6)$$

需要说明的是面板数据模型中的空间权重矩阵 W 是一个横截面空间权重矩阵的一个扩展，其具体形式为：

$$W = \begin{bmatrix} W_{2000} & 0 & 0 \\ 0 & \cdot & 0 \\ 0 & 0 & W_{2009} \end{bmatrix}_{NT \times NT}$$

$$(4-7)$$

其中，N 为横截面的县级行政区数，T 为时间序列的年份数，W_{2000}、$\cdots$、W_{2009} 分别表示 2000 ~ 2009 年 1628 个县级行政区的空间权重矩阵。鉴于当前空间计量估计方法的限制，还不能估计空间权重矩阵逐年变化的空间面板数据模型，本章设定的空间权重矩阵每年都相同，即 $W_{2000} = \cdots = W_{2009}$。

4.3　变量与数据

4.3.1　变量说明

本章的被解释变量有三个——县级宏观总税负 tax、县级商品税负 tax_1 和县级所得税负 tax_2。县级宏观税负是县级财政收入与该县地区生产总值的比重，值得注意的是在不同年份之间县级财政收入的统计口径有所变动，2000～2004 年"县级财政收入 = 增值税 + 营业税 + 企业收入（主要为企业所得税）+ 个人所得税 + 城市维护建设税 + 农业五税 + 其他各项收入"；2005～2006 年"县级财政收入 = 增值税 + 营业税 + 企业所得税 + 个人所得税 + 城市维护建设税 + 农牧业税、农业特产税 + 耕地占用税 + 契税 + 其他各项收入"；在 2006 年取消农业税和 2007 年政府收支分类改革后，县级财政收入的范围略有变化（税收收入种类减少、非税收入种类增加），"县级财政收入 = 税收收入 + 非税收入 = 增值税 + 营业税 + 企业所得税 + 个人所得税 + 资源税 + 城市维护建设税 + 耕地占用税 + 契税 + 烟叶税 + 其他各项税收收入 + 专项收入 + 行政事业性收费收入 + 罚没收入 + 国有资本经营收入 + 国有资源（资产）有偿使用收入 + 其他收入"，其中，2008 年和 2009 年的《全国地市县财政统计资料》没有公布分税种的县级财政收入而只有"本年收入"的数据。增值税、营业税和消费税是我国主要商品税，但消费税是中央税收，并不是地方政府税收竞争的对象，因此本章所指县级商品税负是县级政府分享的增值税和营业税占地区生产总值的比重。县级所得税负是县级政府分享的企业所得税和个人所得税占地区生产总值的比重[①]。

省对下财政体制虚拟变量 d 和与县级税收发生竞争关系的其他政府的税收变量是本章的关键解释变量，但根据需要，在不同估计方程中具体使用的解释变量有所差异。省对下财政体制虚拟变量在采取省直管县体制时取为 1，在采取"省管市、市管县"体制时取

---

① 2000 年《全国地市县财政统计资料》没有细分企业收入和企业所得税的数据，本章把企业收入作为 2000 年企业所得税的代理变量。由于入库的企业所得税不可能为负，本章把极个别企业收入为负的地区设为 0。

为0。两类体制最大的差异是财政层级的不同，在省直管县地区，县级财政面临的上级财政只有中央财政、省级财政两级；而在市管县地区县级财政需面临中央财政、省级财政、地市级财政三级[①]。与县级税收发生竞争关系的其他政府的税收变量在不同估计方程中有所区别，在估计方程（4−1）中，解释变量是相邻地区的税收负担与市管县体制虚拟变量的交互项、相邻地区的税收负担与省直管县体制虚拟变量的交互项；在估计方程（4−2）中，解释变量是样本县（市）相应地市本级税收负担 tax_c、地市本级税负与省直管县体制虚拟变量交互项 $d \times tax_c$、相应省本级税收负担 tax_p、省本级税负与省直管县体制虚拟变量交互项 $d \times tax_p$。由于河南省济源市和湖北省仙桃市、天门市和潜江市作为副地级市城市，无论是财政上还是行政上都不受地级市管理，相对应的地市本级税负设为0；由于计划单列市的下辖县（市）在财政不受省级财政的管理，相应的省本级税负设为0。

政府间税收竞争关系还可能受地区特征变量的影响，为此还控制了县级社会经济特征变量和省级宏观经济变量。县级人均实际地区生产总值（ $perGDP$，利用县级人口和省级消费者价格指数将县级名义地区生产总值折算为以2000年为基期的人均实际值）和产业结构（ $industry$，用第二产业增加值与地区生产总值的比值衡量），经济发展水平决定了该地区的税源丰裕状况，通常经济发展水平越高，维持一定公共产品供给水平需要的税负可以更低。根据新经济地理学的理论（Baldwin and Krugman，2004），企业集聚过程中形成

---

① 值得说明的是计划单列市地区的县级财政面临的上级财政也只有两级，即中央财政和计划单列市本级财政。

的外部性会降低企业流动性，只要集聚租金低于企业获得的外部收益，地方政府便可以对集聚地区的企业征收更高的税收，同时又不会造成税源流失（Hill，2008；Koh et al.，2013），经济集聚存在降低地方政府间税收策略反应的倾向。工业经济集聚度（*agglomeration*）用规模以上工业企业总产值的自然对数衡量。另外，本章控制的县级社会特征变量有人口密度（*density*，用年末总人口与土地面积之比衡量）和每千人中小学学生人口数（*student*），其中学生人口比重对税负存在正反两方面影响，学生人口比重越高的地区教育经费投入压力越大，这会促使地方政府加大征税努力而税负较高；学生人口比重高也会导致劳动力人口相对较少和应税所得减少，从而税负较低。控制的省级宏观经济变量有省级固定资产投资增长率（*invest*）和城镇登记失业率（*unemploy*）。

4.3.2　样本范围与数据来源

由于县级财政数据公开的时滞性较长，笔者能够获得的最新数据是 2009 年的《全国地市县财政统计资料》，因此本章研究的时间范围为 2000～2009 年[①]。由于直辖市、民族自治区的财政管理体制与普通省份存在较大差异，研究样本剔除了北京市、天津市、上海市、重庆市、内蒙古自治区、广西壮族自治区、西藏自治区、宁夏回族自治区和新疆维吾尔自治区的样本[②]。海南省由于其特殊的

---

① 浙江、安徽、广东、甘肃等部分省份的财政部门虽有出版 2009 年以后的《财政年鉴》，但县级财政信息的披露内容有很大的地区差异，基于数据质量和系统性的考虑本书最终选择只采用《全国地市县财政统计资料》的数据。

② 虽然中央对贵州、云南和青海三省的财政管理按照民族地区管理，但这三个省少数民族人口集聚不及另外 5 个民族自治区，地方政府最重要的职能同样是经济发展而非维护民族团结等政治任务，因此为尽可能多地利用既有信息，本章研究样本包括这三个省份。

历史原因、地理特征和行政管理模式也不在本章的研究范围之内。在其余的 21 个省份中，进一步剔除了财政自主性较差的区政府样本，为保持数据的平衡性还剔除了在样本期间发生"县改区"的地区，最终得到 1628 个县（市）2000～2009 年的平衡面板数据。

省对下财政管理体制的虚拟变量来自笔者对各省政府和财政部门门户网站的收集整理。计算县级、地市本级和省本级税收负担需要税收收入和地区生产总值两类数据，其中县级和地市级税收数据来自历年《全国地市县财政统计资料》，省级税收数据来自历年《中国财政年鉴》；县级地区生产总值数据来自历年《全国地市县财政统计资料》《中国区域经济统计年鉴》和相关省份《统计年鉴》，市级地区生产总值数据来自《中国城市统计年鉴》和《中国区域经济统计年鉴》，省级地区生产总值数据来自历年《中国统计年鉴》。县级特征变量的数据来源则为历年《中国县（市）社会经济统计年鉴》、省级宏观变量的数据来自历年《中国统计年鉴》。2001～2008年，县级变量中的部分缺失值由前后两年的平均值替代，而 2000 年与 2009 年的缺失值分别由 2001 年和 2008 年的值替代。

4.3.3 变量基本统计描述

表 4-2 给出了各变量的基本统计描述结果，从中可知省直管县地区的县级宏观税负、商品税负和所得税负分别比市管县地区高 0.32%、0.38% 和 0.14%，这表明在省直管县地区和市管县地区整体税负一致的情况下省直管县地区在省市县三级政府税收分成中享

受了更高的税收分成比例。另外，就其他各项县级特征变量来看，省直管县地区的人均地区生产总值、工业化程度、工业企业集聚程度和人口密度都要高于市管县地区，而省直管县地区的学生人口比重低于市管县地区。

表 4-2　　　　　　　　　变量基本统计描述

变量	全部样本组			市管县组			省直管县组		
	样本量	均值	标准差	样本量	均值	标准差	样本量	均值	标准差
县级宏观税负	16280	3.99	2.20	13615	3.94	2.23	2665	4.26	2.00
县级商品税负	13024	1.36	0.89	11639	1.32	0.87	1385	1.70	0.99
县级所得税负	13024	0.45	0.61	11639	0.43	0.62	1385	0.57	0.56
市本级宏观税负	16280	1.50	1.03	13615	1.48	1.03	2665	1.60	1.02
市本级商品税负	13024	0.59	0.45	11639	0.58	0.45	1385	0.66	0.45
市本级所得税负	13024	0.21	0.23	11639	0.21	0.24	1385	0.22	0.19
省本级宏观税负	16280	1.53	0.69	13615	1.54	0.70	2665	1.48	0.66
省本级商品税负	13024	0.66	0.41	11639	0.68	0.41	1385	0.53	0.39
省本级所得税负	13024	0.37	0.21	11639	0.37	0.21	1385	0.37	0.20
ln（人均GDP）	16280	8.81	0.76	13615	8.72	0.74	2665	9.24	0.69
ln（工业化程度）	16280	3.57	0.47	13615	3.55	0.48	2665	3.68	0.41
ln（工业集聚）	16280	11.59	1.97	13615	11.36	1.97	2665	12.73	1.53
ln（人口密度）	16280	5.31	1.22	13615	5.26	1.26	2665	5.56	0.94
ln（每千人学生数）	16280	5.01	0.24	13615	5.03	0.23	2665	4.86	0.23
省级失业率	16280	3.74	0.61	13615	3.72	0.64	2665	3.86	0.40
省级投资增长率	16280	24.03	10.63	13615	22.98	10.43	2665	29.41	9.98

资料来源：笔者根据《全国地市县财政统计资料》《中国县（市）社会经济统计年鉴》等整理得到。

4.4 地方财政体制改革对横向
税收竞争关系的影响

4.4.1 宏观税负横向竞争关系的估计结果

表4-3报告了地方财政体制改革对政府间横向税收竞争关系影响的2SLS估计结果。模型（1）～模型（4）分别是采用地理距离矩阵、行政相邻矩阵、经济距离矩阵和行政-经济距离矩阵的估计结果，从中可见不论采取哪个空间权重矩阵，估计结果都比较一致。除市管县地区宏观税负空间滞后项回归系数 δ_1 在使用经济距离矩阵 W_{eco} 和行政-经济距离矩阵 $W_{adm\text{-}eco}$ 进行回归时不显著外，δ_1 和 δ_2 在各个模型中都显著为正，这表明与市管县地区发生税收策略互动关系的地区比较有限，可能局限于同一地级市管辖的其他兄弟县（市）或与之地理距离很近的地区；而与省直管县地区发生税收策略互动关系的范围较广，除同属一个地级市管辖的其他县（市）外，还可能与市外其他社会经济条件相似的地区发生税收竞争关系，特别是与纳入同批次试点改革范围的其他省直管县发生竞争关系。另外，从 Wald 检验结果可知在 1% 置信水平上我们无法接受 $\delta_1 = \delta_2$ 的原假设，这表明省直管县地区和市管县地区的税收策略反应函数存在显著差异，省直管县地区对其他相邻地区的税收策略反应更加强烈，由此可以认为地方财政体制改革会加剧县域税收竞争。

　　基于表 4 - 3 的估计结果，我们还可以得到以下基本结论：第一，宏观税负与经济发展水平显著负相关，人均地区生产总值高的地区税源相对比较丰富，较低的税率便可以满足同等水平的支出需求；第二，由于工业的税收负担比农业重，工业化程度高的地区税负也相对较重，工业企业集聚程度高的地区企业流动性较小，地方政府可以向企业征收"集聚租金"，因此工业化程度和工业企业集聚程度都与宏观税负正相关；第三，人口密度高的地区可充分利用公共品提供的规模经济优势，公共服务提供成本的分担使得当地政府财政支出压力较小而可以选择低税负；第四，每千人中小学学生数对宏观税负的影响显著为正，在"以县为主"的教育财政体制下，县级政府是义务教育的办学主体，教育支出也是县级公共财政的第一大项预算支出，学生人口比重的增加会加大县级财政支出压力，因此有必要提高宏观税负；第五，县级宏观税负受省级宏观调控的影响，在失业率较高的时候为刺激经济发展税负较低，而在省级固定投资增长率较高时来自上级政府的招商引资压力较小，县级政府可以提高税率来更好地完成税收任务。

表 4 - 3　地方财政体制改革与政府间横向税收竞争关系的估计结果

因变量：宏观税负	（1）	（2）	（3）	（4）
$(1-d) \times W$ 宏观税负	0.629 *** (0.088)	0.206 *** (0.070)	- 0.021 (0.107)	0.032 (0.063)
$d \times W$ 宏观税负	1.094 *** (0.080)	0.878 *** (0.082)	0.991 *** (0.105)	0.801 *** (0.095)
ln（人均 GDP）	- 1.205 *** (0.055)	- 1.312 *** (0.066)	- 1.545 *** (0.079)	- 1.385 *** (0.075)

因变量：宏观税负	（1）	（2）	（3）	（4）
ln（工业化程度）	0.515 *** （0.051）	0.553 *** （0.057）	0.556 *** （0.068）	0.522 *** （0.061）
ln（工业企业集聚度）	0.253 *** （0.026）	0.246 *** （0.031）	0.188 *** （0.036）	0.263 *** （0.034）
ln（人口密度）	−0.547 *** （0.122）	−0.509 *** （0.134）	−0.400 ** （0.160）	−0.463 *** （0.142）
ln（每千人学生数）	0.310 *** （0.084）	0.389 *** （0.096）	0.655 *** （0.117）	0.439 *** （0.107）
省级失业率	0.028 （0.061）	−0.160 *** （0.060）	−0.104 （0.080）	−0.222 *** （0.066）
省级投资增长率	−0.005 *** （0.001）	−0.008 *** （0.002）	−0.015 *** （0.002）	−0.009 *** （0.002）
Wald 检验：$\delta_1 = \delta_2$	126.74 ***	162.32 ***	195.36 ***	126.60 ***
Anderson LM 统计量	573.47	464.97	383.78	321.37
及伴随 P 值	[0.000]	[0.000]	[0.000]	[0.000]
Cragg-Donald F 值	59.61	47.96	78.76	32.82
空间矩阵 W 形式	地理距离	同属地级市	经济距离	市内经济距离
样本量	16280	16280	16280	16280

注：① *** 、 ** 、 * 分别表示在 1%、5% 和 10% 水平上显著；②所有估计由 Stata 软件中的 xtivreg2 命令完成，根据科勒健和普鲁查（Kelejian and Prucha, 1998）的建议，空间滞后项"$d \times W$ 宏观税负"和"$(1 - d) \times W$ 宏观税负"的工具变量为 WX 和 $W^2 X$，其中，X 包括 ln（人均 GDP）、ln（工业化程度）、ln（工业企业集聚度）、ln（人口密度）和 ln（每千人学生数）。

资料来源：笔者绘制。

4.4.2　商品税和所得税横向竞争关系的估计结果

增值税、营业税和企业所得税、个人所得税作为地方政府的主体税种，是县级公共财政收入的主要来源，但商品税（增值税、营业税）与所得税（企业所得税和个人所得税）是两类不同性质的税收，两类税收的政府间策略关系也可能随税种性质不同而有所差异，因此有必要进一步分税种性质讨论地方财政体制改革对政府间横向税收竞争关系的影响。

表 4-4 和表 4-5 分别报告了地方财政体制改革对政府间横向商品税竞争关系和横向所得税竞争关系影响的 2SLS 估计结果。与表 4-3 的估计结果略有不同，在采用经济距离矩阵 W_{eco} 和行政-经济距离矩阵 $W_{adm-eco}$ 时，市管县地区的空间滞后项回归系数都显著为正。与表 4-3 的估计结果类似，省直管县地区对其相邻地区的商品税策略反应和所得税策略反应更加强烈。

表 4-4　地方财政体制改革与政府间横向商品税竞争关系的估计结果

因变量：商品税负	（1）	（2）	（3）	（4）
$(1-d) \times W$ 商品税负	0.925 *** (0.057)	0.406 *** (0.067)	0.439 *** (0.097)	0.277 *** (0.071)
$d \times W$ 商品税负	1.438 *** (0.056)	1.287 *** (0.087)	2.021 *** (0.114)	1.386 *** (0.114)
ln（人均 GDP）	-0.446 *** (0.024)	-0.451 *** (0.029)	-0.612 *** (0.039)	-0.498 *** (0.034)
ln（工业化程度）	0.228 *** (0.021)	0.235 *** (0.024)	0.277 *** (0.031)	0.248 *** (0.026)
ln（工业企业集聚度）	0.070 *** (0.011)	0.082 *** (0.014)	0.022 (0.018)	0.081 *** (0.016)
ln（人口密度）	-0.269 *** (0.050)	-0.229 *** (0.058)	-0.187 ** (0.074)	-0.217 *** (0.062)
ln（每千人学生数）	0.140 *** (0.036)	0.139 *** (0.042)	0.311 *** (0.056)	0.161 *** (0.047)

续表

因变量：商品税负	（1）	（2）	（3）	（4）
省级失业率	0.074 *** (0.014)	0.036 ** (0.017)	0.124 *** (0.022)	0.042 ** (0.020)
省级投资增长率	1.9E－4 (0.001)	0.001 (0.001)	－0.001 (0.001)	0.001 * (0.001)
Wald 检验：$\delta_1 = \delta_2$	68.48 ***	118.02 ***	130.45 ***	106.53 ***
Anderson LM 统计量	500.36	347.46	222.14	236.48
及伴随 P 值	[0.000]	[0.000]	[0.000]	[0.000]
Cragg-Donald F 值	52.26	35.78	22.62	24.13
空间矩阵 W 形式	地理距离	同属地级市	经济距离	市内经济距离
样本量	13024	13024	13024	13024

注：① ***、**、* 分别表示在 1%、5% 和 10% 水平上显著；②所有估计由 Stata 软件中的 xtivreg2 命令完成，根据科勒健和普鲁查（1998）的建议，空间滞后项"$d \times W$ 商品税负"和"$(1-d) \times W$ 商品税负"的工具变量为 WX 和 W^2X，其中，X 包括 ln（人均 GDP）、ln（工业化程度）、ln（工业企业集聚度）、ln（人口密度）和 ln（每千人学生数）。

资料来源：笔者绘制。

另外，值得注意的是在表 4-4 和表 4-5 中省级宏观变量对县级宏观税负的影响与表 4-3 的估计结果存在一些差异：第一，表 4-4 中省级失业率对县级商品税负的影响显著为正而省级固定资产投资增长率的估计系数不显著；而在表 4-5 的估计结果中，省级失业率的估计系数仍与预期相符，失业率较高时省政府会要求下级政府降低税率以增加就业，表 4-4 和表 4-5 的差异可能是因为失业率与个人所得税关联度较大而与商品税关联度较小。第二，表 4-4 中省级投资增长率的估计系数不显著而表 4-5 中省级投资增长率的估计系数基本上显著为负，这可能是因为资本对企业所得税反应比较敏感而对商品税不敏感，县级政府把所得税作为应对上级招商引资压力的政策工具，尽可能利用所得税优惠政策（如将企业认定为高新技术企业或中小企业）来吸引投资；而商品税特别是增值税由于中央监管较严而无法成为县级政府应对上级招商引资压力的有效政策工具。

表4－5　地方财政体制改革与政府间横向所得税竞争关系的估计结果

因变量：所得税负	(1)	(2)	(3)	(4)
$(1-d) \times W$ 所得税负	0.910 *** (0.070)	0.494 *** (0.075)	0.627 *** (0.083)	0.271 *** (0.086)
$d \times W$ 所得税负	1.915 *** (0.293)	2.135 *** (0.392)	1.672 *** (0.388)	2.055 *** (0.544)
ln（人均 GDP）	−0.303 *** (0.024)	−0.380 *** (0.028)	−0.360 *** (0.027)	−0.435 *** (0.031)
ln（工业化程度）	0.126 *** (0.020)	0.133 *** (0.022)	0.116 *** (0.021)	0.108 *** (0.023)
ln（工业企业集聚度）	0.065 *** (0.010)	0.040 *** (0.012)	0.065 *** (0.011)	0.042 *** (0.013)
ln（人口密度）	−0.202 *** (0.046)	−0.194 *** (0.050)	−0.205 *** (0.049)	−0.207 *** (0.052)
ln（每千人学生数）	0.016 (0.035)	0.028 (0.040)	−0.011 (0.038)	0.008 (0.045)
省级失业率	0.011 (0.025)	−0.084 *** (0.029)	−0.072 ** (0.028)	−0.145 *** (0.033)
省级投资增长率	−0.001 (0.001)	−0.003 *** (0.001)	−0.002 *** (0.001)	−0.004 *** (0.001)
Wald 检验：$\delta_1 = \delta_2$	13.96 ***	20.02 ***	7.91 ***	11.74 ***
Anderson LM 统计量	140.21	74.75	87.41	41.75

续表

因变量：所得税负	（1）	（2）	（3）	（4）
及伴随 P 值	[0.000]	[0.000]	[0.000]	[0.000]
Cragg-Donald F 值	14.17	7.51	8.79	4.18
空间矩阵 W 形式	地理距离	同属地级市	经济距离	市内经济距离
样本量	13024	13024	13024	13024

注：① ***、**、* 分别表示在1%、5%和10%水平上显著；②所有估计由 Stata 软件中的 xtivreg2 命令完成，根据科勒健和普鲁查（1998）的建议，空间滞后项"$d \times W$ 所得税负"和"$(1-d) \times W$ 所得税负"的工具变量为 WX 和 W^2X，其中，X 包括 ln（人均 GDP）、ln（工业化程度）、ln（工业企业集聚度）、ln（人口密度）和 ln（每千人学生数）。

资料来源：笔者绘制。

4.5 地方财政体制改革对纵向税收竞争关系的影响

4.5.1 基准回归结果

表4-6报告了地方财政体制改革对政府间纵向税收竞争关系影响的估计结果，其中第（1）列、第（2）列、第（3）列分别是未纳入控制变量、只纳入县级特征变量、同时纳入县级特征变量和省级宏观变量的估计结果。从中可以得到几个关于地方财政体制改革与纵向税收策略关系的初步结论：第一，省直管县虚拟变量 d 的估计系数显著性不高，省直管县地区的实际税率与市管县地区没有显著差异，造成上述结果的可能原因是2009年前的省直管县改革涉及

税收分成比例调整的地区较少；第二，地市级实际税率及其与省直管县虚拟变量交互项的估计系数 β_2 和 β_3 显著为正表明县级实际税率与地市级实际税率是策略互补关系，而且地市级财政对县级财政的纵向税收外部性在省直管县地区几乎是市管县地区的 2 倍，地市级财政向县级财政伸出了"攫取之手"；第三，省级实际税率及其与省直管县虚拟变量交互项的估计系数 β_4 和 β_5 显著为负，表明县级实际税率与省级实际税率是策略替代关系，而且省直管县地区的替代关系强于市管县地区，省级财政向省直管县地区伸出了"援助之手"。第（4）列是进一步控制时间固定效应后的估计结果，可以发现市本级实际税率、省本级实际税率及其与省直管县改革虚拟变量交互项估计系数的符号没有发生变化。

表 4-6　　　　地方财政体制改革与政府间纵向税收竞争关系

解释变量	（1）	（2）	（3）	（4）	（5）	（6）	（7）	（8）
是否改革	0.167 (0.103)	-0.034 (0.105)	-0.028 (0.103)	-0.172* (0.102)	-0.148 (0.118)	-0.176 (0.115)	-0.097 (0.121)	
地市级税率	0.211*** (0.023)	0.194*** (0.023)	0.209*** (0.023)	0.161*** (0.023)	0.651*** (0.060)	0.557*** (0.060)	0.680*** (0.062)	-0.210 (0.164)
是否改革× 地市级税率	0.255*** (0.035)	0.290*** (0.035)	0.247*** (0.034)	0.271*** (0.033)	0.357*** (0.052)	0.389*** (0.050)	0.363*** (0.054)	
省级税率	-0.441*** (0.030)	-0.382*** (0.034)	-0.210*** (0.034)	-0.281*** (0.034)	-0.076 (0.053)	-0.173*** (0.052)	-0.071 (0.054)	4.228* (2.519)
是否改革× 省级税率	-0.139*** (0.053)	-0.092* (0.053)	-0.100* (0.052)	-0.187*** (0.051)	-0.113* (0.059)	-0.251*** (0.058)	-0.137** (0.060)	
ln（人均GDP）		-0.926*** (0.049)	-0.804*** (0.049)	-1.351*** (0.058)	-0.882*** (0.055)	-1.275*** (0.062)	-0.925*** (0.056)	0.021 (0.354)
ln（工业化 程度）		0.382*** (0.053)	0.395*** (0.052)	0.477*** (0.052)	0.288*** (0.056)	0.324*** (0.054)	0.318*** (0.057)	-1.468*** (0.502)

续表

解释变量	(1)	(2)	(3)	(4)	(5)	(6)	(7)	(8)
ln（工业企业集聚度）		0.452 *** (0.024)	0.441 *** (0.024)	0.339 *** (0.025)	0.380 *** (0.026)	0.325 *** (0.026)	0.369 *** (0.027)	0.372 ** (0.154)
ln（人口密度）		− 0.654 *** (0.127)	− 0.571 *** (0.125)	− 0.847 *** (0.123)	− 0.381 *** (0.138)	− 0.654 *** (0.134)	− 0.379 *** (0.140)	− 1.864 (1.563)
ln（每千人学生数）		− 0.131 (0.080)	− 0.225 *** (0.080)	0.126 (0.080)	− 0.307 *** (0.089)	0.036 (0.090)	− 0.304 *** (0.091)	− 1.119 * (0.647)
省级失业率			− 0.558 *** (0.031)	− 0.342 *** (0.037)	− 0.503 *** (0.038)	− 0.206 *** (0.040)	− 0.463 *** (0.039)	− 0.817 *** (0.268)
省级投资增长率			− 0.003 * (0.001)	− 0.005 *** (0.001)	− 0.005 *** (0.001)	− 0.006 *** (0.001)	− 0.004 *** (0.001)	0.004 (0.009)
常数项	4.285 *** (0.049)	9.912 *** (0.900)	10.824 *** (0.890)	15.314 *** (0.931)				
个体效应	是	是	是	是	是	是	是	是
时间效应	否	否	否	是	否	是	否	否
LM 统计量					1660.180	1588.775	1526.429	36.874
Cragg-Donald F 值					475.242	451.684	433.985	19.640
样本量	16280	16280	16280	16280	14652	14652	14130	522
R^2	0.0057	0.0912	0.0958	0.1094	0.0362	0.0993	0.0285	0.4929

注：***、**、* 分别表示在1%、5%和10%水平上显著；括号内为标准差。
资料来源：笔者绘制。

此外，从控制变量的估计结果还可以得出以下结论：经济发展水平高的地区税源比较充足，实际税率相对较低；工业的税收负担比农业重，工业化程度高的地区实际税率也相对较重；工业企业集聚程度高的地区被征收了"集聚租金"；人口密度高的地区可充分利用公共品提供平均成本较低的优势，支出压力较小而实际税率较低；学生人口比重高的地区劳动力人口相对较少，纳税能力相对较低而实际税率较低；县级实际税率受省级宏观调控政策的影响，在失业率较高的时候为刺激经济发展而实际税率较低。

在县级财政与地市级财政、省级财政发生纵向税收策略互动关系时，有可能是县级实际税率影响了地市级实际税率和省级实际税率，也可能是地市级实际税率和省级实际税率影响了县级实际税率。为解决互为因果关系带来的内生性问题，进一步采用工具变量法进行估计。有效的工具变量需要满足外生性和关联性两个条件：从外生性角度看，采用滞后一期的地市级实际税率和滞后一期的省级实际税率作为工具变量，一定程度上避免了当期县级实际税率与当期地市级实际税率、当期省级实际税率互为因果的可能；从与内生变量的关联性角度看，我国税收计划任务具有"以支定收、基数递增、层层加码"的特征，当年税收收入的制定往往会参考以往年度的税收任务，当年实际税率受上一年度实际税率的影响，实际税率在前后两期保持较高的关联性。表4-6第（5）列和第（6）列报告了2SLS的估计结果，安德森（Anderson）正则相关检验似然比统计量和克拉格-唐纳德·沃尔德（Cragg-Donald Wald）统计量显示我们选取的工具变量是比较理想的，估计结果表明地方财政体制改革强化了县级实际税率与地市级实际税率的策略互补关系以及县级实际税率与省级实际税率的策略替代关系。

为检验地方财政体制改革后地市级财政的资源汲取行为是否是由维持既得利益的渐进改革方式造成的，本章还分浙江省和非浙江省两个子样本估计省本级和地市级征税行为对县级实际税率的影响。表4-6中第（7）列是剔除浙江省样本的估计结果而第（8）

列是以浙江省为样本的估计结果。在1994年分税制改革后，浙江是全国唯一一直推行财政省直管县的省份，不存在地市级财政与县级财政重新划分税收分成比例的问题，市级财政也没有机会在过渡时期采取资源汲取政策。如果第（8）列中市本级实际税率对县级实际税率没有显著影响而第（7）列中省直管县虚拟变量与市本级实际税率交互项估计系数显著为正，可以间接证明在市管县向省直管县过渡时期市级财政存在机会主义倾向。估计结果显示在剔除浙江省样本后，无论是在市管县地区还是省直管县地区，市本级实际税率对县级实际税率的影响显著为正，而且对省直管县地区影响更大，浙江省样本的估计结果显示市级实际税率的估计系数不显著。另外，值得注意的是在浙江省样本估计结果中，省级实际税率的估计系数在1%水平上显著为正，这表明对县级政府而言，无论是采取省直管县方式还是市管县方式，总有相对应的上级财政与之发生互补性的税收策略互动关系，在市管县地区与县级财政发生策略互补关系的是地市级财政，而在省直管县地区与之发生策略互补关系的是省级财政。

4.5.2 地方财政体制改革对纵向税收竞争影响的异质性分析

根据地方财政体制改革力度的差异，省直管县大致可以分为：全面管理型、补助管理型和省市共管型三类。全面管理型是对县级财政放权最大的一种，在预算管理体制、省对下转移支付补助、财政结算、预算资金调度、债务偿还等各方面都由省级财政直接管理县级财政，这种模式主要被浙江省、江苏省等发达省份所采用。补助管理型和省市共管型改革对县级财政放权不彻底，只是部分领域实现了省直管县，其中补助管理型省直管县改革是在转移支付、专款分配及财政资金调度等涉及对县级财政补助方面实现省直接管理县，县级财政体制仍由地市级政府确定；省市共管型则是省级财政在分配转移支付等补助资金时直接核定到县，但在资金分配和调度方面仍是省对市、市对县，同时加强省级财政对县级财政的监管。因此，中西部地区所采用的部分直管型改革着力点在于增加省级财政对县级财政的转移支付，市级财政在省—县财政往来关系中还发挥着重要作用。改革模式的差异很可能造成改革影响的异质性，对此，将样本省份分为全面直管组和部分直管组两个子样本进行估计，其中全面直管组由河北省、吉林省、黑龙江省、江苏省、浙江省、安徽省、江西省、湖北省、湖南省、四川省、陕西省11个省份构成，部分直管组由山西省、辽宁省、河南省、贵州省、云南省、甘肃省、青海省、福建省、山东省、广东省10个省份构成。处于东部沿海发达地区的福建省、山东省、广东省比较特殊，这些地区由于历史原因在2009年前采用的是省市共管型，但在财政部出台省直管县改革文件后逐步向全面管理型转变。

表4-7　地方财政体制改革对政府间纵向税收竞争关系影响的异质性分析

解释变量	(1) 全面直管	(2) 部分直管	(3) 东部地区	(4) 中西部地区	(5) 商品税	(6) 所得税
是否改革	0.455 *** (0.148)	-0.646 *** (0.223)	-0.156 (0.169)	-0.832 *** (0.253)	0.209 *** (0.044)	-2.060 *** (0.153)

续表

解释变量	(1) 全面直管	(2) 部分直管	(3) 东部地区	(4) 中西部地区	(5) 商品税	(6) 所得税
地市级税率	0.812 *** (0.081)	0.306 *** (0.089)	0.646 *** (0.088)	0.623 *** (0.077)	-0.077 (0.048)	-0.177 * (0.096)
是否改革×地市级税率	0.360 *** (0.069)	0.401 *** (0.074)	0.353 *** (0.072)	0.335 *** (0.064)	0.042 (0.046)	-1.332 *** (0.304)
省级税率	-0.564 *** (0.090)	0.256 *** (0.070)	-0.506 *** (0.133)	0.055 (0.071)	-0.680 *** (0.047)	-1.188 *** (0.170)
是否改革×省级税率	-0.520 *** (0.083)	0.123 (0.087)	-0.021 (0.142)	0.201 * (0.113)	-0.114 *** (0.042)	6.873 *** (0.549)
控制变量	是	是	是	是	是	是
估计方法	2SLS	2SLS	2SLS	2SLS	2SLS	2SLS
LM 统计量	584.150	1329.903	245.588	1925.470	2598.884	408.366
Cragg-Donald F 值	159.259	423.950	64.306	636.889	884.165	106.415
样本量	7767	6885	5823	8829	11396	11396
R^2	0.0497	0.0438	0.0488	0.0457	0.1240	0.1123

注: *** 、 ** 、 * 分别表示在 1%、5% 和 10% 水平上显著；括号内为标准差。
资料来源：笔者绘制。

　　表 4 - 7 第（1）列和第（2）列报告了地方财政体制改革对纵向税收竞争关系影响的分组估计结果。就市—县税收竞争关系而言，全面直管地区和部分直管地区的市级财政和县级财政均呈现出纵向税收策略互补关系，县级实际税率会随着市级实际税率的提升而增大。全面直管地区的市级财政直接面临着丧失县级税收分享权的挑战，部分直管地区的市级财政则面临着丧失县级税收分享权的风险，地市级财政在改革过程中都会竭力攫取更多的县级财政利益，省直管县改革存在加剧市—县税收策略互补关系的倾向。由于

部分直管的改革彻底性不及全面直管，省直管县改革对市—县税收竞争关系的强化作用在部分直管地区更加明显，这表现为交互项"是否改革×地市级税率"的估计系数在第（2）列估计结果中相对更大。就省—县税收竞争关系而言，全面直管地区与部分直管地区同样存在差异，全面直管地区的省级财政和县级财政呈现出纵向税收策略替代关系，县级实际税率会随着省级实际税率的下降而增大，省直管县改革则进一步强化了策略替代关系；部分直管地区的省级财政和县级财政则呈现出纵向税收策略互补关系，县级实际税率会随着省级实际税率的提升而增大，省直管县改革对省—县税收策略关系的影响不显著。省级税收行为在两类地区的差异可能源于省级财力的不同，采取全面直管的省份本身财力相对充裕，再加上省本级财政可能从取消的地市级分成中获取更多收入，省级财政可以让利于县级财政，从而形成省—县税收策略替代关系，这在东部地区和中西部地区子样本估计的结果中得到了进一步证实。

　　增值税、营业税和消费税是我国主要商品税，但消费税是中央税收，并不构成地方政府税收竞争的对象，因此县级商品竞争是县级分享增值税和营业税的竞争，县级所得税竞争是县级分享的企业所得税和个人所得税的竞争。由于2008年和2009年的《全国地市县财政统计资料》没有公布分税种的县级财政收入，我们利用2000～2007年的数据分税种检验财政省直管县改革对纵向税收竞争影响。表4-7第（5）列和第（6）列分别报告了地方财政体制改革对纵向商品税竞争关系和纵向所得税竞争关系影响的估计结果。从中可知，就商品税纵向竞争关系而言，县—市两级财政的策略互动关系不显著但省—县两级存在显著的策略替代关系；就所得税纵向竞争关系而言，县—市两级财政和省—县两级财政均存在显著的策略互动关系。

4.5.3 地方财政体制改革对纵向税收竞争影响的作用机制检验

地方财政体制改革可能是通过税收收入分配机制和转移支付机制对纵向税收竞争产生影响的。如果确实存在上述两个机制，我们可以看到随着税收收入和转移支付资金向省以下地方政府倾斜，县级财政与上级财政的策略互动行为会变强。为进一步验证地方财政体制改革是否通过改变省以下地方政府间税收收入分配关系和转移支付而对纵向税收竞争行为产生影响，根据样本期间省以下财政收入分权度或转移支付依赖度的变化将样本省份分成财力上移组、财力下放组以及转移支付力度下降组、转移支付力度增加组。通过比较 2000 年和 2009 年各省财政收入分权度，发现河北省、山西省、辽宁省、吉林省、安徽省、湖北省、湖南省、四川省、贵州省、云南省、陕西省、甘肃省 12 个省份的省以下财政收入占全省财政收入比重有所下降，黑龙江省、江苏省、浙江省、福建省、江西省、山东省、河南省、广东省、青海省 9 个省份的省以下财政收入占全省财政收入比重有所上升；通过比较 2000 年和 2009 年各省转移支付依赖度，发现辽宁省、江苏省、浙江省、山东省、广东省 5 个省份的省以下地方政府转移支付收入与财政支出之比有所下降，其余 16 个省份的转移支付依赖度有所上升。

表 4 - 8　　　地方财政体制改革影响政府间纵向税收竞争
关系影响的作用机制

解释变量	税收收入分配机制		转移支付机制	
	（1）	（2）	（3）	（4）
是否改革	- 1. 056 ***	0. 624 ***	0. 873 ***	- 0. 469 ***
	（0. 206）	（0. 139）	（0. 201）	（0. 140）
地市级税率	0. 662 ***	0. 531 ***	0. 476 ***	0. 701 ***
	（0. 069）	（0. 157）	（0. 077）	（0. 075）
是否改革 × 地市级税率	0. 281 ***	0. 540 ***	0. 089	0. 384 ***
	（0. 057）	（0. 105）	（0. 081）	（0. 063）
省级税率	- 0. 003	- 0. 515 **	- 0. 343 **	- 0. 030
	（0. 081）	（0. 234）	（0. 137）	（0. 063）
是否改革 × 省级税率	0. 391 ***	- 0. 924 ***	- 0. 115	- 0. 003
	（0. 092）	（0. 114）	（0. 171）	（0. 073）
控制变量	是	是	是	是
估计方法	2SLS	2SLS	2SLS	2SLS
LM 统计量	2131. 158	98. 922	878. 787	1092. 585
Cragg-Donald F 值	722. 585	25. 174	337. 449	304. 428
样本量	9090	5562	2808	11844
R^2	0. 0505	0. 0506	0. 2841	0. 0092

注：*** 、** 分别表示在 1% 和 5% 水平上显著；括号内为标准差。
资料来源：笔者绘制。

　　表 4 - 8 第（1）列和第（2）列分别展示了财力上移组和财力
下放组的估计结果，结果显示财力下放组的地方财政体制改革对
市—县两级政府的税收策略互补关系的强化作用大于财力上移组，财
力下放组的地方财政体制改革能够强化省—县两级政府的税收策略
替代关系而财力上移组的改革反而扭转了省—县两级政府的税收策

略替代关系。第（3）列和第（4）列分别展示了转移支付力度下降组和转移支付力度增加组的估计结果，结果显示转移支付力度下降组的地方财政体制改革对市—县两级政府以及省—县两级政府的税收策略互动关系均没有产生显著影响，而转移支付力度上升组的地方财政体制改革显著增加了市—县两级政府的税收策略互补关系。

4.5.4　稳健性检验

第一，考虑改革效应的时滞性。在样本期间，每年都有不同省份推进不同类型的财政省直管县改革，改革成效有可能在改革实施一两年甚至经历更长时间后才能体现出来，当然，改革成效也可能随着时间流逝而逐渐减弱。考虑到省直管县改革对纵向税收竞争关系的影响可能存在时滞性，将省直管县改革虚拟变量取滞后一期进行估计，相应估计结果展示在表4–9第（1）列。从中可知，省直管县改革显著增强了市—县两级政府的税收策略互补关系但对省—县两级政府的税收策略替代关系的影响不显著。第（2）列则是省直管县改革虚拟变量取滞后两期的估计结果，依然表现为市—县两级政府的税收策略互补关系和省—县两级政府的税收策略替代关系，这表明表4–6的估计结果是稳健的。

第二，考虑工业企业集聚的内生性。一方面，拥有经济集聚的地方政府并不需要通过降低税率的方式来吸引资本流入，经济集聚度高的地区税负相对较重；但另一方面，实际税率的高低又影响着既有中小企业的发展壮大，制约着经济集聚水平提高，税负与工业企业集聚可能存在互为因果的关系。我们将控制变量工业企业集聚也视为内生变量并进行 2SLS 估计，使用的工具变量是 1985 年的工业总产值。由于 1985 年工业普查资料提供的各县市工业总产值不随时间变化，为使其具有动态特征，使用样本期间各县地区生产总值的增长指数与 1985 年工业总产值的交互项作为工业企业集聚度的工具变量。表 4 - 9 第（3）列估计结果得到的结论与表 4 - 6 得到的结论基本是一致的。

表 4 - 9　　　　　　　　　　稳健性检验结果

解释变量	（1）	（2）	（3）	（4）	（5）
$W \times$ 县级税率				0.470 *** (0.007)	0.449 *** (0.010)
是否改革	0.083 (0.128)	0.077 (0.152)	0.011 (0.125)	- 0.010 (0.086)	- 0.072 (0.091)
地市级税率	0.201 *** (0.023)	0.222 *** (0.023)	0.740 *** (0.066)	0.120 *** (0.019)	0.178 *** (0.020)
是否改革 × 地市级税率	0.191 *** (0.038)	0.224 *** (0.044)	0.343 *** (0.053)	0.149 *** (0.029)	0.202 *** (0.030)
省级税率	- 0.182 *** (0.035)	- 0.038 (0.037)	- 0.078 (0.053)	- 0.056 * (0.029)	- 0.073 ** (0.030)
是否改革 × 省级税率	- 0.053 (0.065)	- 0.041 (0.083)	- 0.159 *** (0.061)	- 0.066 (0.044)	- 0.086 * (0.046)
控制变量	是	是	是	是	是
空间权重矩阵				W_{adm}	W_{eco}
估计方法	FE	FE	2SLS	ML	ML
样本量	14652	13024	14652	16280	16280
R^2	0.0385	0.0370	0.0087	0.106	0.136

注：*** 、** 、* 分别表示在 1% 、5% 和 10% 水平上显著；括号内为标准差。
资料来源：笔者绘制。

第三，考虑横向税收竞争。与只考虑横向税收竞争关系或纵向税收竞争关系不同，越来越多的研究开始同时关注横向税收竞争关系和纵向税收竞争关系。为避免遗漏县级政府横向税收竞争行为给估计结果带来的偏误，在回归方程式（4-2）的基础上加入被解释变量的空间滞后项作为解释变量，尝试采用的权重矩阵为 0-1 行政相邻权重矩阵 W_{adm} 和经济距离矩阵 W_{eco}。为了解决空间加权项所导致的内生性偏误问题，采用极大似然估计法（ML）进行估计。根据表 4-9 第（4）列和第（5）列的估计结果，地方财政体制改革对纵向税收竞争关系的影响与表 4-6 的估计结果相似。

4.6 结论与启示

本章利用财政省直管县改革这一准自然实验来识别地方财政体制改革对政府间税收竞争关系的影响。在具体识别过程中，根据不同研究目的采用的计量方法主要有普通静态面板数据模型和两体制空间面板数据模型，分析得到以下两方面结论和启示。

第一，就宏观税负的横向竞争关系而言，地方财政体制改革不仅改变了县级政府对相邻地区的税收策略反应的强度，还在一定程度改变了与之发生机制关系的对象，与市管县地区发生竞争关系的地区可能局限于同一地级市管辖的兄弟县（市）或与之地理距离很近的地区，而与省直管县地区发生竞争关系的还可能与纳入同批次试点改革范围但不属于同一地级市的其他省直管县。就宏观税负的纵向竞争关系而言，地方财政体制改革强化了县级宏观税负与地市级宏观税负的策略互补关系；相反，县级宏观税负与省本级宏观税负之间存在策略替代关系，虽然这一估计结果并不是很稳健。

　　第二，就商品税和所得税的横向竞争关系而言，省直管县地区和市管县地区都存在横向策略互补关系，且省直管县地区对相邻地区的策略反应要显著高于市管县地区。不过，由于商品税和所得税对企业税收负担的意义有所不同，县级商品税负和县级所得税负对上级商品税负和所得税负的策略反应有所差异。就商品税的纵向竞争关系而言，县级商品税与市本级商品税和省本级商品税都呈现策略替代关系，地方财政体制改革强化了县级商品税与上级商品税的策略替代关系；就所得税的纵向竞争关系而言，县级所得税与市本级所得税呈现策略互补关系而与省本级所得税呈现策略替代关系，地方财政体制改革强化了县级所得税与市本级所得税的策略互补关系，地方财政体制改革对省本级与县级所得税关系的影响在不同模型中有所不同。

第 5 章

地方财政体制改革对政府间
支出竞争关系的影响

　　党的十八届三中全会通过的《中共中央关于全面深化改革若干重大问题的决定》提出要建立事权和支出责任相适应的制度并原则性地划分了中央和省级政府的财政支出责任，"国防、外交、国家安全、关系全国统一市场规则和管理等作为中央事权；部分社会保障、跨区域重大项目建设维护等作为中央和地方共同事权，逐步理顺事权关系；区域性公共服务作为地方事权"。随后，国务院有关部门从 2018 年开始划分了医疗卫生、教育、交通运输、自然资源、公共文化等领域的财政事权和支出责任划分改革实施方案。关于如何解决省以下地方政府间财政支出责任划分的问题，中央政府将财政管理的自主权下放给了省级政府。与政府间收入划分和转移支付制度重构一样，政府间支出责任的划分应该是地方财政管理体制改革的重要内容，但大部分省份在省直管县试点改革没有对各级政府的支出责任做出明确界定，只有河北省和云南省试点改革了省市县三级政府支出责任划分。鉴于目前上下级政府职能同构比较严重和各项支出"推诿扯皮"现象时有发生，我们认为如果缺乏对上下级各项财政支出竞争关系的认识，很难成功重新划分省以下地方政府间的支出责任。

5.1　政府间财政支出竞争的特征事实

5.1.1　国外政府间财政支出竞争

地方政府财政支出横向竞争的原因大致可归纳为以下三类：一是当地方政府提供区域性公共品时，公共品的外溢性和非排他性给相邻地区带来搭便车的机会，从而形成相邻地区财政支出决策的相互依赖；二是地方政府为吸引资本、劳动力等流动资源展开财政竞争。基础设施和劳动力福利标准的地区差异在一定程度上决定着资本和劳动力流入的多寡，为争取更多的流动要素，地方政府会根据相邻地区的财政支出情况策略性地安排本地支出规模和结构；三是官员为获取连任展开标尺竞争而造成地区间财政支出竞争，标尺竞争理论认为辖区居民会根据相邻辖区政府的财政支出情况作出支持或反对当地政府官员连任的投票决策，选民行为会导致地方官员以相邻地区的财政支出决策为标杆来安排本地预算。

政府间财政支出竞争关系最早的经验证据来自凯斯等（1993）对美国各州 1970 ~ 1985 年财政总支出和分类支出（行政管理支出、健康支出、高速公路投资和公共教育支出）的分析，他们的研究结果表明州政府的人均财政支出和相邻州（不只是地理意义上的行政相邻）人均财政支出存在显著的正相关关系，相邻州政府人均财政支出每增加 1 美元本州人均财政支出会增加 0.7 美元左右，美国各州政府之间存在明显的支出策略互补关系。延续凯斯等（1993）的思路，拜克尔（2005）和福柯等（Foucault et al.，2008）分别对美国州政府和法国城市政府的财政总支出和分类支出的横向策略关系进行了检验。同时也有只检验财政总支出策略关系的研究（Solé-Ollé，2006；Bartolini and Santolini，2012），或只考察某项生产性支出或社会性支出策略关系的研究（Bruce et al.，2008；Moscone et al.，2007；Dahlberg and Edmark，2008；Werck et al.，2008；Akai and Suhara，2013；Ghosh，2010）。由于选取的研究对象各有不同，国外学者关于地方政府间财政支出横向竞争关系的结论也不尽一致，具体可参见表 5 - 1。

纵向财政支出竞争关系主要来自三个方面：一是"收入效应"，上级政府为增加支出的税收筹集侵蚀了下级政府的税基，上级财政支出越多，下级可支配财力越弱，相应的财政支出也越少，上下级财政支出呈现负相关关系；二是"替代效应"，当上下级财政支出责任部分重叠时，上级政府提供的区域性公共品越多，下级政府相应的财政支出责任越少，上下级财政支出规模此消彼长；三是"配套效应"，在上级财政要求下级财政配套支出时上下级财政支出规模可能会共同增长。由于国外大多数国家上下级政府间支出责任安排比较明确，对纵向支出竞争关系的研究比较少见，阿龙松等（Aronsson et al.，2000）和雷维利（Revelli，2003）是个例外。阿龙松等（2000）基于瑞典 1981 ~ 1986 年郡政府（county）和城市政府（municipal）财政支出的关系发现郡政府的财政支出基本不受城市政府财政支出的影响，而城市政府的财政支出受郡政府财政支出的影响较大，这表明在瑞典存在自上而下的支出外部性，下级政府的财政支出受上级财政支出影响。雷维利（2003）基于英国 2000/2001 财年 34 个郡政府（county）和 238 个区政府（district）的财政支出关系发现郡政府人均环境、文化服务方面支出每增加 10%，区政府的人均财政支出相应增加 2% 左右，而郡政府教育、高速公路维护等方面的支出对区政府的财政支出规模没有显著影响。

表 5－1　　　　国外政府间财政支出横向竞争关系的经验证据

作者	研究对象	横向支出策略关系
Case et al.（1993）	美国各州 1970～1985 年财政总支出及分类支出（行政管理、健康支出、高速公路和教育）	支出决策相互影响→策略互补
Baicker（2005）	美国 48 个州政府 1983～1992 年财政总支出及分类支出（社会服务、高速公路、公共安全和行政管理）	外溢效应→策略互补
Foucault et al.（2008）	法国 90 个城市 1983～2002 年财政总支出及分类支出（营运性支出和资本性支出）	标尺竞争→策略互补
Solé-Ollé（2006）	西班牙 2610 个地方政府 1999 年财政支出	溢出效应→策略替代
Bartolini and Santolini（2012）	意大利 Marche 区域 246 个城市 1994～2003 年的财政总支出	标尺竞争→策略互补
Bruce et al.（2008）	美国除阿拉斯加和夏威夷外其他各州 1983～1992 年高速公路投资支出	吸引流动资本的州际竞争→策略替代
Moscone et al.（2007）	英国 150 个地方政府 1998～2003 年的心理健康支出	支出决策相互模仿→策略互补

续表

作者	研究对象	横向支出策略关系
Dahlberg and Edmark (2008)	瑞典 280 个城市 1990～1994 年的福利待遇标准	"竞次到底"→策略互补
Werck et al. (2008)	法国弗拉芒大区 2002 年 304 个城市政府的文化支出	"中心"到"外围"的溢出效应→策略互补
Akai and Suhara (2013)	日本 45 个地方政府 1997～2007 年的文化支出	外溢性→策略替代
Ghosh (2010)	美国马萨诸塞州 183 个学区 2003～2006 学年的公共教育投入	策略互补

资料来源：笔者根据相关文献整理。

5.1.2　中国政府间财政支出竞争关系

与税权中央高度集中有所不同，我国地方政府在预算支出安排方面具有一定的自主安排权，这为地方政府开展财政支出竞争奠定了基本条件。县级预算作为一级独立预算主体在《中华人民共和国预算法》有明确的规定："国家实行一级政府一级预算，设立中央、省、自治区、直辖市，设区的市、自治州、县、自治县、不设区的市、市辖区，乡、民族乡、镇五级预算"，但在现实情况中县级预算的独立主体地位仍受到不少挑战：第一，由于省以下分税制体制改革严重滞后，很多地方仍实行讨价还价的收入分成制模式，加上政府间转移支付制度缺乏透明度和规范性，县级财政收入的稳定预期很差，这严重制约了县级预算支出安排的独立性；第二，农业、教育、科技等法定支出占据了县级财政支出的很大一部分，目前与财政收支增幅或生产总值挂钩的重点支出涉及教育、科技、农业、文化、医疗卫生、社保、计划生育 7 类，2012 年仅财政安排的这 7 类重点支出即占全国财政支出的 48%[①]；第三，在"财政分权、政治集权"的治理模式下财政支出责任层层下移，"上面点菜、下面埋单"导致了县乡基层政府承担了大量政策性支出，县级预算支出安排自主性较低。由于上述种种不利因素的存在，我国地方政府财政支出竞争程度到底如何需要实证检验来回答。

卢洪友和龚锋（2007）较早地对我国地方政府间支出竞争关系进行了系统性研究，他们基于 29 个省份 1997～2005 年的分类支出数据发现公共投入型支出存在明显的竞争效应，公务消费型支出存在明显的攀比效应，一般消费型公共支出存在明显的受益外溢效应。李涛和周业安（2009）在分类检验行政管理、基本建设、教育、科学、医疗卫生、预算外等支出项目省际策略关系的同时还检验了财政支出总量的竞争关系，结果表明财政支出的横向竞争关系类型取决于财政支出的性质，行政管理费等维持性支出表现出策略替代关系而生产性支出和社会性支出表现出策略互补关系。就经济性支出而言，尹恒和徐琰超（2011）基于 2002～2005 年的年度数据发现地理相邻地区间的地方财政基本建设支出负相关，而同一辖区内地方政府的基本建设支出正相关，其中地理相邻地区间的地方基建支出的负相关来自基础设施的正外部性和地方政府的"搭便车"动机，同一辖区内地方政府基建支出的正相关来自地方官员的晋升"锦标赛"激励和上级政府对地方经济增长的绩效考核压力；汪冲（2011）基于 278 个地级及以上城市 2007 年的农林水事务支出、交通运输支出、工业商业金融事务支出等生产性支

---

① 楼继伟. 建立现代财政制度 [N]. 人民日报, 2013 – 12 – 16 (7).

出发现城市政府与地理相邻政府存在显著的策略互补关系。就社会性支出而言，张征宇和朱平芳（2010）验证了地市级环境支出的策略互补关系；李世刚和尹恒（2012）验证了县级教育支出存在策略替代关系；周亚虹等（2013）检验我国地市级政府教育支出存在标尺竞争；余等（Yu et al. , 2013）检验了省际健康支出的策略替代关系。

5.2　政府间财政支出竞争关系的识别方法

5.2.1　财政支出横向竞争关系的识别方法

收敛性标准和空间相关指数是检验横向财政支出竞争关系的两个基本方法。收敛性检验标准的提出是基于财政竞争会驱使地方政府的财政支出行为相互模仿而逐渐趋同的考虑，如果财政支出的地区差异在逐步缩小则表明存在明显的横向支出策略关系。县际财政支出竞争关系也可以计算 Moran's I 指数来检验。Moran's I 取值范围介于 -1 与 1 之间，若其数值显著大于 0，说明相邻各县的财政支出存在正自相关，数值越大说明政府间横向支出策略互补关系越强；若其数值显著小于 0，说明空间相邻的单元之间不具有相似的属性，数值越小则说明各政府间横向支出策略替代关系越强。

图 5 - 1 和图 5 - 2 分别展示了 2000 年以来取自然对数的县级人均财政总支出和人均经济性支出、人均社会性支出、人均维持性支

出的变异系数和 Moran's I 变化趋势。从图 5 - 1 可见，人均财政总
支出的变异系数呈现一定的下降趋势，但变化速度较慢；就三类财
政支出变异系数的大小和变化趋势而言，人均经济性支出的地区差
异最大但下降速度也最快、人均维持性支出的地区差异相对较小但
下降速度也相对缓慢、人均社会性支出的地区差异最小且没有明显
的下降趋势，这表明在基本公共服务均等化战略作用下县级财政支
出规模和分类财政支出的地区差异在逐步缩小。从图 5 - 2 可见，财
政总支出和分类财政支出的 Moran's I 值均大于 0 但没有呈现明显的
变化趋势，其中经济性支出和社会性支出的 Moran's I 值相对较大，
而财政总支出和维持性支出的 Moran's I 值相对较小，这表明经济性
支出和社会性支出的县际策略互补关系可能强于财政总支出和维持
性支出的县际策略互补关系。

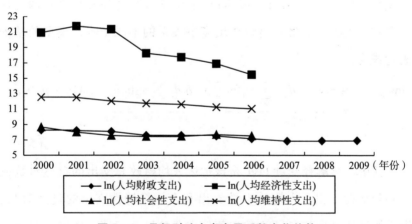

图 5 - 1　县级财政支出变异系数变化趋势

资料来源：笔者绘制。

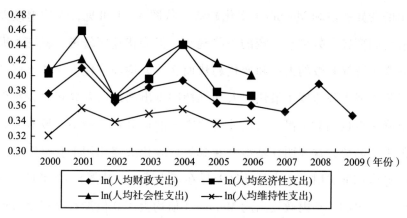

图 5-2　县级财政支出 Moran's I 变化趋势

资料来源：笔者绘制。

　　为进一步探讨地方财政体制改革对财政支出竞争的影响，借鉴埃洛斯特和弗雷烈（Elhorst and Fréret，2009）提出的两体制空间计量模型（two-regime spatial model）来比较市管县和省直管县两类地方财政管理模式对横向财政支出竞争关系的不同影响，模型的基准表达式为：

$$\ln sp_{it} = \alpha + \underbrace{\delta_1(1 - d_{it})\sum_{j \neq i} w_{ij}\ln sp_{jt}}_{\text{市管县地区横向策略外部性}} + \underbrace{\delta_2 d_{it}\sum_{j \neq i} w_{ij}\ln sp_{jt}}_{\text{省直管县地区横向策略外部性}} + X'_{it}\gamma + \mu_i + \varepsilon_{it}$$

$$(5-1)$$

　　其中，被解释变量 $\ln sp_{it}$ 是该地区人均财政总支出的自然对数或人均经济性支出、人均社会性支出和人均维持性支出的自然对数；财政管理体制虚拟变量 d_{it} 的取值依据各地区改革情况而定，在省直管县时取为 1，否则取为 0；X 为一系列影响被解释变量 $\ln sp_{it}$ 的社会经济变量；不同空间权重矩阵 w_{ij} 的设定可以用来检验地方财政体制改革对财政竞争的作用机制，具体来说，尝试采用的权重矩阵有地理距离权重矩阵、0 - 1 行政相邻权重矩阵（行政上是否归同一地级市管辖）、经济距离权重矩阵和行政 - 经济距离权重矩阵。回归系数 δ_1 和 δ_2 的差异则反映了不同地方财政管理体制对横向财政支出竞争关系的影响，如果 δ_2 显著大于 δ_1 则说明地方财政体制改革会加剧对相邻地区财政支出的策略反应。

5.2.2　财政支出纵向竞争关系的识别方法

借鉴阿龙松等（2000）和雷维利等（2003）的做法，纵向财政支出竞争关系的识别方程如下：

$$\ln sp_{it} = \alpha + \beta_1 d_{it} + \underbrace{\beta_2 \ln sp_{it}^c + \beta_3 d_{it} \times \ln sp_{it}^c}_{\text{市级支出纵向策略外部性}} + \underbrace{\beta_4 \ln sp_{it}^p + \beta_5 d_{it} \times \ln sp_{it}^p}_{\text{省级支出纵向策略外部性}}$$
$$+ X_{it}'\gamma + \mu_i + \varepsilon_{it} \tag{5-2}$$

其中，被解释变量 $\ln sp_{it}$ 是人均财政总支出或分类人均财政支出（经济性支出、社会性支出和维持性支出）的自然对数，$\ln sp_{it}^c$ 和 $\ln sp_{it}^p$ 是相应的市本级人均财政支出和省本级人均财政支出。如果 $\ln sp_{it}^c$ 和 $\ln sp_{it}^p$ 的估计系数 β_2 和 β_4 显著大于 0，则表明县级财政支出与上级财政支出存在策略互补关系；如果 β_2 和 β_4 显著小于 0，则表明县级财政支出与上级财政支出存在策略替代关系。省直管县体制虚拟变量 d_{it} 与上级人均财政支出交互项的估计系数 β_3 和 β_5 则可用判断地方财政体制改革对纵向财政支出竞争关系的影响。在 β_2 大于（小于）0 的情况下，如果 β_3 显著大于（小于）0，则表明地方财政体制改革加剧了县级财政支出与市本级财政支出的策略互补（代替）关系；如果 β_3 与 β_2 的符号相反，则表明地方财政体制改革缓和了县级财政与市本级财政的策略关系。类似地，通过观察 β_4 和 β_5

的符号可以判断地方财政体制改革对县级财政支出与省本级财政支出竞争关系的影响。

　　当上级政府较多地承担了生产性支出责任时，县级政府可以将更多财力分配到社会性支出和维持性支出领域，从而实现县级财政"保运转、保民生"的管理目的；类似的，如果上级财政较多地承担了教育、社会保障等社会性支出责任，县级政府可以更多地财力配置到基础设施建设等生产性支出领域，从而更好地促进县域经济发展，因此县级财政的第 k 类支出可能与上级财政的第 m 类支出（$m \neq k$）发生策略替代关系。为检验是否存在这种上下级政府间不同种类财政支出的策略关系，在式（5-2）的基础上构造如下估计方程：

$$\ln sp_{k,it} = \alpha + \beta_1 d_{it} + \underbrace{\beta_2 \ln sp_{k,it}^c + \beta_3 d_{it} \times \ln sp_{k,it}^c}_{\text{市级同类支出纵向策略外部性}}$$

$$+ \underbrace{\beta_4 \ln sp_{k,it}^p + \beta_5 d_{it} \times \ln sp_{k,it}^p}_{\text{省级同类支出纵向策略外部性}}$$

$$+ \underbrace{\beta_m^c \sum_{m \neq k} \ln sp_{m,it}^c + \beta_m^p \sum_{m \neq k} \ln sp_{m,it}^p}_{\text{不同类支出纵向策略外部性}} + X_{it}' \gamma + \mu_i + \varepsilon_{it}$$

$$(5-3)$$

　　其中，被解释变量 $\ln sp_{k,it}$ 是第 i 个县级政府第 t 年第 k 类人均财政支出，$\ln sp_{k,it}^c$ 和 $\ln sp_{k,it}^p$ 是相应的市本级第 k 类人均财政支出和省本级第 k 类人均财政支出，$\ln sp_{m,it}^c$ 和 $\ln sp_{m,it}^p$ 是市本级第 m 类人均财政支出和省本级第 m 类人均财政支出。如果估计系数 β_m^c 和 β_m^p 显著大于 0，则表明县级财政的第 k 类支出与上级财政的第 m 类支出（$m \neq k$）发生策略替代关系。

5.2.3　空间权重矩阵的选取

选取恰当的空间权重矩阵是空间计量实证研究的关键，参考国内外文献的做法（LeSage，2010；尹恒和徐琰超，2011；周亚虹等，2013），依据地理空间和经济空间标准构造了四类空间权重矩阵：

第一类是根据两个地区之间的经纬度距离来设定权重的地理距离矩阵 W_{dis}。本章利用 google 地图（http：//www. gpsspg. com/maps. htm）提供的经纬度数据计算出地区 i 和 j 之间的地理距离 d_{ij}。在这种设置方式下两个地区距离越近，相互影响也越大。地理距离矩阵 W_{dis} 中的元素为：

$$w_{ij} = \begin{cases} 1/d_{ij}, & \text{如果 } i \text{ 和 } j \text{ 同属一个省} \\ 0, & \text{其他} \end{cases} \qquad (5-4)$$

第二类是二进制行政相邻矩阵 W_{adm}。如果地区 i 和 j（$i \neq j$）同属一个地级市，元素取为 1 否则取值为 0。这种设置方式对同一地级市内的所有邻居赋予了同等权重而不论两个地区之间的远近关系。行政相邻矩阵 W_{adm} 的元素定义如下：

$$w_{ij} = \begin{cases} 1, & \text{如果 } i \text{ 和 } j \text{ 同属一个地级市} \\ 0, & \text{其他} \end{cases} \qquad (5-5)$$

第三类是经济距离矩阵 W_{eco}。财政竞争理论认为相邻地区间出现竞争关系的关键是地区间的可比性，两个地区间的社会经济条件越相似，相互间的竞争关系越明显。在财政省直管县的情况下县级政府间的财政支出竞争关系已经超越了与市内其他县级政府发生竞争关系的范畴，只要与之社会经济条件相似就有可能存在财政支出竞争关系。地区生产总值作为一项综合性指标反映了一个地区社会经济发展水平的总体状况，因此本章采用样本期间人均地区生产总值的平均值来计算地区间的经济距离。经济距离矩阵 W_{eco} 中的元素为：

$$w_{ij} = \begin{cases} 1/\left|perGPD_i - perGDP_j\right|, & \text{如果 } i \text{ 和 } j \text{ 同属一个省} \\ 0, & \text{其他} \end{cases} \qquad (5-6)$$

第四类是综合考虑行政相邻关系和经济距离的行政经济距离矩阵 $W_{adm-eco}$。在这种设置方式下同一地级市内两个地区的经济距离越近，相互影响也越大，而认为与市外其他地区不存在支出策略互动关系。行政经济距离矩阵 $W_{adm-eco}$ 的元素定义如下：

$$w_{ij} = \begin{cases} 1/\left|perGPD_i - perGDP_j\right|, & \text{如果 } i \text{ 和 } j \text{ 同属一个市} \\ 0, & \text{其他} \end{cases} \qquad (5-7)$$

5.3　变量与数据

5.3.1　变量说明

人均财政总支出和分类人均财政支出是本章的被解释变量。借鉴尹恒和朱虹（2011）、郭庆旺（2012）的做法，将县级财政支出分为经济性支出、社会性支出和维持性支出三类，其中经济性支出由基本建设支出和涉农支出两部分构成；社会性支出项目用教育事业费与社会保障支出这两项支出构成；县级政府的维持性支出主要由行政管理费和公检法司支出两项构成。其中，地方财政一般将支农支出、教育支出、科技支出这三项支出作为法定支出来安排。

省对下财政体制虚拟变量和与县级财政支出发生竞争关系的其他政府的支出变量是本章的关键解释变量。根据不同需要，在具体估计方程中使用的解释变量有所差异，在横向财政支出竞争模型中，解释变量是省对下财政体制虚拟变量与相邻县级政府财政支出变量的交互项；在纵向财政支出竞争模型中是上级财政支出变量。省对下财政体制虚拟变量在采取省直管县体制时取为1，在采取"省管市、市管县"体制时取为0。河南省济源市和湖北省仙桃市、天门市和潜江市作为副地级城市，无论是财政上还是行政上都不受地级市管理，相对应的地市本级财政支出变量取为0；由于计划单列市的下辖县（市）在财政不受省级财政的管理，相应的省本级财政支出变量取为0。

政府间财政支出竞争关系还可能受地区特征变量的影响。控制的县级社会经济变量有财政自主度、人均实际地区生产总值、工业化程度、人口密度和每千人中小学学生人口数，控制的省级宏观变量有省级投资增长率和省级城镇登记失业率。经典财政分权理论认为向地方政府放权能够改善地方公共品的提供，但陈硕和高琳（2012）发现只有"财政自主度"对经济增长及公共品供给有一致的积极作用，而"财政收入分权"与"财政支出分权"在一定程度上反映的是"人均财政收入规模的逻辑"和"人均财政支出规模的逻辑"而非"分权的逻辑"，因此本章采用"财政自主度"指标来测度财政分权对县级财政支出的影响。"瓦格纳法则"认为财政支出与经济增长存在一定函数关系，随着工业化进程的深入和人均国民收入的增长，经济交往中各种摩擦、社会冲突的增加和对收入分配问题的关注必然导致公共部门的膨胀和财政支出的增长。如果说瓦格纳法则为人均财政总支出模型中纳入人均实际地区生产总值和工业化程度变量提供理论基础的话，马斯格雷夫关于公共支出增长的经济发展阶段论则为分类人均财政支出模型纳入人均实际地区生产总值和工业化程度变量奠定理论基础。经济发展阶段论认为在经济发展早期，经济发展所必需的基础设施提供不足，政府需要更多地提供道路、供水供电等基础设施；而在经济发展中后期，随着基础设施供求趋于平衡，教育、卫生医疗等社会性支出需求会相应增加。人口规模关系着公共产品的提供成本，人口密度高的地区可以利用公共品提供规模经济优势而降低人均财政支出；人口结构则关系着对不同种类公共支出的需求，中小学学生人口比重高的地区会形成对义务教育的刚性需求而增加社会性支出并在一定程度上挤出经济性支出，为此本章还控制了人口密度变量和每千人中小学学生人口数变量。纳入省级投资增长率和省级城镇登记失业率变量是基于宏观调控的考虑，在面临经济下行风险时上级政府会要求实施积极的财政政策而扩大县级财政支出规模。

5.3.2 样本范围与数据来源

由于县级财政数据公开的时滞性较长，能够获得的最新数据是2009 年的《全国地市县财政统计资料》，因此人均财政总支出模型的时间范围为 2000～2009 年。2007 年政府收支分类科目改革后，分类财政支出数据前后可比性较差而只考察了 2000～2006 年的情况。由于直辖市、民族自治区的财政管理体制与普通省份存在较大差异，剔除了北京、天津、上海、重庆和内蒙古、广西、西藏、宁夏和新疆的样本。海南省由于其特殊的历史原因、地理特征和行政管理模式也不在本书的研究范围之内。在其余的21个省份中，进一步剔除了财政自主性较差的区政府样本，为保持数据的平衡性还剔除了在样本期间发生"县改区"的地区，最终得到1628个县（市）2000~2009年的平衡面板数据。

省对下财政管理体制的虚拟变量来自笔者对各省政府和财政部门门户网站的收集整理。计算县级、地市本级和省本级人均财政支出需要财政总支出以及分类财政支出和年底总人口两类数据，其中县级和地市级财政支出数据来自历年《全国地市县财政统计资料》，省级财政支出数据来自历年《中国财政年鉴》；县级年底总人口数据来自历年《全国地市县财政统计资料》《中国区域经济统计年鉴》和相关省份《统计年鉴》，市级年底总人口数据来自《中国城市统计年鉴》和《中国区域经济统计年鉴》，省级年底总人口数据来自历年《中国统计年鉴》。县级特征变量的数据来源则为历年《中国县（市）社会经济统计年鉴》、省级宏观变量的数据来自历年《中国统计年鉴》。2001~2008年，县级变量中的部分缺失值由前后两年的平均值替代，而2000年与2009年的缺失值分别由2001年和2008年的值近似替代。

5.3.3 变量基本统计描述

表5-2给出了各变量的基本统计描述结果，从中可知省直管县

地区取自然对数的人均财政总支出、人均经济性支出、人均社会性支出和人均维持性支出分别比市管县地区高 0.61、0.34、0.32 和 0.30，这表明省直管县地区可能比市管县地区更多地承担了支出责任。另外，就其他各项县级特征变量来看，省直管县地区的人均地区生产总值、工业化程度和人口密度都要高于市管县地区，财政自主度在两类地区持平，而省直管县地区的学生人口比重低于市管县地区。

表 5 – 2 变量基本统计描述

变量	全部样本组			市管县组			省直管县组		
	样本量	均值	标准差	样本量	均值	标准差	样本量	均值	标准差
ln（县级人均财政支出）	16280	6.68	0.74	13615	6.58	0.72	2665	7.19	0.62
ln（县级人均经济支出）	11396	4.22	0.90	10525	4.20	0.91	871	4.54	0.74
ln（县级人均社会支出）	11396	5.08	0.50	10525	5.06	0.49	871	5.38	0.48
ln（县级人均维持支出）	11396	4.77	0.64	10525	4.75	0.63	871	5.05	0.61
ln（市级人均财政支出）	11396	5.24	0.86	10525	5.24	0.82	871	5.30	1.24
ln（市级人均经济支出）	11396	3.17	1.05	10525	3.17	1.05	871	3.13	1.10
ln（市级人均社会支出）	11396	3.43	0.94	10525	3.42	0.93	871	3.59	1.11
ln（市级人均维持支出）	11396	3.63	0.75	10525	3.62	0.73	871	3.85	0.99
ln（省级人均财政支出）	11396	5.61	0.71	10525	5.61	0.72	871	5.64	0.42

变量	全部样本组			市管县组			省直管县组		
	样本量	均值	标准差	样本量	均值	标准差	样本量	均值	标准差
ln（省级人均经济支出）	11396	4.16	0.81	10525	4.17	0.83	871	4.01	0.42
ln（省级人均社会支出）	11396	3.99	0.70	10525	3.99	0.71	871	3.99	0.53
ln（省级人均维持支出）	11396	3.35	0.58	10525	3.33	0.59	871	3.69	0.39
ln（财政自主度）	16280	3.39	0.76	13615	3.39	0.77	2665	3.39	0.75
ln（人均GDP）	16280	8.81	0.76	13615	8.72	0.74	2665	9.24	0.69
ln（工业化程度）	16280	3.57	0.47	13615	3.55	0.48	2665	3.68	0.41
ln（人口密度）	16280	5.31	1.22	13615	5.26	1.26	2665	5.56	0.94
ln（每千人学生数）	16280	5.01	0.24	13615	5.03	0.23	2665	4.86	0.23
省级失业率	16280	3.74	0.61	13615	3.72	0.64	2665	3.86	0.40
省级投资增长率	16280	24.03	10.63	13615	22.98	10.43	2665	29.41	9.98

资料来源：笔者根据《全国地市县财政统计资料》《中国县（市）社会经济统计年鉴》等资料整理得到。

5.4　地方财政体制改革对财政支出横向竞争关系的影响

5.4.1　基准回归结果

表 5-3 报告了地方财政体制改革与人均财政总支出横向竞争关

系的二阶段最小二乘法（2SLS）估计结果。第（1）~第（4）列分别展示了以地理距离矩阵、行政相邻矩阵、经济距离矩阵和行政－经济距离矩阵为空间权重矩阵的估计结果。考虑到各个省份对下财政管理体制的差异性和同一省份内（市）县财政管理体制的相似性，我们校正了省份的群组（cluster）效应，该方法有利于对潜在的截面异方差和序列相关保持稳健。从表5-3的估计结果中，可以得到几个关于地方财政体制改革与县际人均财政总支出竞争关系的基本结论。

表5-3　　　　　　地方财政体制改革与财政支出的横向
竞争关系的2SLS估计结果

解释变量	（1）	（2）	（3）	（4）
$(1-d) \times W \ln$（人均财政支出）	0.895 *** (0.020)	0.770 *** (0.042)	0.854 *** (0.043)	0.712 *** (0.050)
$d \times W \ln$（人均财政支出）	0.901 *** (0.017)	0.791 *** (0.036)	0.878 *** (0.030)	0.753 *** (0.039)
$\ln$（财政自主度）	- 0.002 (0.002)	- 0.008 ** (0.003)	- 0.002 (0.003)	- 0.010 ** (0.005)
$\ln$（人均 GDP）	0.154 *** (0.024)	0.253 *** (0.035)	0.162 *** (0.035)	0.280 *** (0.039)
$\ln$（工业化程度）	0.015 (0.011)	0.026 ** (0.012)	0.018 (0.013)	0.024 * (0.014)
$\ln$（人口密度）	- 0.291 *** (0.083)	- 0.251 *** (0.081)	- 0.279 *** (0.090)	- 0.239 *** (0.085)
$\ln$（每千人学生数）	0.060 * (0.035)	0.041 (0.039)	0.075 (0.048)	0.055 (0.049)
省级失业率	0.004 (0.006)	0.016 (0.013)	0.019 (0.015)	0.034 * (0.020)

续表

解释变量	（1）	（2）	（3）	（4）
省级投资增长率	4.3E - 4 *** (1.4E - 4)	0.001 *** (3.9E - 4)	2.9E - 4 (4.1E - 4)	0.001 ** (5.7E - 4)
个体固定效应	是	是	是	是
Wald 检验: $\delta_1 = \delta_2$	0.67	2.43	1.96	3.82 *
Cragg-Donald 值	38.719	31.112	18.615	22.099
Hansen J 统计量	10.189	14.282 *	8.616	10.082
空间权重矩阵形式	地理距离	行政相邻	经济距离	行政 - 经济距离
样本量	16280	16280	16280	16280
Centered R^2	0.941	0.935	0.927	0.920

注：①括号内是聚类在省级层面的标准误（cluster stand error），***、**、*分别表示在1%、5%和10%水平上显著；②所有估计由 Stata 软件中的 xtivreg 2 命令完成，根据科勒建和普鲁查（1998）的建议，空间滞后项"$d \times W$ ln（人均财政支出）"和"$(1 - d) \times W$ ln（人均财政支出）"的工具变量（excluded instruments）为 WX 和 W^2X，其中，X 包括 ln（财政自主度）、ln（人均 GDP）、ln（工业化程度）、ln（人口密度）和 ln（每千人学生数）。

资料来源：笔者绘制。

　　第一，无论是省直管县地区还是市管县地区，县级政府与其相邻地区的人均财政总支出存在策略互补关系。从两个空间滞后项回归系数的大小来看，无论省直管县地区还是市管县地区，采用地理距离空间权重矩阵时最大，采用经济距离或行政相邻空间权重矩阵时其次，采用行政 - 经济距离矩阵时最小。当县际人均财政总支出策略互补时，可能出现"力争上游"（race to the top）的情形，也可能是"打到底线的竞争"（race to the bottom）的情形，具体出现哪种情况要结合县级人均实际财政总支出的变化趋势来判断。从 2000 ～ 2009 年市管县和省直管县两类地区取自然对数人均财政总支出的演变情况来看，在 2004 年前省直管县地区（主要是浙江省下辖县

（市）政府）的人均财政支出明显高于市管县地区，而2004年后随着安徽、湖北等中部地区加入省直管县改革行列，两类地区人均财政支出规模的差异不再明显。但从总体变化趋势来看，两类地区的人均财政支出都在增加，因此可以认为省直管县地区和市管县地区都存在"力争上游"的财政支出竞争关系。

第二，地方财政体制改革并没有改变县际人均财政总支出竞争关系。无论采取哪种形式的空间权重矩阵，省直管县虚拟变量 d 与空间滞后项交互项的回归系数 δ_2 都大于市管县虚拟变量 $(1-d)$ 与空间滞后项交互项的回归系数 δ_1，但两个回归系数相等的 Wald 检验都不能在5%显著性水平上拒绝原假设，因此有理由认为地方财政体制改革并没有改变县际人均财政总支出策略互动态势。地方财政体制改革对横向支出竞争关系的影响不显著可能与改革内容本身有关，财政省直管县改革主要集中在财政收入划分和转移支付方面而基本没有涉及财政支出责任划分①，改革前后大部分县级政府的财政支出责任没有发生大的变化，因此地方财政体制改革并不能改变县际人均财政总支出横向竞争态势。

另外，从控制变量的估计情况来看，财政分权与县级人均财政支出的关系并不符合经典财政分权理论，也与陈硕和高琳（2012）的估计结果相反。财政分权与公共支出关系的实证检验结果很大程度上取决于财政分权指标的衡量，不同的指标很可能导致截然相反的结果，如郭庆旺和贾俊雪（2010）的估计结果显示财政支出分权对县级地方政府支出规模具有显著的正效应，而财政收入分权对县

---

① 河北省和云南省可能是个例外，2008年河北省人民政府颁布了《河北省人民政府批转省财政厅关于省以下政府间财政支出责任划分改革试点意见的通知》，这标志着河北省省以下政府间财政支出责任划分改革试点改革的开始。

级地方政府支出规模具有显著的负效应。财政自主度与人均财政支出负相关可能是因为财政自主度小的地区因受上级政策性支出压力而增加了财政支出规模，而财政自主高的地区可结合自身社会经济条件安排财政支出总量和结构从而支出规模相对较小。根据审计署对 18 个省份 54 个县级政府 2010 年财政支出的调查，为满足国家有关农业、教育、科技等法定支出的增长要求和中央有关部门出台的达标增支政策安排的支出，各项政策性支出占当年公共财政支出的 77.23%，而留给县级政府自主安排的财政支出占比很小①。人均实际地区生产总值和工业化程度与县级人均财政总支出的关系吻合瓦格纳法则，经济发展水平越高的地区财政支出规模越大，工业化程度越高的地区财政支出规模也越大。人口密度的估计系数在 1% 水平上显著为负，表明人口密集地区可以利用公共支出的规模经济优势，从而相应缩减财政支出规模。每千人学生人口数估计系数的符号为正，但只在地理距离权重矩阵模型中在 10% 水平上显著，而在其他三个空间权重矩阵模型中不显著，这表明人口结构几乎没有对县级财政支出规模发挥影响。就省级宏观变量而言，省级城镇失业登记率对县级人均财政总支出没有显著影响，而省级投资增长率有显著的正面影响（经济距离权重矩阵模型除外）。省级投资增长率的正面影响可能来自对招商引资的竞争，在全省投资率普遍增长时，地方政府为在招商引资中胜出而竞相增加基础设施和基本公共服务等各项财政支出规模来增加当地固定资本投资。

---

① 中华人民共和国审计署财政审计司. 2021 年第 26 号公告：54 个县财政性资金审计调查结果公告 [EB/OL]. (2012 - 06 - 08) [2022 - 01 - 30]. https：//www. audit. gov. cn/ n11/n537/c46087/content. html.

5.4.2　财政支出横向竞争的异质性分析

表 5 - 4 报告了地方财政体制改革与人均经济性支出横向竞争关系的二阶段最小二乘法（2SLS）估计结果。第（1）~ 第（4）列分别展示了以地理距离矩阵、行政相邻矩阵、经济距离矩阵和行政 - 经济距离矩阵为空间权重矩阵的估计结果。考虑到各个省份对下财政管理体制的差异性和同一省份内（市）县财政管理体制的相似性，表 5 - 4 报告的是校正了省份群组（cluster）效应的标准差。从表 5 - 4 中可以得到关于地方财政体制改革与县际人均经济性支出竞争关系的基本结论：第一，无论是省直管县地区还是市管县地区，县级政府与其相邻地区的人均经济性支出存在策略互补关系。对市管县地区而言，空间滞后项回归系数 δ_1 在地理距离权重矩阵、经济距离权重矩阵、行政相邻权重矩阵和行政 - 经济距离权重矩阵模型中依次递减；而对省直管县地区而言，空间滞后项回归系数 δ_2 在经济距离权重矩阵、地理距离权重矩阵、行政相邻权重矩阵和行政 - 经济距离权重矩阵模型中依次递减。这表明地方财政体制改革可能改变了县际经济性支出横向竞争关系态势，对市管县地区而言，与之发生竞争关系的主要是地理相邻地区，而对省直管县地区而言，与经济社会条件相似地区的竞争关系要强于与地理距离较近的地区。第二，地方财政体制改革本身并没有改变县际人均经济性支出竞争关系。无论采取哪种形式的空间权重矩阵，省直管县虚拟变量 d 与空间滞后项交互项的回归系数 δ_2 都大于市管县虚拟变量 $(1 - d)$ 与空间滞后项交互项的回归系数 δ_1，但两个回归系数相等的 Wald

检验甚至不能在10%显著性水平上拒绝原假设，因此有理由认为地方财政体制改革并没有改变县际人均经济性支出竞争关系。

表5－4　　　　　　　　地方财政体制改革与经济性支出横向
竞争关系的2SLS估计结果

解释变量	（1）	（2）	（3）	（4）
$(1-d) \times W \ln$（人均经济性支出）	0.854 *** （0.036）	0.759 *** （0.047）	0.818 *** （0.057）	0.716 *** （0.050）
$d \times W \ln$（人均经济性支出）	0.889 *** （0.042）	0.803 *** （0.059）	0.898 *** （0.068）	0.778 *** （0.077）
控制变量	是	是	是	是
个体固定效应	是	是	是	是
Wald 检验：$\delta_1 = \delta_2$	1.28	1.43	1.94	1.09
Cragg-Donald 值	26.368	18.071	18.615	12.588
Hansen J 统计量	11.007	9.744	7.748	9.361
空间权重矩阵形式	地理距离	行政相邻	经济距离	行政－经济距离
样本量	11396	11396	11396	11396
Centered R^2	0.741	0.755	0.689	0.736

注：①括号内是聚类在省级层面的标准误（cluster stand error），***、**、*分别表示在1%、5%和10%水平上显著；②所有估计由Stata软件中的xtivreg 2命令完成，空间滞后项"$d \times W \ln$（人均经济性支出）"和"$(1-d) \times W \ln$（人均经济性支出）"的工具变量（excluded instruments）为WX和$W^2 X$，其中，X包括$\ln$（财政自主度）、$\ln$（人均GDP）、$\ln$（工业化程度）、$\ln$（人口密度）和$\ln$（每千人学生数）。

资料来源：笔者绘制。

表5－5报告了地方财政体制改革与人均社会性支出横向竞争关系的二阶段最小二乘法（2SLS）估计结果，从中可以得到关于地方财政体制改革与县际人均社会性支出竞争关系的基本结论：无论是省直管县地区还是市管县地区，县级政府与其相邻地区的人均社会性支出存在策略互补关系。对两类地区而言，空间滞后项回归系数

δ_1 和 δ_2 在地理距离权重矩阵、经济距离权重矩阵、行政相邻权重矩阵和行政 – 经济距离权重矩阵模型中依次递减，因此可以认为与县级财政发生社会性支出竞争关系的主要还是地理相邻的县级行政单位，地方财政体制改革并没有改变县际社会性支出竞争对象。另外，空间滞后项回归系数 δ_2 在各个估计结果中都大于 δ_1，且 Wald 检验在 10% 水平上显著拒绝了两者相等的原假设（经济距离权重矩阵模型除外），这表明地方财政体制改革在一定程度上强化县级政府对相邻地区特别是地理距离较近地区社会性支出的策略反应。

表 5 – 5　　　　地方财政体制改革与社会性支出横向

竞争关系的 2SLS 估计结果

解释变量	(1)	(2)	(3)	(4)
$(1-d) \times W \ln$（人均社会性支出）	0.873 *** (0.036)	0.775 *** (0.044)	0.841 *** (0.041)	0.682 *** (0.055)
$d \times W \ln$（人均社会性支出）	0.904 *** (0.038)	0.826 *** (0.056)	0.889 *** (0.046)	0.763 *** (0.072)
控制变量	是	是	是	是
个体固定效应	是	是	是	是
Wald 检验：$\delta_1 = \delta_2$	2.73 *	3.03 *	2.23	3.11 *
Cragg-Donald 值	26.644	18.135	20.212	13.271
Hansen J 统计量	9.174	11.251	10.193	5.786
空间权重矩阵形式	地理距离	行政相邻	经济距离	行政 – 经济距离
样本量	11396	11396	11396	11396
Centered R^2	0.843	0.823	0.822	0.785

注：①括号内是聚类在省级层面的标准误（cluster stand error），***、**、* 分别表示在 1%、5% 和 10% 水平上显著；②所有估计由 Stata 软件中的 xtivreg 2 命令完成，空间滞后项 "$d \times W \ln$（人均社会性支出）" 和 "$(1-d) \times W \ln$（人均社会性支出）" 的工具变量（excluded instruments）为 WX 和 W^2X，其中，X 包括 $\ln$（财政自主度）、$\ln$（人均 GDP）、$\ln$（工业化程度）、$\ln$（人口密度）和 $\ln$（每千人学生数）。

表 5 - 6 报告了地方财政体制改革与人均维持性支出横向竞争关系的二阶段最小二乘法（2SLS）估计结果，从中可以发现：无论是省直管县地区还是市管县地区，县级政府与其相邻地区的人均维持性支出存在策略互补关系。对两类地区而言，空间滞后项回归系数 δ_1 和 δ_2 在地理距离权重矩阵、经济距离权重矩阵、行政相邻权重矩阵和行政 - 经济距离权重矩阵模型中依次递减，因此可以认为与县级财政发生维持性支出竞争关系的主要还是地理相邻的县级行政单位，地方财政体制改革并没有改变县际维持性支出攀比对象。另外，空间滞后项回归系数 δ_2 在各个估计结果中都大于 δ_1，且 Wald 检验在 10% 水平上显著拒绝了两者相等的原假设（经济距离权重矩阵模型除外），这表明地方财政体制改革在一定程度上强化县级政府对相邻地区特别是地理距离较近地区维持性支出的策略反应。

表 5 - 6 　　　　　 地方财政体制改革与维持性支出横向

竞争关系的 2SLS 估计结果

解释变量	（1）	（2）	（3）	（4）
$(1-d) \times W \ln$（人均维持性支出）	0. 842 *** （0. 039）	0. 747 *** （0. 044）	0. 823 *** （0. 042）	0. 695 *** （0. 054）
$d \times W \ln$（人均维持性支出）	0. 887 *** （0. 036）	0. 813 *** （0. 050）	0. 870 *** （0. 047）	0. 779 *** （0. 059）
控制变量	是	是	是	是
个体固定效应	是	是	是	是
Wald 检验：$\delta_1 = \delta_2$	3. 11 *	3. 81 *	1. 56	2. 80 *
Cragg-Donald 值	25. 831	17. 110	19. 582	12. 475
Hansen J 统计量	9. 066	10. 664	17. 397 **	5. 657

续表

解释变量	（1）	（2）	（3）	（4）
空间权重矩阵 W 形式	地理距离	行政相邻	经济距离	行政－经济距离
样本量	11396	11396	11396	11396
Centered R^2	0.841	0.820	0.821	0.798

注：①括号内是聚类在省级层面的标准误（cluster stand error），＊＊＊、＊＊、＊分别表示在1%、5%和10%水平上显著；②所有估计由 Stata 软件中的 xtivreg 2 命令完成，空间滞后项"$d \times W \ln$（人均维持性支出）"和"$(1-d) \times W \ln$（人均维持性支出）"的工具变量（excluded instruments）为 WX 和 $W^2 X$，其中，X 包括 ln（财政自主度）、ln（人均 GDP）、ln（工业化程度）、ln（人口密度）和 ln（每千人学生数）。

资料来源：笔者绘制。

5.5　地方财政体制改革对财政支出纵向竞争关系的影响

5.5.1　基准回归结果

表 5-7 报告了地方财政体制改革对政府间财政支出纵向竞争关系影响的估计结果。从第（1）列估计结果可知，在未考虑省对下财政管理体制因素和县级特征变量时，人均市本级财政支出和人均省本级财政支出对县本级人均财政支出都有显著的正效应。人均市本级财政支出每增加10%，人均县级财政支出相应增加7%；人均省本级财政支出每增加10%，人均县级财政支出相应增加4.5%，县级财政支出规模与上级财政支出规模存在策略互补关系。第（2）列在第（1）列估计结果基础上加入了县级社会经济特征变量，上

级人均财政支出的估计系数有所变小，但仍在 1% 水平上显著。第
（3）~第（5）列则在第（1）、第（2）列的估计结果基础上考虑了
省对下财政管理体制对财政支出纵向竞争关系的影响。第（3）列
估计结果中可能存在遗漏变量偏误，从而造成了省直管县虚拟变量
的估计系数不显著、省直管县虚拟变量与人均市级财政支出交互项
估计系数的符号与其他两列的估计结果相反。从第（4）、第（5）
列的估计结果中可以得到几个关于地方财政体制改革与政府间财政
支出纵向竞争关系的基本结论。

第一，县级财政支出与市本级和省本级财政支出都存在策略互
补关系，但市—县财政支出策略关系强于省—县财政支出策略关系。
以控制变量最全面、遗漏变量偏误最小的第（5）列估计结果为例，
人均市本级财政支出的估计系数为 0.304，而人均省本级财政支出
的估计系数为 0.206，这表明市—县财政支出策略关系比省—县财
政支出策略关系强 0.1 左右。上下级财政支出策略互补关系与我国
当前“上级出政策、下级出票子”“上级请客、下级买单”等财政
现象有莫大的关系。在“项目制”管理模式下，县级农业发展、乡
村道路建设、医疗卫生、科技文化和公检法装备支出等要执行上级
确定的配套标准，上级每增加一单位的财政支出都会要求县级政府一
定比例的配套支出。市—县和省—县支出策略关系的差异在于财政层
级关系的不同，对大部分县级政府而言，市本级财政与县级财政是直
接的上下级财政关系而省本级财政与县级财政属于间接的上下级财政
关系，财政层级的远近导致了支出策略互补关系强弱差异。

第二，地方财政体制改革中的财政层级变化有利于遏制县级财
政支出规模的扩张。在第（4）、第（5）列的估计结果中，省直管

县虚拟变量的估计系数在 −0.4 左右，且在 1% 水平上显著，表明削减财政层级、增加县级财政自主度有助于减少不同级次政府分配政策偏差带来的扭曲性影响，这与郭庆旺和贾俊雪（2010）的估计结果相类似。另外，地方财政体制改革在加强省—县支出策略互补关系的同时并没有削弱市—县支出策略互补关系。与市管县地区相比，省直管县地区县级财政与省本级财政支出的策略互补关系要高 0.06 左右，这与地方财政体制改革减少省级财政与县级财政的中间环节有关。由于省—县财政关系在改革后变得更加紧密，省—县支出策略互补关系的加强与我们的预期相吻合。与市管县地区相比，省直管县地区县级财政与市本级财政支出的策略互补关系要高 0.03 左右。从理论上讲，按照规范方式省直管县改革后市县财政关系从"父子关系"转变成"兄弟关系"，市本级财政与县级财政支出的纵向策略互补关系会削弱，但从估计结果来看，市—县支出策略互补关系不仅没有削弱反而有所增强，这可能与地方财政体制改革模式有关。单兵突进的地方财政体制改革造成了行政市管县和财政省直管县并存的局面，省直管县地区面临着"两个婆婆"的问题，地级市政府出台的政策需要省直管县承担全部的支出责任而市管县地区可能只要承担部分的支出责任。以河北省石家庄市为例，石家庄市政府都要求下辖区县对全市的农村低保对象每人每年在春节前夕发放一次性补助 100 元，在市管县地区石家庄市政府与县政府各负担一半资金，而省直管县地区石家庄市政府不承担任何支出责任，由此造成了省直管县地区比市管县地区多支出 50 元，市—县支出策略互补关系也强于市管县地区①。河南省也存在类似的情况，根据河

---

① 郑猛. 财政"省管县"疾进之痒 [J]. 西部大开发, 2011 (4)：72 – 73.

南省政府 2005 年的规定，农业重点开发县（市）一些项目的配套资金由省—市—县三级政府承担，可在地方财政体制改革后，南阳市政府将配套资金拨付给了市管县的方城县和唐河县，而未将 65 万元配套资金拨付给省直管县的邓州市，由此造成省直管县地区承担更多的支出责任，与市本级财政支出相关系数也更高①。

表 5 – 7　地方财政体制改革与政府间财政支出的纵向竞争关系

解释变量	(1)	(2)	(3)	(4)	(5)	(6)	(7)
ln（人均市本级财政支出）	0.700 *** (0.006)	0.329 *** (0.006)	0.670 *** (0.006)	0.312 *** (0.006)	0.304 *** (0.006)	0.424 *** (0.035)	0.288 *** (0.006)
ln（人均省本级财政支出）	0.450 *** (0.007)	0.235 *** (0.006)	0.419 *** (0.007)	0.215 *** (0.006)	0.206 *** (0.006)	0.002 (0.009)	0.263 *** (0.007)
是否省直管县 d			− 0.029 (0.080)	− 0.363 *** (0.064)	− 0.449 *** (0.064)		− 0.110 (0.069)
$d \times$ ln（人均市本级财政支出）			− 0.019 ** (0.009)	0.026 *** (0.007)	0.028 *** (0.007)		0.024 *** (0.007)
$d \times$ ln（人均省本级财政支出）			0.054 *** (0.014)	0.056 *** (0.011)	0.065 *** (0.011)		0.014 (0.012)
ln（财政自主度）		− 0.217 *** (0.005)		− 0.216 *** (0.005)	− 0.201 *** (0.005)	− 0.016 (0.027)	− 0.196 *** (0.005)
ln（人均 GDP）		0.629 *** (0.008)		0.622 *** (0.008)	0.608 *** (0.008)	0.993 *** (0.050)	0.579 *** (0.008)
ln（工业化程度）		0.068 *** (0.008)		0.070 *** (0.008)	0.064 *** (0.008)	− 0.539 *** (0.082)	0.068 *** (0.008)
ln（人口密度）		− 0.156 *** (0.021)		− 0.138 *** (0.021)	− 0.138 *** (0.020)	0.346 (0.284)	− 0.157 *** (0.020)

① 王阿敏. 扩权县：得"省婆"爱，失"市婆"宠 [N]. 新华每日电讯，2005 – 06 – 27 (4).

续表

解释变量	(1)	(2)	(3)	(4)	(5)	(6)	(7)
ln（每千人学生数）		−0.075*** (0.013)		−0.036*** (0.013)	−0.008 (0.013)	−0.330*** (0.102)	−0.001 (0.013)
省级失业率					−0.028*** (0.005)	0.023 (0.027)	−0.027*** (0.005)
省级投资增长率					0.004*** (2.1E−4)	0.001 (0.001)	0.004*** (2.2E−4)
常数项	0.234*** (0.027)	−0.326** (0.147)	0.544*** (0.030)	−0.374*** (0.145)	−0.324** (0.143)	−3.381* (1.838)	−0.289** (0.143)
个体固定效应	是	是	是	是	是	是	是
样本量	16280	16280	16280	16280	16280	580	15700
Overall R^2	0.479	0.691	0.497	0.694	0.700	0.478	0.713

注：***、**、*分别表示在1%、5%和10%水平上显著；括号内为标准差。
资料来源：笔者绘制。

为进一步考察渐进改革模式是否会造成上级政府对试点改革地区施加更多支出压力的问题，我们还分浙江省样本和非浙江省样本进行了估计，结果分别展示在表5-7中的第（6）列和第（7）列。浙江省由于特殊的历史原因，一直推行财政省直管县体制，因此不存在过渡时期省以下地方财政关系混乱的问题，上级政府也不可能利用试点改革机会向县级政府施加更多支出责任。实证结果表明浙江省县级政府对省本级财政支出没有明显的策略反应，上级财政支出每增加10%，县级财政支出会增加4.24%（不考虑没有显著影响的省本级财政支出的纵向外部性）；浙江省以外的县级政府对市本级和省本级财政支出都有显著的策略反应，在省直管县地区上级财政支出各增加10%的情况下，县级财政支出会增加5.89%①，明显高于浙江省县级政府对上级财政支出的策略反应，而市管县地区上级财政支出每增加10%县级财政支出会增加5.51%。由此表明，渐进改革模式可能会强化县级财政对上级财政支出的策略反应。

5.5.2　财政支出纵向竞争的异质性分析

表5－8报告了财政省直管县改革对政府间经济性支出纵向竞争关系影响的估计结果。基于产生遗漏变量偏误可能性最小的第（6）列估计结果，可以得出地方财政体制改革与政府间经济性支出纵向竞争关系的基本结论。

表5－8　　地方财政体制改革与政府间经济性支出纵向竞争关系

解释变量	(1)	(2)	(3)	(4)	(5)	(6)
ln（人均市本级经济性支出）	0.545 *** (0.009)	0.208 *** (0.008)	0.517 *** (0.009)	0.199 *** (0.008)	0.193 *** (0.008)	0.094 *** (0.008)
ln（人均省本级经济性支出）	0.333 *** (0.018)	− 0.008 (0.014)	0.317 *** (0.017)	− 0.012 (0.014)	− 0.020 (0.014)	− 0.053 *** (0.013)
是否省直管县 d			0.576 ** (0.238)	− 0.416 ** (0.185)	− 0.488 *** (0.184)	0.070 (0.173)
$d \times$ ln（人均市本级经济性支出）			− 0.016 (0.024)	− 0.004 (0.019)	− 0.002 (0.019)	0.057 *** (0.018)
$d \times$ ln（人均省本级经济性支出）			0.010 (0.055)	0.169 *** (0.042)	0.175 *** (0.042)	− 0.024 (0.040)

---

①　省直管县地区，市级财政支出增加1%，县级财政支出增加（0.288 + 0.024）%；省级支出增加1%，县级支出增加（0.263 + 0.014）%，其中0.014不显著。
上级支出各增加10%，县级支出增加5.89%。

续表

解释变量	（1）	（2）	（3）	（4）	（5）	（6）
ln（人均市本级社会性支出）						0.028 ** (0.013)
ln（人均省本级社会性支出）						0.205 *** (0.018)
ln（人均市本级维持性支出）						0.212 *** (0.021)
ln（人均省本级维持性支出）						0.399 *** (0.024)
县级控制变量	否	是	否	是	是	是
省级控制变量	否	否	否	否	是	是
常数项	1.111 *** (0.076)	- 3.227 *** (0.367)	1.224 *** (0.075)	- 3.340 *** (0.365)	- 3.265 *** (0.361)	- 2.438 *** (0.344)
个体固定效应	是	是	是	是	是	是
样本量	11396	11396	11396	11396	11396	11396
Overall R^2	0.275	0.320	0.289	0.310	0.319	0.416

注：***、**、* 分别表示在 1%、5% 和 10% 水平上显著；括号内为标准差。
资料来源：笔者绘制。

第一，县级经济性支出与市本级经济性支出存在策略互补关系，而与省本级经济性支出存在策略替代关系。从第（6）列估计结果来看，在市管县地区，人均市本级经济性支出每增加 10%，人均县级经济性支出会相应增加 0.94%；人均省本级经济性支出每增加 10%，人均县级经济性支出会相应减少 0.53%。第二，地方财政体制改革本身对县级人均经济性支出的影响并不显著，但改革能强化市—县经济性支出的策略互补关系和省—县经济性支出的策略替代关系。省直管县虚拟变量与人均市本级经济性支出交互项的估计系数在 1% 水平显著为正，表明人均市本级经济性支出对人均县级经济性支出的影响在省直管县地区要比市管县地区高 0.057。省直管县虚拟变量与人均省本级经济性支出交互项的估计系数为负但即使在 10% 水平上也不显著，表明人均省本级经济性支出对人均县级经济性支出的影响在省直管县和市管县两类地区没有显著差异，改革对省直管县地区省—县经济性支出策略替代关系的强化作用有限。第三，县级经济性支出与上级社会性支出和维持性支出存在策略互补关系。在其他情况不变的情况下，市本级和省本级的人均社会性支出各增加 10%，县级人均经济性支出便会相应增加 0.28% 和 2.05%；市本级和省本级的人均维持性支出各增加 10%，县级人均经济性支出便会相应增加 2.12% 和 3.99%。这表明当上级政府更多地承担教育、社会保障等社会性支出和公检司法等维持性支出责任时，县级政府可以从政策性支出压力中解放出来而将财力配置到生产性支出领域，从而改善基础设施水平。

表 5-9　地方财政体制改革与政府间社会性支出纵向竞争关系

解释变量	(1)	(2)	(3)	(4)	(5)	(6)
ln（人均市本级社会性支出）	0.354 *** (0.006)	0.201 *** (0.006)	0.340 *** (0.006)	0.193 *** (0.006)	0.174 *** (0.006)	0.044 *** (0.006)
ln（人均省本级社会性支出）	0.539 *** (0.008)	0.297 *** (0.008)	0.546 *** (0.008)	0.291 *** (0.009)	0.267 *** (0.009)	0.121 *** (0.009)
是否省直管县 d			0.407 *** (0.082)	−0.222 *** (0.071)	−0.338 *** (0.071)	−0.135 ** (0.065)
$d \times$ ln（人均市本级社会性支出）			0.067 *** (0.011)	0.054 *** (0.010)	0.064 *** (0.010)	0.071 *** (0.009)

续表

解释变量	(1)	(2)	(3)	(4)	(5)	(6)
$d \times \ln$（人均省本级社会性支出）			-0.122 *** (0.019)	0.028 * (0.017)	0.049 *** (0.017)	-0.023 (0.015)
$\ln$（人均市本级经济性支出）						0.012 *** (0.004)
$\ln$（人均省本级经济性支出）						0.050 *** (0.006)
$\ln$（人均市本级维持性支出）						0.204 *** (0.010)
$\ln$（人均省本级维持性支出）						0.301 *** (0.012)
县级控制变量	否	是	否	是	是	是
省级控制变量	否	否	否	否	是	是
常数项	1.713 *** (0.028)	-0.659 *** (0.181)	1.725 *** (0.029)	-0.698 *** (0.180)	-0.668 *** (0.177)	-0.151 (0.165)
个体固定效应	是	是	是	是	是	是
样本量	11396	11396	11396	11396	11396	11396
Overall R^2	0.247	0.507	0.258	0.513	0.524	0.521

注：***、**、*分别表示在1%、5%和10%水平上显著；括号内为标准差。
资料来源：笔者绘制。

　　表5-9报告了地方财政体制改革对政府间社会性支出纵向竞争关系影响的估计结果。基于产生遗漏变量偏误可能性最小的第（6）列估计结果，可以得出几个关于政府间社会性支出纵向竞争关系的基本结论：第一，无论是省直管县地区还是市管县地区，县级社会性支出与市本级和省本级社会性支出都存在策略互补关系。在市管县地区，人均市本级社会性支出每增加10%人均县级社会性支出会相应增加0.44%，人均省本级社会性支出每增加10%人均县级社会

性支出会相应增加 1.21%；在省直管县地区，人均市本级社会性支出每增加 10% 人均县级社会性支出会相应增加 1.15%，人均省本级社会性支出每增加 10% 人均县级社会性支出会相应增加 0.98%[①]。第二，县级社会性支出与上级经济性支出和维持性支出存在策略互补关系。在其他情况不变的情况下，市本级和省本级的人均经济性支出各增加 10%，县级人均社会性支出便会相应增加 0.12% 和 0.5%；市本级和省本级的人均维持性支出各增加 10%，县级人均社会性支出便会相应增加 2.04% 和 3.01%。这表明当上级政府增加区域性基础设施支出或更多地承担公检司法等维持性支出责任时，县级政府可以利用不同种类财政支出之间的置换效应来更好地提供诸如基础教育之类的公共服务。

　　表 5 - 10 报告了地方财政体制改革对政府间维持性支出纵向竞争关系影响的估计结果。基于产生遗漏变量偏误可能性最小的第（6）列估计结果，可以得出几个关于政府间维持性支出纵向竞争关系的基本结论：第一，无论是省直管县地区还是市管县地区，县级维持性支出与市本级和省本级维持性支出都存在策略互补关系。在市管县地区，人均市本级维持性支出每增加 10% 人均县级维持性支出会相应增加 2.58%，人均省本级维持性支出每增加 10% 人均县级维持性支出会相应增加 2.77%；在省直管县地区，人均市本级维持性支出每增加 10% 人均县级维持性支出会相应增加 3.81%，人均省本级维持性支出每增加 10% 人均县级维持性支出会相应增加 3.11%[②]。上下级维

---

　　① 在省管县地区，人均市本级社会性支出对人均县级社会性支出的影响是 ln（人均市本级社会性支出）与 $d \times$ ln（人均市本级社会性支出）两个变量估计系数之和，即 0.044 + 0.071 = 0.115。类似地，省级社会性支出对县级影响的估计系数为 0.121 - 0.023 = 0.098。
　　② 省直管县地区，市级维持性支出对县级影响为 0.258 + 0.123 = 0.381。
省级维持性支出对县级影响为 0.277 + 0.034 = 0.311。

持性支出的策略互补关系可能来自行政管理支出的攀比追随效应，公务员群体是行政管理等维持性支出的直接受益者，卢洪友和龚锋（2007）的研究结果表明公务消费型公共支出在省际间存在明显的"攀比效应"，政府部门会竞相提高公务消费标准和公务员福利来为政府机关人员谋利。鉴于县级政府在人员经费和办公经费的"定员定额"标准制定方面是上级政府的追随者，县级政府会利用上级政府提高行政管理经费的机会相应增加本级行政管理支出。第二，县级维持性支出与市本级经济性支出存在策略替代关系，而与市本级维持性支出和省本级经济性支出、社会性支出存在策略互补关系。在其他情况不变的情况下，市本级和省本级的人均经济性支出各增加 10%，县级人均社会性支出便会相应减少 0.14% 和增加 0.34%；市本级和省本级的人均维持性支出各增加 10%，县级人均社会性支出便会相应增加 0.27% 和 1%。这表明当上级政府增加区域性基础设施支出或更多地承担社会保障等社会性支出责任时，县级政府便会利用不同种类财政支出之间的置换效应来增加维持性支出。

表 5-10　　地方财政体制改革与政府间维持性支出纵向竞争关系

解释变量	(1)	(2)	(3)	(4)	(5)	(6)
ln（人均市本级维持性支出）	0.400 *** (0.009)	0.285 *** (0.008)	0.392 *** (0.009)	0.277 *** (0.008)	0.274 *** (0.008)	0.258 *** (0.010)
ln（人均省本级维持性支出）	0.492 *** (0.009)	0.350 *** (0.009)	0.495 *** (0.009)	0.341 *** (0.010)	0.333 *** (0.010)	0.277 *** (0.011)
是否省直管县 d			-0.388 *** (0.068)	-0.575 *** (0.063)	-0.602 *** (0.063)	-0.553 *** (0.063)
$d \times$ ln（人均市本级维持性支出）			0.152 *** (0.014)	0.136 *** (0.013)	0.137 *** (0.013)	0.123 *** (0.013)

续表

解释变量	（1）	（2）	（3）	（4）	（5）	（6）
$d \times \ln$（人均省本级维持性支出）			− 0.050 ** (0.020)	0.024 (0.018)	0.030 * (0.018)	0.034 * (0.018)
$\ln$（人均市本级经济性支出）						− 0.014 *** (0.004)
$\ln$（人均省本级经济性支出）						0.034 *** (0.006)
$\ln$（人均市本级社会性支出）						0.027 *** (0.006)
$\ln$（人均省本级社会性支出）						0.100 *** (0.008)
县级控制变量	否	是	否	是	是	是
省级控制变量	否	否	否	否	是	是
常数项	1.670 *** (0.018)	1.085 *** (0.157)	1.687 *** (0.019)	1.039 *** (0.156)	1.030 *** (0.156)	0.755 *** (0.157)
个体固定效应	是	是	是	是	是	是
样本量	11396	11396	11396	11396	11396	11396
Overall R^2	0.328	0.559	0.326	0.560	0.562	0.541

注：*** 、** 、* 分别表示在1%、5%和10%水平上显著；括号内为标准差。
资料来源：笔者绘制。

5.5.3　稳健性检验

考虑到不同种类财政支出在给定支出规模的情况下存在此消彼长的关系，经济性支出、社会性支出和维持性支出都可能受到其他支出的影响，而在表 5 - 8 ~ 表 5 - 10 的估计结果中我们都没有控制其他支出变量，因此以人均经济性支出、人均社会性支出和人均维持性支出为被解释变量的模型中可能存在残差项的相关性问题。当各方程的变量间没有内在联系而扰动项之间存在相关性时，似不相关（SUR）回归估计是一种更有效的估计方法。SUR 估计量将随机误差的协方差矩阵的行列式最小化，通过变化方程消除残差序列间的相关性，并通过多次迭代至收敛。为此，我们还将利用估计方程式 5 - 8 进行政府间支出竞争关系的稳健性检验：

$$
\begin{bmatrix} \ln sp_{eco,it} \\ \ln sp_{soc,it} \\ \ln sp_{mai,it} \end{bmatrix} = \begin{bmatrix} X_{eco,it} & 0 & 0 \\ 0 & X_{soc,it} & 0 \\ 0 & 0 & X_{mai,it} \end{bmatrix} \begin{bmatrix} \beta_{eco} \\ \beta_{soc} \\ \beta_{mai} \end{bmatrix} + \begin{bmatrix} \alpha_{eco} \\ \alpha_{soc} \\ \alpha_{mai} \end{bmatrix} + \begin{bmatrix} \varepsilon_{eco,it} \\ \varepsilon_{soc,it} \\ \varepsilon_{mai,it} \end{bmatrix}
$$

$$(5-8)$$

表 5 - 11 报告了地方财政体制改革对政府间财政支出纵向竞争关系影响的估计结果，其中第 A 组估计结果报告的是未考虑县级财政支出与上级其他种类财政支出置换效应的面板 SUR 估计结果，而第 B 组估计结果综合考虑了县级财政支出与上级其他种类财政支出的置换效应。从各个主要解释变量估计系数的符号和显著性水平来看，表 5 - 11 和表 5 - 8 ~ 表 5 - 10 的估计结果基本一致。

表 5 - 11　　　　地方财政体制改革与政府间支出纵向

竞争关系的面板 SUR 估计

解释变量	Panel A			Panel B		
	经济性支出	社会性支出	维持性支出	经济性支出	社会性支出	维持性支出
是否省直管县 d	-0.411 ** (0.165)	-0.307 *** (0.063)	-0.619 *** (0.060)	-0.067 (0.159)	-0.179 *** (0.059)	-0.506 *** (0.058)

续表

解释变量	Panel A			Panel B		
	经济性支出	社会性支出	维持性支出	经济性支出	社会性支出	维持性支出
ln（人均市本级经济性支出）	0.167 *** (0.007)			0.118 *** (0.008)	0.014 *** (0.004)	− 0.011 *** (0.004)
d × ln（人均市本级经济性支出）	0.023 (0.017)			0.026 (0.016)		
ln（人均省本级经济性支出）	− 0.054 *** (0.009)			− 0.122 *** (0.011)	0.012 ** (0.006)	0.025 *** (0.006)
d × ln（人均省本级经济性支出）	0.137 *** (0.037)			0.024 (0.036)		
ln（人均市本级社会性支出）		0.108 *** (0.004)		0.036 *** (0.011)	0.042 *** (0.006)	0.011 ** (0.006)
d × ln（人均市本级社会性支出）		0.077 *** (0.009)			0.063 *** (0.008)	
ln（人均省本级社会性支出）		0.138 *** (0.006)		0.067 *** (0.014)	0.096 *** (0.007)	0.086 *** (0.008)
d × ln（人均省本级社会性支出）		0.035 ** (0.014)			− 0.002 (0.013)	
ln（人均市本级维持性支出）			0.186 *** (0.006)	0.166 *** (0.017)	0.171 *** (0.009)	0.257 *** (0.009)
d × ln（人均市本级维持性支出）			0.136 *** (0.012)			0.125 *** (0.011)
ln（人均省本级维持性支出）			0.138 *** (0.007)	0.455 *** (0.018)	0.274 *** (0.009)	0.254 *** (0.010)
d × ln（人均省本级维持性支出）			0.051 *** (0.017)			0.021 (0.016)
控制变量	是	是	是	是	是	是

注：① *** 、 ** 、 * 分别表示在 1%、5% 和 10% 水平上显著；②括号内为标准差；③所有估计由 Stata 软件中的 xtsur 命令完成。

资料来源：笔者绘制。

5.6　结论与启示

地方财政支出竞争关系可能源自地方公共品的外溢性，也可能源自地方政府为吸引流动资本而展开的公共服务竞争。本章在利用变异系数法和 Moran's I 指数法初步验证我国县级政府财政支出竞争关系存在性和变化趋势的基础上，进一步利用 1628 个县级行政区的面板空间计量模型、面板 SUR 模型等多种方法检验了县级政府财政总支出和经济性支出、社会性支出、维持性支出竞争关系的强度以及地方财政体制改革对财政支出竞争关系的影响，得到的基本结论如下。

第一，就财政总支出横向竞争关系而言，省直管县地区和市管县地区都与相邻地区发生"力争上游"的策略互补关系，但由于地方财政体制改革基本没有涉及财政支出领域的变革，两类地区对相邻地区人均财政总支出的策略反应没有显著差异；就财政总支出纵向竞争关系而言，县级财政支出与市本级和省本级财政支出都存在策略互补关系，但市—县财政支出策略关系强于省—县财政支出策略关系、省直管县地区与上级财政支出的策略互补关系要强于市管县地区与上级财政支出的策略互补关系。

第二，就经济性支出横向竞争关系而言，省直管县地区和市管县地区都与相邻地区发生"力争上游"的策略互补关系。两类地区对相邻地区人均经济性支出的策略反应虽没有显著差异，但与之发生策略关系的对象略有不同，与市管县地区发生横向策略互动关系

的主要是地理相邻地区，与省直管县地区发生横向竞争关系的主要
是省内经济社会条件相似的地区；就经济性支出纵向策略互动关系
而言，县级经济性支出与市本级经济性支出存在策略互补关系、与
省本级经济性支出存在策略替代关系、与市本级和省本级的社会性
支出和维持性支出存在策略互补关系。地方财政体制改革本身虽对
县级人均经济性支出没有显著影响，但改革能强化市—县经济性支
出的策略互补关系和省—县经济性支出的策略替代关系。

　　第三，就社会性支出横向竞争关系而言，省直管县地区和市管
县地区都与相邻地区发生"力争上游"的策略互补关系。两类地区
对相邻地区人均社会性支出策略反应的差异在 10% 水平上显著，地
方财政体制改革在一定程度上强化县级政府对相邻地区特别是地理
距离较近地区社会性支出的策略反应。无论是省直管县地区还是市
管县地区，与县级财政发生社会性支出策略关系的主要还是地理相
邻的县级行政单位，地方财政体制改革并没有改变县际社会性支出
竞争对象；就社会性支出纵向竞争关系而言，省直管县地区和市管
县地区的社会性支出与市本级和省本级社会性支出都存在策略互补
关系，但省直管县地区对上级社会性支出的策略反应要强于市管县
地区。另外，县级社会性支出与市本级和省本级经济性支出和维持
性支出也存在策略互补关系。

　　第四，就社会性支出横向竞争关系而言，省直管县地区和市管
县地区与相邻地区的竞争关系同样属于"力争上游"的策略互补
型，但两类地区对相邻地区人均维持性支出策略反应的差异在 10%
水平上显著，地方财政体制改革在一定程度上强化了县级政府对相
邻地区特别是地理距离较近地区维持性支出的策略反应；就维持性

支出纵向竞争关系而言，由于在行政管理经费支出方面县级政府会跟着上级行政支出做出相应调整，省直管县地区和市管县地区的维持性支出与市本级和省本级维持性支出都存在策略互补关系，但省直管县地区与上级维持性支出的互补关系要强于市管县地区。另外，县级维持性支出与市本级和省本级经济性支出和社会性支出也基本属于策略互补关系。

第6章

地方财政体制改革对政府间转移
支付竞争的影响

6.1 引　　言

　　自 1979 年中央政府开始实施"简政放权"改革以来，随着中央部委行政管理权和经济管理权限的下放，地方政府发展辖区经济的积极性得到了极大激发，但与此同时地方政府承担的财政支出责任也越来越重。在地方政府一般预算收支的层级结构中，以 2018 年为例，省级、地市级和县乡级政府一般预算支出占全省一般预算支出的比重分别为 16.4%、28.8% 和 54.8%，而省级、地市级和县乡级一般预算收入占全省一般预算收入的比重分别为 20.9%、32.3% 和 46.8%，县乡级政府的一般预算收入比重远远低于其一般预算支出比重，基层政府财力与支出责任不匹配造成了纵向财政失衡问题①。

———————————

　　① 佚名.1994—2018 年我国一般公共预算支出级次情况［J］.地方财政研究，2020（9）：F0003.
　　佚名.1994—2019 年我国一般公共预算收入级次情况［J］.地方财政研究，2020（11）：F0003.

在建立县级基本财力保障机制之前，2009 年全国有 819 个县存在基本财力缺口，缺口额达 894 亿元。在自主发债权受限制的情况下，县乡级政府平衡一般预算收支缺口的唯一办法便是积极向上级财政争取补助资金。为解决市县基层政府与上级政府的纵向财政不平衡问题，中共中央和国务院从 2008 年开始推进省管县财政改革，此项改革显著改变了地方政府的征税激励（刘勇政等，2019；李广众和贾凡胜，2020）。与此同时，中央政府和省级政府安排了大量转移支付资金，但这也造成了财政支出安排自主性下降，县级政府越来越成为省级政府的派出机构或执行机构。由于县级转移支付收入中有规定用途的资金所占比例较高，地方政府不能统筹安排，这一定程度上造成了财政支出效率损失和地方政府发展经济的负向激励（马光荣等，2016）。对此，国务院 2014 年下发的《关于改革和完善中央对地方转移支付制度的意见》要求优化转移支付结构，在完善一般性转移支付制度的同时从严控制专项转移支付规模、规范专项转移支付分配和使用。

在弥补纵向财政不平衡、增强地方财政可持续性的同时，转移支付也能起到促进财政横向均等化和区域经济平衡发展的作用，为地方政府治理能力提升奠定基础（储德银和迟淑娴，2018；杜彤伟等，2019；储德银和费冒盛，2021）。付文林和沈坤荣（2012）发现中央转移支付虽在分税制改革初期未能起到地区财力均等化的作用，但在逐年加大对中西部地区财力性转移支付和专项转移支付的情况下，中央转移支付起到了缩小人均财力缺口的作用。毛捷等（2011）利用 2000 年转移支付制度设计的外生变化（增设民族地区转移支付）和 1993~2003 年中国县省两级数据研究了转移支付对缩小民族地区与其他地区公共支出水平和经济发展水平差距的积极作用。马海涛和任致伟（2017）利用县级数据证实了转移支付的财力均等化作用。转移支付制度在促进财政均等化和落后地区经济发展的同时也存在一些负面影响，如转移支付会抑制地方税收努力（胡祖铨等，2013），造成地方政府的财政供养人口规模膨胀（袁飞等，2008），扭曲地方社会性公共品提供激励（李永友和张子楠，2017）。

与国内学者对转移支付经济社会效果的大量研究相比，对转移支付分配机制的相关研究较少。贾晓俊和岳希明（2012）讨论了均衡性转移支付资金分配机制，吕冰洋等（2018）考察了税收分成对转移支付结构的影响，但上述研究主要是从省级层面展开的，对省以下地方政府间转移支付分配机制的关注略显不足。

在分级财政管理体制下，研究省级政府获取中央转移支付的问题不需要考虑财政层级问题，而省以下地方政府获取上级转移支付不得不考虑财政层级问题（杨良松和余莎，2018）。王广庆和王有强（2010）发现广东、江苏和浙江三省对市县的转移支付高于中央对地方的转移支付，而中西部地区转移给县级的财政资金除四川省外都低于中央转移支付的80%。束磊和付文林（2019）的研究结果也表明地方政府的转移支付截留行为随其财政收入的增加而减少。作为一次减少省以下财政层级的尝试，省直管县改革能否有效避免转移支付资金"雁过拔毛"的问题呢？如果可以的话，县级政府在转移支付资金增加、财政压力减弱的情况下是否会相应减弱与相邻地区的竞争程度呢？本章旨在利用财政省直管县改革后地方财政层级变化这一"准自然实验"和2000～2009年1628个县级政府的空间面板数据模型考察转移支付横向竞争关系的存在性及地方财政体制改革对县级政府获取转移支付的影响。

本章接下来的第二部分是一个关于地方政府争取转移支付努力程度的博弈模型；第三部分介绍识别转移支付横向竞争关系存在性的空间计量模型并探讨地方财政体制改革对竞争关系的影响；第四部分是关于地方财政体制改革与人均转移支付及其构成部分（税收返还、财力性转移支付和专项转移支付）关系的实证检验；最后是简短的结论。

6.2 争取转移支付资金的博弈模型

本章不失一般性地将省以下地方政府简化成省级政府和市县政府两级。在转移支付竞争博弈的第一阶段，市县政府选择争取上级资金的努力程度，努力成本 $L(l_i)$ 是社会产出的一部分 $l_i y_i$（$0 < l_i < 1$）。在博弈的第二阶段，省级政府根据下辖市县政府的努力程度分配转移支付资金 $\varphi_i l_i y_i$（$\varphi_i > 1$）。本书将生产性公共支出按照流量形式引入生产函数，人均产出是私人资本投入和生产性公共支出的函数，$y_i = f(k_i, G_i) = A k_i^{\alpha} G_i^{1-\alpha}$，$0 < \alpha < 1$，其中，技术因子 $A > 0$，k_i、G_i 和 y_i 分别表示第 i 个地区的人均私人资本、生产性公共支出和人均产出。

家庭通过选择私人消费 c 以最大化福利水平，代表性家庭的问题是：

$$Max \int_0^{+\infty} \frac{(c_i^{\beta} S_i^{1-\beta})^{1-\sigma} - 1}{1 - \sigma} e^{-\rho t} dt$$

s. t. $\dot{k}_i = (1 - \tau_i - l_i) A k_i^\alpha G_i^{1-\alpha} - c_i - \delta_i k_i$

其中，c 表示私人消费，S 表示消费性公共支出，σ 是消费跨期替代弹性的倒数，ρ 是主观贴现率，δ 是资本折旧率，τ 表示该地区的宏观税负。

市县政府 i 通过征收税收和争取转移支付为当地的生产性公共支出和消费性公共支出融资，其预算约束方程：

$$G_i + S_i = \tau_i y_i + \varphi_i l_i y_i = \theta_i (\tau_i + \varphi_i l_i) y_i + (1 - \theta_i)(\tau_i + \varphi_i l_i) y_i$$

为解决社会计划最优问题，构建如下哈密尔顿方程：

$$H = \frac{(c_i^\beta S_i^{1-\beta})^{1-\sigma} - 1}{1 - \sigma} e^{-\rho t} + \mu [(1 - \tau_i - l_i) A k_i^\alpha G_i^{1-\alpha} - c_i - \delta_i k_i]$$

动态最优的一阶条件为：

$$\partial H / \partial c_i = c_i^{\beta(1-\sigma)-1} S_i^{(1-\beta)(1-\sigma)} e^{-\rho t} - \mu = 0 \qquad (6-1)$$

$$\partial H / \partial k_i = \mu [(1 - \tau_i - l_i) \alpha A k_i^{\alpha-1} G_i^{1-\alpha} - \delta_i] = -\dot{\mu} \qquad (6-2)$$

横截条件为

$$\lim_{t \to \infty} [\mu(t) \cdot k_i(t)] = 0 \qquad (6-3)$$

由式（6-1）可知 $\ln\mu = [\beta(1-\sigma)-1]\ln c_i + (1-\beta)(1-\sigma)\ln S_i - \rho t$，等式两边同时求关于时间的导数得：

$$\frac{\dot{\mu}}{\mu} = [\beta(1-\sigma)-1]\frac{\dot{c}_i}{c_i} - \rho \qquad (6-4)$$

由式（6-2）可知

$$\frac{\dot{\mu}}{\mu} = (1 - \tau_i - l_i) \alpha A k_i^{\alpha-1} G_i^{1-\alpha} - \delta_i \qquad (6-5)$$

由政府生产性支出预算约束 $G_i = \theta_i (\tau_i + \varphi_i l_i) A k_i^\alpha G_i^{1-\alpha}$ 可知 $\dfrac{k_i}{G_i} = \left(\dfrac{1}{\theta_i(\tau_i + \varphi_i l_i) A}\right)^{1/\alpha}$，结合式（6-4）和式（6-5），可得平衡增长

路径上的消费（或资本，或产出）增长率的表达式：

$$\frac{\dot{c}_i}{c_i} = \frac{1}{1-\beta+\beta\sigma}\left[(1-\tau_i-l_i)\beta A^{1/\beta}\theta_i^{1/\beta-1}(\tau_i+\varphi_i l_i)^{1/\beta-1}-\rho-\delta\right]$$

$$(6-6)$$

利用反向策略归纳方法，我们可以求出上下级转移支付博弈的均衡解。不妨将全省人口规模单位化为 1，ω_i 为第 i 个市县人口占全省人口的比重。为简化分析，我们还假定省级政府对下转移支付总额 $\overline{T}$ 外生给定，省级政府通过选择转移支付的策略反应 φ_i 来实现全省经济增长率的最大化：

$$\text{Max } \omega_1(\dot{y}_1/y_1) + \omega_2(\dot{y}_2/y_2) + \cdots + \omega_N(\dot{y}_N/y_N)$$

$$\text{s. t. } \varphi_1 l_1 y_1 + \varphi_2 l_2 y_2 + \cdots + \varphi_N l_N y_N = \overline{T}$$

一阶均衡条件为：

$$\frac{\omega_i l_i}{1-\beta+\beta\sigma}\left[(1-\tau_i-l_i)\beta A^{1/\beta}\theta_i^{1/\beta-1}(\tau_i+\varphi_i l_i)\right]^{1/\beta-2}$$

$$= \frac{\omega_j l_j}{1-\beta+\beta\sigma}\left[(1-\tau_j-l_j)\beta A^{1/\beta}\theta_j^{1/\beta-1}(\tau_j+\varphi_j l_j)\right]^{1/\beta-2}$$

即 $\dfrac{\tau_i+\varphi_i l_i}{\tau_j+\varphi_j l_j} = \left[\dfrac{(1-\tau_j-l_j)\theta_j^{1/\beta}\omega_j l_j}{(1-\tau_i-l_i)\theta_i^{1/\beta}\omega_i l_i}\right]^{\beta/(1-2\beta)}$。

利用省对下转移支付规模的约束条件得到省级财政对市县努力程度策略反应的表达式：

$$\varphi_i^* = \frac{\overline{T}-\tau_i\sum_{j\neq i}y_j\Lambda_j + \sum_{j\neq i}y_j\tau_j}{l_i y_i + l_i \sum_{j\neq i}y_j\Lambda_j},$$

$$\text{其中，}\Lambda_j = \left[\frac{(1-\tau_i-l_i)\theta_i^{1/\beta}\omega_i l_i}{(1-\tau_j-l_j)\theta_j^{1/\beta}\omega_j l_j}\right]^{\beta/(1-2\beta)} \qquad (6-7)$$

市县政府的目标是通过改变争取转移支付资金的努力程度 l_i 来

追求平衡增长路径上的经济增长率最大化，最优条件为：

$$\frac{-\beta A^{1/\beta}\theta_i^{1/\beta-1}}{1-\beta+\beta\sigma}(\tau_i+\varphi_i l_i)^{1/\beta-1}+\frac{\beta A^{1/\beta}\theta_i^{1/\beta-1}}{1-\beta+\beta\sigma}(1-\tau_i-l_i)(\tau_i+\varphi_i l_i)^{1/\beta-2}\varphi_i=0$$

化简得到均衡条件下争取上级资金努力程度的表达式：

$$l_i^* = \frac{\varphi_i^* - \tau_i\varphi_i^* - \tau_i}{2\varphi_i^*} \qquad (6-8)$$

式（6-7）和式（6-8）共同决定了均衡时第 i 个市县政府得到的转移支付

$$T_i^* = \varphi_i^* l_i^* y_i = \frac{\varphi_i^* - \tau_i\varphi_i^* - \tau_i}{2}y_i$$

$$= \frac{y_i}{2}\left[(1-\tau_i)\frac{\overline{T}-\tau_i\sum_{j\neq i}y_j\Lambda_j+\sum_{j\neq i}y_j\tau_j}{l_iy_i+l_i\sum_{j\neq i}y_j\Lambda_j}-\tau_i\right] \qquad (6-9)$$

其中，$\Lambda_j = \left[\frac{(1-\tau_i-l_i)\theta_i^{1/\beta}\omega_i l_i}{(1-\tau_j-l_j)\theta_j^{1/\beta}\omega_j l_j}\right]^{\beta/(1-2\beta)}$。

由式（6-9）可知各个地区得到转移支付资金不仅是本地区争取努力程度的函数，也是其他市县政府争取上级财政资金的函数，地区政府间争取转移支付资金存在横向竞争关系。

6.3　模型设定与数据说明

6.3.1　计量模型设定

在第二部分理论模型分析的基础上，进一步加入其他一些影响转移支付资金分配的因素，得到如下空间面板计量模型的估计方程式：

$$tr_{it} = \delta \sum_{j \neq i} w_{ij} tr_{jt} + \beta_1 d_{it} + \beta_2 TR_{i,t-1} + \beta_3 tax_{it} + \beta_4 d_{02} \times tax_{it}$$

$$+ \beta_5 minority \times tax_{it} + \beta_6 poor \times tax_{it} + \beta_7 denisty_{it}$$

$$+ \beta_8 mountian \times denisty_{it} + \beta_9 food_{it} + \beta_{10} d_{06} \times food_{it} + \beta_{11} gdp_{it}$$

$$+ \beta_{12} industry_{it} + \beta_{13} fdtax_{i,t-1} + \beta_{14} fdsp_{i,t-1} + \varepsilon_{it}$$

$$(6-10)$$

其中，被解释变量 tr_{it} 为第 i 个县第 t 年的人均转移支付收入或分类计算的人均转移支付收入（人均税收返还、人均财力性转移支付、人均专项转移支付）；关键解释变量为被解释变量的空间滞后项 $\sum_{j \neq i} w_{ij} tr_{jt}$ 和省直管县虚拟变量 d；控制变量有滞后一期的人均上级对县级财政转移支付 TR，人均一般预算收入 tax 及其与 2002 年所得税分享改革后的中西部地区虚拟变量 d_{02}、少数民族自治县虚拟变量 $minority$、国家级贫困县虚拟变量 $poor$ 的交互项，人口密度 $denisty$ 及其与山区县虚拟变量 $mountian$ 的交互项，人均粮食产量 $food$ 及其取消农业税虚拟变量 d_{06} 的交互项，人均地区生产总值 gdp 和工业化程度 $industry$，滞后一期的省对下财政收入分权 $fdtax$ 和省对下财政支出分权 $fdsp$。

为进一步观察地方财政体制改革对转移支付横向竞争关系强弱度的影响，本章利用埃尔霍斯特和弗雷特（Elhorst and Fréret, 2009）提出的两体制空间计量模型来估计市管县和省直管县两类地区对相邻地区转移支付的横向策略反应。如果两类地区空间滞后项的回归系数 δ_1 和 δ_2 存在明显差异，则能说明地方财政体制改革改变了转移支付横向竞争关系的强弱度，其估计方程式如下：

$$tr_{it} = \delta_1(1 - d_{it})\sum_{j \neq i} w_{ij}tr_{jt} + \delta_2 d_{it}\sum_{j \neq i} w_{ij}tr_{jt} + \beta_1 d_{it} + \beta_2 TR_{i,t-1} + \beta_3 tax_{it}$$

$$+ \beta_4 d_{02} \times tax_{it} + \beta_5 minority \times tax_{it} + \beta_6 poor \times tax_{it} + \beta_7 denisty_{it}$$

$$+ \beta_8 mountian \times denisty_{it} + \beta_9 food_{it} + \beta_{10} d_{06} \times food_{it} + \beta_{11} gdp_{it}$$

$$+ \beta_{12} industry_{it} + \beta_{13} fdtax_{i,t-1} + \beta_{14} fdsp_{i,t-1} + \varepsilon_{it} \qquad (6-11)$$

6.3.2　变量说明

被解释变量为经省级消费者价格指数调整（2000 年 = 100）的实际人均转移支付收入和实际人均税收返还收入、实际人均财力性转移支付、实际人均专项转移支付。根据财政部门对转移支付划分，2000～2009 年的转移支付体系由税收返还、财力性转移支付（2009年后称为一般性转移支付）和专项转移支付三部分构成。税收返还是财政体制改革过程中为保证地方既得利益，对原属于地方的收入划为上级收入部分，给予地方政府的补偿。财力性转移支付是指为弥补财政实力薄弱地区的财力缺口，均衡地区间财力差距，实现地区间基本公共服务能力的均等化，上级财政安排给下级财政的补助支出，由下级政府自行统筹安排。专项转移支付是指上级财政为实现特定的宏观政策及事业发展战略目标，以及对委托地方政府代理的一些事务或上下级政府共同承担事务进行补偿而设立的补助资金，需按规定用途使用，专项转移支付重点用于教育、医疗卫生、社会保障、"三农"等公共服务领域①。

---

① 中华人民共和国财政部．中国财政基本情况（2009）［M］．北京：经济科学出版社，2010．

省直管县虚拟变量 d 和被解释变量的空间滞后项是本章的关键解释变量。省直管县虚拟变量在实施市管县体制时取为 0,在实施省直管县体制时取为 1 而不用对省直管县财政体制改革类型(全面管理型、补助管理型和省市共管型)严格区分。为避免遗漏其他因素对县级转移支付收入的影响,还控制了以下变量。

(1)人均上级对县级转移支付。上级政府对下级转移支付规模越大,下级政府"等、靠、要"的思想也越严重,对转移支付的过度依赖会导致市县政府争取补助资金的公共池效应。市管县体制下县级政府的转移支付来自地市级财政,而省直管县体制下县级政府的转移支付来自省级财政,因此人均上级对县级转移支付的计算公式为"人均上级对县级转移支付=人均市对下转移支付×(1-d)+人均省对下转移支付×d",其中人均地级市下辖区县得到的转移支付衡量是市对下转移支付的代理指标,人均该省下辖地市县得到转移支付收入衡量是人均省对下转移支付的代理指标。在地市级财政比较充裕时,地级市本级也可能用自身财力对下辖区县进行转移支付,因此该省下辖地市县转移支付收入可能高估省对下转移支付的力度。为消除可能存在的内生性问题,我们取滞后一期的市对下转移支付和省对下转移支付。

(2)县级人均财政收入及其与是否 2002 年所得税分享改革后的中西部地区、是否民族县、是否国家级贫困县的交互项。财政均等化是转移支付制度设计的一个重要目标,上级政府应通过从富裕地区集中财力来增加对贫困地区的转移支付,以此来缓解地区间可支配财力和基本公共服务的不平等。如果转移支付资金完全按照财政均等化目标来分配,人均财政收入越低的地区得到的转移支付越多。但在现实的转移支付资金分配过程中，也可能出现相反的情况，如詹晶（2011）的实证结果表明中央政府并没有按照这一规范的价值判断来分配转移支付资金，财政实力强的地方反而获得了更多的财力性转移支付和专项转移支付。2002年所得税分享改革后中央进一步集中了企业所得税和个人所得税收入，2002年所得税收入中央地方各分享50%，2003年后所得税收入中央分享60%地方分享40%。鉴于中央因所得税收入分享改革增加的税收收入全部用于对地方主要是中西部地区的一般性转移支付，与所得税分享改革之前或与东部县级政府相比，中西部地区的县级政府可能在2002年后获得更多转移支付资金，为此，加入了人均财政收入与是否2002年后中西部地区虚拟变量交互项来检验所得税分享改革的财力均等化效果。王绍光（2002）基于1998年省级截面数据的分析认为中央在对地方转移支付分配过程中首先考虑的维护国家统一和政权的稳定，这导致少数民族人口聚集的省份往往比汉族人口聚集的省份得到更多的人均转移支付。宋小宁和苑德宇（2008）、钟正生和宋旺（2008）、王广庆等（2012）、吴凤武等（2013）的研究进一步验证了少数民族人口等政治因素对省级转移支付收入的正面影响。为检验少数民族人口聚集是否对县级层面的转移支付存在类似的影响，还加入了人均实际财政收入与是否民族自治县虚拟变量的交互项。如果交互项的估计系数显著为正，表明在同等财力水平下，与普通县（市）相比，民族自治县能够凭借其独特的政治优势获得更多的转移支付。国家级贫困县是影响转移支付分配的另一重要因素，如果某县属于2001年国务院扶贫办确定的592个国家扶贫开发工作重点县，变量"是否国家级贫困县"的值取为1，否则取为0。在样本期间，一些扶贫重点县经济社会发展较快，甚至出现了既属于"国家级贫困县"又属于"全国县域经济基本竞争力百强县（市）"或"中国中部百强县（市）"或"中国西部百强县（市）"的情况。为此，在2012年重新确定的592个国家级贫困县名单中调出了38个经济综合实力较强的原"国贫县"并调入38个原非重点县。为检验国家级贫困县的"帽子"能否帮县级政府特别是综合实力比非"国贫县"还要强的县级政府争取到更多的转移支付资金，还加入了人均财政收入与是否国家级贫困县虚拟变量的交互项。如果交互项的估计系数显著为正，表明在同等财力水平下，与普通县（市）相比，国家级贫困县能够凭借其独特的政治、经济地位获得更多的上级财政补助资金。

（3）人口密度及其与是否山区县虚拟变量的交互项，用于捕捉公共服务提供成本对县级政府转移支付依赖度的影响。人口密度是影响基本公共服务单位提供成本的重要因素之一，在人口密度越高的地区，地方政府可以利用公共服务提供的规模经济效应相应减少人均财政支出，该地区的财政支出压力相对较小。如果上级政府对下级转移支付的目标是为了实现基本公共服务均等化或弥补纵向财政不平衡，那么人口密度越低得到的人均转移支付应越多，因此我们预期人口密度与人均转移支付负相关。与平原地区相比，山区县由于其地形劣势很难发挥公共服务提供的规模经济优势，公共服务提供的单位成本也会随之上升，在人口密度相同的情况下山区县对转移支付的依赖度可能会更大，因此我们预期人口密度与是否山区县虚拟变量交互项的估计系数为正。

（4）人均粮食产量及其与是否取消农业税虚拟变量交互项，用于捕捉农村税费改革及取消农业税改革对县级政府转移支付依赖度的影响。农村税费改革的第一阶段从安徽省 2000 年起开始试点到 2003 年各个省份全面铺开，为保证地方既得利益和解决农村税费改革后县级政府特别是农业县的财政困境，中央增设了农村税费改革转移支付补助和取消农业特产税、降低农业税率转移支付补助。农村税费改革的第二阶段主要围绕取消农业税和农业特产税展开，2005 年中央决定在 592 个国家贫困县免征农业税，除河北省、山东省、云南省三省 247 个县外的其他 28 个省份对非国家级贫困县也在 2005 年全面取消了农业税。为捕捉农村税收改革和取消农业税对转移支付收入的影响，控制了每万人粮食产量及其与是否取消农业税虚拟变量的交互项。粮食产量越高的地区受农村税费改革的冲击越大，获取的转移支付资金补助也越大，因此我们预期每万人粮食产量与人均转移支付收入正相关。

（5）人均实际地区生产总值（以 2000 年为基期年）和工业化程度（第二产业增加值占地区生产总值的比重），用于捕捉县域经济发展水平对县级政府转移支付依赖度的影响。通常而言，经济发展水平高的地方政府税源比较充足，自身财力能够基本满足支出需求，对上级政府转移支付的依赖度相对较小，因此人均地区生产总值和工业化程度越高的地区得到的转移支付越少（卢洪友等，2011；范柏乃和张鸣，2011）。不过，也有实证研究表明，人均地区生产总值和工业化程度与转移支付正相关，经济发达地区的税收返还、议价能力和专项转移支付配套能力更高，得到的转移支付也更多（詹晶，2011；王广庆等，2012）。既有研究关于经济发展水平与转移支付的关系没有一致的结论，两者关系有待于进一步实证检验。

（6）省对下财政收入分权和省对下财政支出分权，用于捕捉省对下政府间财政管理模式对县级转移支付的影响。在"财权不断上移，事权不断下移"的财政管理模式下，县级政府对上级转移支付的依赖度取决于省以下地方政府间财政收入和支出责任划分，省级政府集中过多财政收入或支出责任过度下放会造成市县基层政府的纵向收支不平衡，需要转移支付来弥补财政收支缺口。因此，我们预期省对下财政收入分权与人均转移支付收入负相关，而省对下财政支出分权与人均转移支付正相关，其中省对下财政收入分权用省以下地方政府一般预算收入占全省一般预算收入的比重衡量，省对下财政支出分权用省以下地方政府一般预算支出占全省一般预算支出的比重衡量。为避免县级转移支付收入与省对下财政分权发生互为因果的内生性问题，省对下财政收入分权和省对下财政支出分权均取滞后一期的变量。

6.3.3 样本范围与数据来源

由于县级财政数据公开的时滞性较长，我们能够获得的最新数据是 2009 年的《全国地市县财政统计资料》，人均转移支付收入的时间范围为 2000～2009 年。由于直辖市、民族自治区的财政管理体制与普通省份存在较大差异，本书剔除了北京、天津、上海、重庆和内蒙古、广西、西藏、宁夏、新疆的样本。海南省由于其特殊地理特征和行政管理模式也不在考察范围之内。在其余的 21 个省份中，进一步剔除了财政自主性较差的市辖区政府样本和在样本期间发生"县改区"的地区，最终得到 1628 个县（市）2000～2009 年的平衡面板数据。

省对下财政管理体制的虚拟变量来自笔者对各省政府和财政部门门户网站的收集整理。地市级和县级转移支付相关数据来自历年《全国地市县财政统计资料》，省级财政收支数据来自历年《中国财政年鉴》；县级年底总人口数据来自历年《全国地市县财政统计资料》《中国区域经济统计年鉴》和相关省份《统计年鉴》，市级年底总人口数据来自《中国城市统计年鉴》和《中国区域经济统计年鉴》。各省消费者价格指数和省级年底总人口数据来自历年《中国统计年鉴》。粮食产量、人口密度、人均地区生产总值和工业化程度等县级特征变量的数据来源则为历年《中国县（市）社会经济统计年鉴》和《中国区域经济统计年鉴》。

6.3.4　变量基本统计描述

表 6 – 1 给出了主要变量的基本统计描述结果。2000 ~ 2009 年，样本县（市）的平均人均实际转移支付收入为 755.52 元，其中平均人均实际税收返还为 84.54 元，约占转移支付收入的 11.19%；平均人均实际财力性转移支付收入为 278.07 元，约占转移支付收入的 36.80%；平均人均实际专项转移支付收入为 392.92 元，约占转移支付收入的 52.01%。由此可见，在县级转移支付收入结构中专项转移支付所占比重最大，超过一半的转移支付收入被指定了用途，如果考虑纳入财力性转移支付统计口径但具有专项转移支付性质的中小学教师工资转移支付补助、调整工资转移支付补助和农村义务教育补助，县级政府可自主安排用途的转移支付将更少。

表 6 - 1   主要变量基本统计描述

变量	观测量	均值	标准差	最小值	最大值
人均转移支付（元）	16280	755.52	918.94	- 105.29	30900
人均税收返还（元）	16280	84.54	121.47	- 628.63	4231.29
人均财力性转移支付（元）	16280	278.07	537.89	- 395.14	22899.05
人均专项转移支付（元）	16280	392.92	462.86	- 427.99	13820.47
是否省直管县	16280	0.16	0.37	0	1
人均上对下转移支付（元）	16280	645.42	656.75	- 27.1	10632.08
人均财政收入（元）	16280	385.11	619.44	13.67	15606.24
粮食产量（吨/万人）	16280	4634.08	3366.94	0	51630
人口密度（人/km^2）	16280	325.82	274.77	0.14	2500
人均 GDP（元）	16280	9061.71	8925.85	671	150059.7
工业化程度（%）	16280	39.16	15.64	1.98	98.94
省对下收入分权（%）	16280	79.04	7.63	55.2	94.49
省对下支出分权（%）	16280	74.56	8.32	46.25	89.23

资料来源：笔者根据《全国地市县财政统计资料》《中国财政年鉴》《中国区域经济统计年鉴》等统计年鉴整理得到。

6.4　实证结果分析

6.4.1　转移支付横向竞争关系的初步观察

表 6 - 2 报告了 2000 年、2004 年和 2009 年人均转移支付的 Moran's I 值。Moran's I 值计算时采用了四类空间权重矩阵：第一类是经纬度距离设定的地理距离矩阵 W_{dis}，其中元素 w_{ij} 在两个地区同

属一个省份时取两地地理距离的倒数，否则取为 0；第二类是行政相邻矩阵 W_{adm}，其中元素 w_{ij} 在两个地区同属一个地级市时取为 1，否则取为 0；第三类是经济距离矩阵 W_{eco}，其中元素 w_{ij} 在两个地区同属一个省份时取两地样本期间平均人均地区生产总值差距的倒数，否则取为 0；第四类是综合考虑行政相邻关系和经济距离的行政 – 经济距离矩阵 $W_{adm\text{-}eco}$，其中元素 w_{ij} 在两个地区同属一个地级市时取两地人均地区生产总值差距的倒数，否则取为 0。从 Moran's I 值的历年变化情况来看，地区县际转移支付横向策略互动关系没有明显变化趋势，地方财政体制改革与竞争的关系有待于更加规范的实证检验。

表 6 – 2　2000 年、2004 年和 2009 年人均转移支付收入 Moran's I 值

空间权重矩阵	人均转移支付			人均税收返还		
	2000 年	2004 年	2009 年	2000 年	2004 年	2009 年
W_{dis}	0.338 ***	0.340 ***	0.338 ***	0.296 ***	0.345 ***	0.301 ***
W_{adm}	0.570 ***	0.604 ***	0.646 ***	0.438 ***	0.497 ***	0.432 ***
W_{eco}	0.266 ***	0.267 ***	0.254 ***	0.317 ***	0.401 ***	0.316 ***
$W_{adm\text{-}eco}$	0.592 ***	0.625 ***	0.649 ***	0.482 ***	0.548 ***	0.453 ***
空间权重矩阵	人均财力性转移支付			人均专项转移支付		
	2000 年	2004 年	2009 年	2000 年	2004 年	2009 年
W_{dis}	0.323 ***	0.447 ***	0.302 ***	0.347 ***	0.328 ***	0.368 ***
W_{adm}	0.568 ***	0.681 ***	0.597 ***	0.607 ***	0.592 ***	0.639 ***
W_{eco}	0.255 ***	0.377 ***	0.206 ***	0.307 ***	0.277 ***	0.346 ***
$W_{adm\text{-}eco}$	0.590 ***	0.716 ***	0.572 ***	0.643 ***	0.616 ***	0.688 ***

注：*** 、** 、* 分别表示在 1% 、5% 和 10% 水平上显著。
资料来源：笔者绘制。

6.4.2 地方财政体制改革对转移支付横向竞争关系的影响

估计式（6-10）和式（6-11）中包含被解释变量的空间滞后项，这不可避免地带来了内生性问题，导致传统的 OLS 回归结果是有偏和非一致的。根据科勒建和普雷查（1998）的建议，利用工具变量法估计式（6-10）和式（6-11）。将控制变量的一阶空间滞后项 WX 和二阶空间滞后项 W^2X 作为被解释变量空间滞后项 Wtr 和 $d \times Wtr$、$(1-d) \times Wtr$ 的工具变量，其中 X 包括人均一般预算收入、人均粮食产量、人口密度、人均地区生产总值和工业化程度。工具变量有效性采用 Cragg-Donald 检验。表6-3报告的是基于2000～2009年21个省1628个县级政府的面板数据的2SLS估计结果，奇数列和偶数列分别报告了式（6-10）和式（6-11）的估计结果，从中可以得到关于转移支付竞争关系的基本结论。

表6-3   地方财政体制改革与转移支付资金的竞争关系

解释变量	(1)	(2)	(3)	(4)	(5)	(6)	(7)	(8)
Wtr	0.813 *** (0.039)		0.519 *** (0.043)		0.553 *** (0.050)		0.223 *** (0.047)	
$(1-d) \times Wtr$		0.849 *** (0.048)		0.969 *** (0.102)		0.621 *** (0.056)		0.609 *** (0.118)
$d \times Wtr$		0.717 *** (0.085)		0.191 ** (0.081)		0.369 *** (0.087)		-0.313 ** (0.157)
d	-63.899 *** (16.074)	89.350 (123.49)	32.339 ** (14.815)	896.2 *** (177.7)	-30.187 (18.977)	272.72 ** (119.21)	67.354 *** (16.126)	1101.2 *** (286.5)

续表

解释变量	（1）	（2）	（3）	（4）	（5）	（6）	（7）	（8）
TR	0.332 ***	0.329 ***	0.318 ***	0.073	0.467 ***	0.469 ***	0.513 ***	0.320 ***
	（0.018）	（0.018）	（0.030）	（0.059）	（0.020）	（0.020）	（0.032）	（0.064）
tax	0.063 ***	0.065 ***	0.050 ***	0.089 ***	0.057 ***	0.061 ***	0.042 **	0.086 ***
	（0.016）	（0.016）	（0.015）	（0.018）	（0.017）	（0.017）	（0.017）	（0.022）
minority × *tax*	0.122 ***	0.105 ***	0.162 ***	− 0.013	0.205 ***	0.173 ***	0.226 ***	0.023
	（0.034）	（0.037）	（0.035）	（0.051）	（0.037）	（0.039）	（0.040）	（0.071）
poor × *tax*	− 0.173 ***	− 0.169 ***	− 0.205 ***	− 0.182 ***	− 0.195 ***	− 0.192 ***	− 0.208 ***	− 0.177 ***
	（0.028）	（0.028）	（0.027）	（0.029）	（0.030）	（0.030）	（0.030）	（0.033）
d_{02} × *tax*	0.187 ***	0.182 ***	0.229 ***	0.176 ***	0.219 ***	0.213 ***	0.256 ***	0.213 ***
	（0.018）	（0.018）	（0.018）	（0.021）	（0.020）	（0.020）	（0.019）	（0.024）
food	0.032 ***	0.035 ***	0.028 ***	0.042 ***	0.033 ***	0.037 ***	0.028 ***	0.042 ***
	（0.003）	（0.004）	（0.003）	（0.004）	（0.004）	（0.004）	（0.004）	（0.005）
d_{06} × *food*	− 0.007 ***	− 0.008 ***	0.005 ***	− 0.004	− 0.001	− 0.004	0.010 ***	0.002
	（0.002）	（0.002）	（0.002）	（0.003）	（0.002）	（0.003）	（0.002）	（0.003）
denisty	− 1.091 ***	− 1.149 ***	− 0.778 ***	− 1.090 ***	− 1.211 ***	− 1.319 ***	− 0.889 ***	− 1.300 ***
	（0.168）	（0.173）	（0.165）	（0.184）	（0.183）	（0.187）	（0.180）	（0.225）
mountian × *denisty*	0.483 *	0.539 *	0.406	0.681 **	0.651 **	0.753 **	0.555 *	0.936 ***
	（0.276）	（0.278）	（0.271）	（0.290）	（0.299）	（0.300）	（0.296）	（0.336）
gdp	− 0.004 ***	− 0.004 ***	− 0.001	− 0.004 ***	− 0.001	− 0.002	0.003 **	0.000
	（0.001）	（0.001）	（0.001）	（0.001）	（0.001）	（0.001）	（0.001）	（0.002）
industry	− 0.798	− 0.833	0.393	− 0.112	− 0.741	− 0.761	0.291	− 0.246
	（0.569）	（0.568）	（0.557）	（0.593）	（0.620）	（0.619）	（0.607）	（0.673）
fdtax	0.965	2.047	− 5.896 ***	2.728	− 2.792 **	− 0.464	− 10.259 ***	− 1.784
	（1.142）	（1.429）	（1.090）	（2.105）	（1.379）	（1.646）	（1.188）	（2.673）
fdsp	− 2.745	− 3.658 *	11.646 ***	2.216	3.674	1.924	18.639 ***	11.174 ***
	（1.783）	（1.921）	（1.589）	（2.551）	（2.276）	（2.370）	（1.752）	（2.801）
个体效应	是	是	是	是	是	是	是	是
$\delta_1 = \delta_2$		1.57		23.81 ***		6.62 **		13.07 ***

解释变量	（1）	（2）	（3）	（4）	（5）	（6）	（7）	（8）
C－D 值	194.208	44.942	75.136	11.270	101.290	43.495	61.008	6.169
空间矩阵	W_{dis}	W_{dis}	W_{adm}	W_{adm}	W_{eco}	W_{eco}	$W_{adm-eco}$	$W_{adm-eco}$
样本量	16280	16280	16280	16280	16280	16280	16280	16280
Centered R²	0.651	0.653	0.664	0.631	0.590	0.592	0.601	0.533

注：***、**和*分别表示在1%、5%和10%水平上显著；括号内为标准差。
资料来源：笔者绘制。

　　第一，空间滞后项 Wtr 回归系数均在1%水平上显著为正，市县基层政府竞相争取转移支付资金使得县级政府与相邻地区得到的转移支付资金正相关。县级政府与相邻地区转移支付的正相关关系可能来自以下几个方面：一是税收返还制度设计本身会造成相邻地区间得到的转移支付正相关，在各地税收收入竞相上涨的情况下各地得到的税收返还也在相应上涨；二是区域经济集聚造成了集中连片的贫困地区和集中连片的发达地区，而省对下均衡性转移支付额度确定过程中的标准财政收入和标准财政支出测算依赖于全省各市县的平均财政收支水平，因此财力性转移支付制度设计本身会造成相邻地区间得到的转移支付正相关；三是一些跨区域合作项目的存在，为弱化外溢性问题对地方政府区域性公共品提供不足的影响，地理相邻地区都能得到一定的转移支付补助资金；四是在争取专项转移支付资金过程中每个地区都会竭尽全力地争取上级补助资金，一些地方政府甚至希望通过"勤跑苦要"来达到拿足自己的、争抢别人的目标，在保有平均值的基础上尽可能地多争多要，但最终结果是县级政府陷入争取转移支付资金的"囚徒困境"，每个地区都不能争抢到属于其他地区的上级补助资金，上级政府应对下级政府争取转移支付资金的策略则是"撒胡椒面"。

第二，$(1-d) \times Wtr$ 和 $d \times Wtr$ 估计系数差异结果表明与市管县地区相比，省直管县地区不仅得到更多的转移支付，与相邻地区的横向竞争关系也更弱。省直管县虚拟变量的估计系数均大于0，这表明转移支付申请拨付环节的减少有利于县级政府争取到更多的上级补助资金。空间滞后项回归系数 δ_2 在各个估计结果中都小于 δ_1，且 Wald 检验基本上在1%或5%显著性水平上拒绝了两者相等的原假设，地方财政体制改革在一定程度上弱化县级政府与相邻地区争取上级转移支付资金的横向竞争关系。

第三，人均财政收入的估计系数在各个估计结果中都显著为正，这与贾晓俊和岳希明（2012）的估计结果相类似，转移支付资金分配并没有向财力较弱地区倾斜，反而财力越强的地区得到了更多的转移支付资金。人均财政收入与人均转移支付的正相关关系可能来自以下两个原因：一是税收返还是转移支付的一部分，人均财政收入高的地区对上级政府贡献的税收收入也多，相应得到的税收返还也多；二是人均财力高的地区对专项转移支付的配套能力强、承受能力高，出于效率原则考虑的上级政府为防止贫困地区配套资金不足造成"胡子工程"或"半拉子工程"而将更多的专项资金配置到财力雄厚的富裕地区。第（4）列估计结果除外，人均财政收入与是否少数民族自治县虚拟变量交互项的估计系数基本显著为正，这表明在同等财力水平下少数民族自治县能够得到更多的转移支付。为维护民族团结和社会稳定，上级政府在转移支付分配过程中会向少数民族人口聚居地区倾斜。人均财政收入与是否国家级贫困县交互项的估计系数在第（1）~第（8）列都显著为负，这表明在财力水平相同的情况下，"国贫县"的帽子并不能帮县级政府争取到更多的上级补助资金，相反，财政经济实力雄厚的"国贫县"反而会因其名不副实的状况而遭到转移支付惩罚。当然，"国贫县"的帽子可能有助于地方政府向中央政府争取转移支付资金，但省级政府在转移支付的再分配过程会根据均等化原则和下辖市县政府的实际情况确定补助力度，因此，"国贫县"与人均财政收入的交互项与人均转移支付负相关。在第（1）~第（8）列估计结果，人均财政收入和是否2002年所得税分享改革后的中西部地区虚拟变量的估计系数都在1%水平上显著为正，这表明中央政府确实将所得税收入分享改革增加的财政收入用在了对中西部地区一般性转移支付上。

第四，人均粮食产量的估计系数在第（1）~第（8）列估计结果中都在1%水平上显著为正，这表明产粮大县受农村税费改革的冲击较大，为弥补县级政府在农村税费改革中财政利益损失，上级政府会将更多的转移支付资金配置到产粮大县。粮食产量与是否取消农业税虚拟变量交互项的估计系数为负，第（3）、第（7）、第（8）列除外，随着农村税费改革的深入和上下级财政利益的调整，转移支付分配决策过程中对既有利益（农业税收入）损失的弥补越来越少。

第五，人口密度对人均转移支付收入有显著的负面影响，而是否山区县虚拟变量对人均财政收入有显著的正面影响，第（3）列除外。从估计结果来看，每平方千米人口增加1万人，该地区得到的人均转移支付会相应减少1元左右；而在人口密度相同的情况下，与平原县或丘陵县相比，山区县得到的人均转移支付要高出0.4~

0.9元。市县基层政府的财政纵向不平衡可能是其财政收入汲取能力不足所致，也可能是公共品提供的单位成本过高所致。单位土地面积上人口集聚过少或山区县地形崎岖都会造成公共品提供成本上升，需要上级转移支付资金弥补县级财力缺口。

人均地区生产总值的估计系数在各个估计结果中基本上显著为负；工业化程度的估计系数虽不显著，但基本为负，这表明经济发展水平越高的地区得到的转移支付越少。除在采用地理距离权重矩阵外，省以下财政收入分权的估计系数基本为负，而省对下财政支出分权的估计系数为正，这说明在省级政府集中更多财力、下放更多支出责任时需要省级政府通过转移支付手段去弥补省以下地方政府间的纵向财政不平衡。

6.4.3　转移支付横向竞争关系的异质性分析

根据财政部门对转移支付的划分，转移支付体系由税收返还、财力性转移支付（2009年后称为一般性转移支付）和专项转移支付三部分构成。由于三类资金的拨款目的有所差异，地方政府争取各项转移政府资金的策略行为也会随之发生变化，有必要分类别考察地方财政体制改革对转移支付竞争关系的影响。表6-4报告了地方财政体制改革与各类转移支付横向竞争关系的2SLS估计结果，其中第（1）、第（2）列是税收返还的竞争关系，第（3）、第（4）列是财力性转移支付的竞争关系，第（5）、第（6）列是专项转移支付的竞争关系。从表6-4的估计结果中得到以下基本结论。

表6－4　　　　　地方财政体制改革与各类转移支付的竞争关系

解释变量	税收返还		财力性转移支付		专项转移支付	
	(1)	(2)	(3)	(4)	(5)	(6)
Wtr	0.089 ** (0.042)		0.541 *** (0.064)		0.709 *** (0.040)	
$(1-d) \times Wtr$		0.474 *** (0.072)		0.692 *** (0.159)		1.156 *** (0.068)
$d \times Wtr$		0.129 *** (0.042)		0.438 *** (0.118)		0.037 (0.088)
d	−2.397 (1.610)	29.460 *** (5.072)	27.307 ** (11.906)	145.437 (115.321)	0.599 (6.371)	623.9 *** (69.922)
其他控制变量	是	是	是	是	是	是
个体效应	是	是	是	是	是	是
$\delta_1 = \delta_2$ 检验		43.63 ***		1.06		80.36 ***
C－D 值	143.924	52.385	29.194	4.393	98.913	27.330
空间矩阵	W_{adm}	W_{adm}	W_{adm}	W_{adm}	W_{adm}	W_{adm}
样本量	16280	16280	16280	16280	16280	16280
Centered R^2	0.205	0.244	0.589	0.604	0.648	0.530

注：***、**、* 分别表示在1%、5%和10%水平上显著；括号内为标准差。
资料来源：笔者绘制。

　　第一，单一体制空间计量模型估计结果表明县级各项转移支付均存在比较明显的横向策略互动关系，相邻地区得到的各类转移支付呈现正相关关系。一般而言，各地省对下共享税返还按额度的递增率和本地区实际增长率的1∶0.3系数确定，各地区得到的税收返还似乎不应该存在横向竞争关系，但在地方财政体制改革后一些省份为激发市县政府财政创收的激励，根据县级财政对省级财政的贡献调整了省对下税收返还的力度，税收收入"锦标赛"竞争会导致县级税收返还的策略互补关系。第（3）列的估计结果显示县际横向财力性转移支付关系属于"力争上游"的策略互补型，相邻地区获取的人均财力性转移支付每增加 1 元，本地区获取的人均转移支付会相应增加 0.54 元。财力性转移支付的总体目标是解决政府间财政不平衡问题，即财力性转移支付着力于缩小地区间财力差距、提高市县的财政保障能力、推进基本公共服务均等化和促进区域协调发展，各个地区获取财力性转移支付的额度由财力性转移支付资金分配公式计算得到，地方政府间发生策略互动的空间并不大。但考虑到我国现行的财力性转移支付包含了太多专项性质的上级补助资金，如调整工资转移支付不仅规定了款项用途而且要求地方政府安排一定比例的配套资金，真正属于均衡性质的转移支付规模很小，这为地方政府争取财力性转移支付发生策略互动关系留下了较大空间，地方政府通过向上级财政多汇报财政运行困难、与上级财政部门维持良好的关系有利于市县基层政府获取财力性转移支付。在上级对县级政府专项转移支付规模给定的情况下，相邻地区得到的专项转移支付可能呈现"非此即彼"的负相关关系，而第（5）列的估计结果表明相邻地区得到的专项转移支付呈现正相关关系。由于专项转移支付分配的"撒胡椒面"，相邻地区得到的专项转移支付越多本地区得到的转移支付也越多。另外，从空间滞后项估计系数的大小来看，县级政府对专项转移支付的策略反应最大、财力性转移支付其次、税收返还最小，这表明转移支付资金按公式分配可以减少地方政府争取上级补助资金的策略互动行为。

　　第二，两体制空间计量模型估计结果表明地方财政体制改革能在一定程度上弱化县级政府间转移支付的横向竞争关系。无论税收返还，还是专项转移支付，市管县地区的空间滞后项回归系数 δ_1 大于省直管县地区的空间滞后项回归系数 δ_2，且 Wald 检验在 1% 显著性水平上拒绝了两者相等的原假设。在财力性转移支付竞争模型中，Wald 检验表明即使在 10% 显著性水平上也不能拒绝 δ_1 和 δ_2 相等的原假设，这表明地方财政体制改革对财力性转移支付横向竞争关系的影响并不显著。另外，省直管县虚拟变量在两体制空间面板计量模型中在 1% 水平上显著为正，这表明地方财政体制改革后不仅税收返还、财力性转移支付等由省财政直接核定并补助到县级政府，市县基层政府还可以直接向省财政等有关部门申请专项拨款补助并由省财政直接下达市与县，这有利于防止地市级财政对县级转移支付的"截流"，地方财政体制改革后县级政府可以得到更多转移支付。

6.5　结论与政策启示

本章通过一个简单的上下级政府间转移支付博弈模型，研究了地方政府争取上级补助资金努力程度的横向竞争关系，并利用财政省直管县改革这一"准自然实验"和 1628 个县级政府 2000～2009 年的空间面板数据模型验证了转移支付横向竞争关系的存在性及地方财政体制改革对县级政府获取转移支付的影响。根据实证分析结果得到以下两点基本结论与政策启示：

第一，无论是就转移支付总体水平而言，还是就转移支付收入的各项构成内容而言，县级横向转移支付关系属于"力争上游"的策略互补型，相邻地区获取的人均转移支付越多，本地区获取的人均转移支付也会相应增加。由于各类转移支付资金分配不同，地方政府在争取税收返还、财力性转移支付和专项转移支付时策略互动的强度有所差异，税收返还和财力性转移支付的分配方式相对客观而竞争强度较小，专项转移支付分配方式则因受到较多主观因素影响而竞争强度较高。为减少地方政府过度竞争转移支付资金带来的效率损失，转移支付制度改革应该合并或取消一些专项转移支付项目并适度增加一般性转移支付规模和比例，各类转移支付资金分配也应尽量按客观因素确定并实行转移支付透明化。

第二，在"财政收入层层集中、支出责任层层下放"体制下利用转移支付来调节纵向财政不平衡会产生财政资金漏损效应问题，并非所有上级政府对县级政府的转移支付资金都能按 1∶1 的比例转化成县级可支配财力。与市管县地区相比，省直管县地区利用直接申报项目方式能够争取转移支付资金不仅能够有效避免地市级财政"截流"问题，还能弱化地区间转移支付竞争的强度，这在一定程度上避免了财政层级过多的转移支付资金漏损效应和过度竞争的效率损失。实施"扁平化"的财政层级改革和确保地方政府事权与支出责任相适应是减少转移支付资金漏损的两个基本途径，新一轮财税体制改革在强调支出责任划分的同时也要继续推进地方财政层级的精简化改革，提升财政资金直达市县基层的实施成效。

第 7 章

省对下财政分权改革、地方竞争与国内市场一体化

7.1 引　　言

　　党的十八届三中全会通过的《中共中央关于全面深化改革若干重大问题的决定》提出"经济体制改革是全面深化改革的重点，核心问题是处理好政府和市场的关系，使市场在资源配置中起决定性作用和更好发挥政府作用"，然而阻碍全国统一市场形成和公平竞争的各种地方性规定和做法依然存在。虽然越来越多的证据表明随着改革开放的深入和《反不正当竞争法》《国务院关于禁止在市场经济活动中实行地区封锁的规定》《反垄断法》等法律法规的颁布实施，中国市场一体化程度和地区专业化程度在不断提高，但地方保护主义色彩浓重的优惠政策依然大量存在，特别是针对地方利税贡献大、吸纳就业多的烟酒类、汽车、药品、化工产品、建材行业，地方政府保留了较多的行政垄断和地区封锁政策。一些地方政府和财税部门为完成招商引资任务或留住本地企业用税收返还、财政奖励方式变相减免税费以达

到"税收洼地"的效果，从而为本地产品争取价格优势；一些地区则在政府采购环节时优先考虑本地企业，而对外地企业和产品进行多头重复的工商检验和质检检查以达到阻止外地产品进入本地市场的效果。为进一步消除地区封锁、打破行业垄断和维护全国市场的统一开放，2013 年底商务部联合国家税务总局、发改委等部门印发了《关于集中清理在市场经济活动中实行地区封锁规定的通知》和《消除地区封锁打破行业垄断工作方案》。尽管中央政府为全国统一市场的形成付出了很大的努力，制约市场整合的政策激励依然存在，如《国务院关于改革现行出口退税机制的决定》中关于中央地方出口退税分担的规定是地方政府采取市场分割策略的一个重要财政诱因。因此，如何调整政府间财政关系以更好地发挥政府作用、促进国内市场整合依然是一个值得研究的话题。地方政府财政竞争的一个负面效应就是市场分割，而"深化财税体制改革的目标是建立统一完整、法治规范、公开透明、运行高效，有利于优化资源配置、维护市场统一、促进社会公平、实现国家长治久安的可持续的现代财政制度"，作为进一步完善省以下财税体制的一次尝试，省直管县改革又会对国内市场一体化带来怎样的影响呢？

　　分权体制下的地方政府竞争在促进经济增长的同时，也可能造成"诸侯经济"与国内市场分割（周黎安，2004；刘小勇和李真，2008）。地方保护虽一定程度上能提高当地企业收入，但在生产要素无法自由流动的情况下微观组织的经济效率也会相应降低（刘凤委等，2007）。由此，地区分工水平的低下会阻碍全要素生产率的提高，对未来中国经济的可持续增长带来不利影响（盛斌和毛其淋，2011；付强和乔岳，2011；毛其淋和盛斌，2011）。财政分权与国内市场整合都有利于经济增长，而分权与国内市场整合在某种程度上是一个矛盾体，如何同时利用分权和市场整合两个手段为经济增长服务是一个最优分权度决定的问题，因此财政分权度的选择对未来中国经济的增长至关重要。国内大部分关于财政分权与市场分割关系的既有研究从税源保护、财政创收的逻辑去探讨地方政府为什么要采取地方保护主义行为，但在实证检验时又采取了财政支出分权指标，在"财权与事权严重不匹配"的情况下财政收入分权与财政支出分权存在较大的差异，分权指标的误用可能得出分权与市场分割关系的错误结论。本章的主要研究目的是解决以下两个问题：一是在重新测度各省财政分权度的基础上检验中国地方政府财政分权与市场整合度关系，探讨阻碍（或促进）全国统一市场形成的是财政收入分权还是财政支出分权；二是以 2004 年出口退税分担机制改革和地方财政管理体制开始从"省管市、市管县"向"省直管县"转变为契机，利用影响省以下地方政府财政收支分配关系的外生变化来分析财税制度改革如何改变了财政分权与市场分割度的关系。

本章接下来的结构安排如下：第二节（7.2）基于相关文献讨论国内市场分割度的影响因素，为实证模型的设定提供理论支持；第三节（7.3）介绍计量模型的设定、市场分割度和财政分权度等主要指标的测算以及数据来源情况；第四节（7.4）报告实证分析结果及相关解释说明；第五节（7.5）是小结与相关政策建议。

7.2 文 献 回 顾

国内关于市场分割决定因素的研究大部分是从地方政府行为角

度考虑的，如银温泉和才婉茹（2001）将地方市场分割定义为"一国范围内各地方政府为了本地的利益，通过行政管制手段，限制外地资源进入本地市场或限制本地资源流向外地的行为"。从地方政府行为研究市场分割成因的文献大致可以分为以下两类。

一是基于财政分权视角的研究。马光荣等（2010）认为财政分权会激励地方政府采取保护政策，从而导致地区产业非专业化，对外开放会逐步弱化财政分权的这种激励效应。刘小勇（2011）利用面板分位数模型验证了财政分权与市场分割的非线性关系，处于越高分位数条件下的地区，财政分权对地方政府采取分割市场的激励越大。当然，也有一些研究质疑财政分权与地方市场分割的因果关系，欧美等发达经济体高度财政分权与高度国内市场整合并存的特征事实并不能支撑分权导致市场分割的结论（林毅夫和刘培林，2004）。范子英和张军（2010）探讨了转移支付对财政分权与国内市场整合的影响，实证结果表明转移支付特别是专项转移支付能够显著促进国内市场整合水平的提高；邓明（2014）的结果进一步表明转移支付能够有效弱化地区间市场分割的策略互动，减少"以邻为壑"现象的发生。

二是基于政企关系视角的研究。刘瑞明（2012）认为在经济转型的过程中，一个地区经济的国有化程度决定了市场分割程度。胡军和郭峰（2013）将政企关系的范围拓展到辖区内包括私营企业、外资企业在内的各种不同性质的企业，认为本地企业会向地方政府寻求贸易保护，而地方政府会设置相关政策以缓解本地企业与外地企业之间的竞争。

当然，也有一些文献从国际贸易、文化差异等非政府因素考察地方市场分割的成因。陆铭和陈钊（2009）基于1987～2004年的省级面板数据发现地方政府在利用国际贸易的规模经济效应时放弃了国内市场的规模经济效应，国际市场与国内市场一定程度上存在相互替代关系——在市场分割程度较低时，贸易开放能够增强市场分割度与经济增长的正相关关系，而当市场分割程度高到一定程度后贸易开放能够缓解市场分割度与经济增长的负相关关系。马光荣等（2010）认为随着一个地区经济开放度的提高，地方政府从保护政策中获取的边际收益会越来越小，而市场分割带来的边际成本却在不断提高，贸易开放会不断弱化分权对国内市场一体化的负面影响。王晓东和张昊（2012）认为流通渠道结构与流通组织行为也是造成中国国内市场分割的原因，批发环节"分枝状"的渠道结构使物流业的发展壮大未必带来地区间市场整合能力的提升。赫尔曼·皮拉斯等（Herrmann-Pillath et al.，2014）发现文化差异对市场分割的影响虽不及政府因素的影响那么强烈，但语言文化的差异确实在一定程度上阻碍了地区间的经济交流和国内统一市场的形成。

7.3 计量模型设定与数据说明

7.3.1 国内市场分割度的测量

现有文献对市场分割度的测算主要有"生产法""贸易法""专业化指数法""价格法"等几种，本章采用帕斯利和魏（Paresley and Wei，2001）首创的价格指数方法来测度地区市场分割程度。相

对价格方差具体计算步骤如下：（1）计算相对价格绝对值。考虑到
《中国价格及城镇居民家庭收支调查统计年鉴》和《中国统计年鉴》
的原始数据是商品消费者价格的环比指数，本书采用价格比的对数
一阶差分的形式来方便地度量相对价格 $|\Delta Q_{ijt}^{k}| = |Q_{ijt}^{k} - Q_{ijt-1}^{k}| =$
$|\ln(P_{it}^{k}/P_{jt}^{k}) - \ln(P_{it-1}^{k}/P_{jt-1}^{k})|$，其中 k 代表商品种类，i 和 j 代表两
个相邻地区（设定海南与广东、广西相邻），t 代表年份，P 代表商
品价格指数。"价格法"精确衡量市场分割度的关键在于捕捉各地
区价差在所有不同产品间的变异，但既有大部分研究只选取了九类
的代表性商品价格指数（陆铭和陈钊，2009；范子英和张军，
2010；胡军和郭峰，2013）。为尽可能多地涵盖"吃穿住用行"各
类商品，本书采用《中国价格及城镇居民家庭收支调查统计年鉴》
中的相关数据并剔除部分因 2001 年统计口径变化导致的前后不衔接
的商品价格指数，最终选择了 33 类商品①。由于西藏数据缺失比较
严重且与国内其他省份经济活动的关系不紧密，在市场分割度测算
过程中我们还剔除了西藏自治区这一特殊样本。（2）采用去均值
（de-mean）方法消除与特定商品种类相联系的固定效应带来的系统
偏误。考虑到地区间商品价格的变动可能并非全部是由地区间的市
场环境差异和地方保护主义行为造成，商品自身的某些特性导致市
场分割指数高估。去均值法的具体做法是：设 $|\Delta Q_{ijt}^{k}|$ 由 a^{k} 与 ε_{ijt}^{k} 两
项组成，其中 a^{k} 仅与商品种类 k 的自身特性相关，ε_{ijt}^{k} 与 i、j 两地特

---

① 这 33 类商品为：粮食、淀粉及薯类、干豆类及豆制品、油脂、肉禽及其制品、
蛋类、水产品、菜类、调味品、糖类、干鲜瓜果、糕点饼干、奶及奶制品、在外用膳食
品、其他食品及加工服务费、烟草、酒（2000 年前为酒和饮料）、服装、衣着材料、鞋袜
帽、耐用消费品、室内装饰品、床上用品、家庭日用杂品、医疗保健、个人医用品及服
务（2000 年前为西药）、交通、通信、文娱用耐用消费品及服务、教育（2000 年前为教
材及参考书）、文化娱乐用品、（自有）住房、水电燃料。

殊的市场环境相关。要消去固定效应 a^k 项，应对给定年份 t、给定
商品种类 k 的 $|\Delta Q_{ijt}^k|$ 在 $T \times N \times K$ 对省际数据之间求平均值 $|\Delta \overline{Q}_t^k|$，
再分别用 $T \times N \times K$ 个 $|\Delta Q_{ijt}^k|$ 减去该均值，得到最终用以计算方差的
相对价格变动部分 $q_{ijt}^k = \varepsilon_{ijt}^k - \overline{\varepsilon}_{ijt}^k = |\Delta Q_{ijt}^k| - |\Delta \overline{Q}_t^k|$，$q_{ijt}^k$ 仅仅与地区间
的市场分割因素和随机因素有关。（3）计算每两个地区 K 类商品的
相对价格波动 q_{ijt}^k（$k = 1$，2，$\cdots$，K）的方差 $\mathrm{Var}(q_{ijt})$，并将 $T \times$
$N \times K$ 对地区组合的相对价格方差按照省份合并，从而计算各省份
与相邻省份的市场分割指数 $seg_{it} = (\sum_{j \neq i} \mathrm{var}(q_{ijt}))/M$，其中 M 表示相
邻省份的个数。

 为了使解释变量系数的估计值不至于太小，我们将被解释变量
乘以 10000。图 7 - 1 展示了 1996 ~ 2017 年市场分割度的变化情况，
总体来看国内市场分割度呈现不断下降趋势。在 2000 年前东部省份
的市场分割高于中西部省份的市场分割度，但在 2000 年后大部分年
份东部省份的平均市场分割度略低于西部省份。

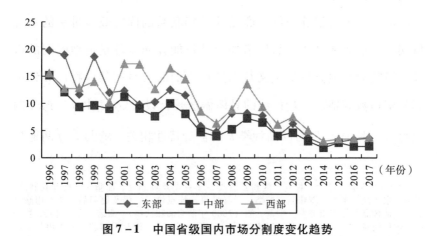

图 7 - 1 中国省级国内市场分割度变化趋势

资料来源：笔者根据《中国价格及城镇居民家庭收支调整统计年鉴》计算得到。

7.3.2　计量模型设定

为探寻是省对下财政收入分权还是财政支出分权造成了国内商品市场的分割，在借鉴陈敏等（2007）、刘小勇和李真（2008）、范子英和张军（2010）等相关模型设定的基础上设定如下基准回归模型：

$$seg_{it} = \beta_0 + \beta_1 reform_{it} + \beta_2 fd_{it} + \beta_3 comp_{it} + \beta_4 gov_{it} + \beta_5 soe_{it}$$
$$+ \beta_6 open_{it} + \beta_7 \ln(market)_{it} + \beta_8 road_{it} + \beta_9 tech_{it} + \varepsilon_{it}$$

$$(7-1)$$

其中，i 代表省份，t 代表年份，被解释变量 seg 反映各省的市场分割程度，解释变量 $reform$ 和 fd 分别是反映各省地方财政体制改革进程和财政分权度（省对下财政收入分权或省对下财政支出分权）指标，其他变量为一些影响市场分割度的控制变量。在估计方程（7-1）中，如果估计系数 β_1 和 β_2 显著为正，则表明地方财政体制改革和省对下财政分权是造成国内商品市场分割的一个重要诱因；如果估计系数 β_1 和 β_2 显著为负，则表明地方财政体制改革和省对下财政分权不仅不会造成市场分割反而是促成国内统一市场形成的积极因素。胡军和郭峰（2013）指出地区市场分割可能存在惯性特征，如果某个地区在 $t-1$ 期市场分割程度较高，该地区在 t 期的市场分割程度通常也很高，而静态面板数据模型的估计方程式（7-1）无法捕捉市场分割度变化的这一路径依赖特征，因此有必要引入滞后一期的市场分割度作为解释变量。动态面板数据模型的基本估计方程式如下：

$$seg_{it} = \beta_0 + \beta_1 seg_{i,t-1} + \beta_2 reform_{it} + \beta_3 fd_{it} + \beta_4 comp_{it} + \beta_5 gov_{it} + \beta_6 soe_{it}$$
$$+ \beta_7 open_{it} + \beta_8 \ln(market)_{it} + \beta_9 road_{it} + \beta_{10} tech_{it} + \varepsilon_{it}$$

$$(7-2)$$

为进一步分析地方财政体制改革如何影响了财政分权与市场分割的关系，在估计方程（7-2）的基础上加入该省地方财政体制是否试点改革虚拟变量 *pmc* 与财政分权 *fd* 的交互项，得到新的估计方程为：

$$seg_{it} = \beta_0 + \beta_1 seg_{i,t-1} + \beta_2 reform_{it} + \beta_3 fd_{it} + \beta_4 pmc_{it} \times fd_{it}$$
$$+ \beta_5 comp_{it} + \beta_6 gov_{it} + \beta_7 soe_{it} + \beta_8 open_{it} + \beta_9 \ln(market)_{it}$$
$$+ \beta_{10} road_{it} + \beta_{11} tech_{it} + \varepsilon_{it} \qquad (7-3)$$

7.3.3 解释变量说明

关键解释变量——地方财政体制改革进程（*reform*）和省对下财政分权（*fd*）。在跨国比较研究中，财政分权最常见的一种测度方法是以全国的财政总收入或支出为分母、以地方财政总收入或支出为分子，计算出一国地方财政收支占全国财政收支中的比重，该比重越大表明财政分权程度越高。国内关于财政分权的研究绝大部分都使用了地方财政收支占全国或中央财政收支的比重来测度财政分权变量（张晏和龚六堂，2005；沈坤荣和付文林，2005；傅勇和张晏，2007；郭庆旺和贾俊雪，2010），但越来越多的学者意识到了采用这一传统方法的潜在逻辑问题并尝试用新方法测度各省的财政分权度（张光，2011；吴木銮和王闻，2011；陈硕和高琳，2012；徐永胜和乔宝云，2012）。遵循跨国比较研究的逻辑，用各省省以下地方政府财政收支占全省财政收支的比重来衡量各省的财政收入分权度和财政支出分权度，即"财政收入分权 *FDtax* = 省以下财政收入/全省财政收入 ×100%""财政支出分权 *FDsp* = 省以下财政支出/全省财政支出 ×100%"。

为控制其他社会经济变量对省对下财政分权度的影响，还加入了如下控制变量。

（1）地方竞争程度（*comp*）。傅勇和张晏（2007）用外资企业实际税收负担率与各省份实际税率的比值来衡量地方竞争程度，在招商引资的"逐底竞争"（*race to the bottom*）中该比值越低表明地区间税收竞争越激烈。由于外商直接投资只是外来资本的一小部分，国内流动资本也是地方政府竞相争取的对象，仅用外商直接投资企业的税负可能无法全面反映地方政府竞争程度的全貌。因此，用本省宏观税负与相邻省份平均宏观税负的比值来刻画地方税收竞争程度（*taxcomp*）。在国务院 2000 年出台《国务院关于纠正地方自行制定税收先征后返政策的通知》严格限制地方政府擅自对企业税收返还后，地方政府转而将本级留存的税收通过乡镇财政所或政府融资平台公司以"财政奖励""财政补助""基础设施配套费"等专项资金支出名义返还给企业。另外，在普遍采取税收竞争策略的情况下，地方政府也越来越重视公共基础设施的竞争，地方财政竞争的表现形式从税收竞争为主转向了税收竞争与公共支出竞争并存。由于 2007 年政府收支分类科目改革后不再设置基本建设支出科目，使得用基本建设支出程度来衡量公共支出竞争不再可行，转而采用本省人均市政公共设施投资与相邻省份平均人均市政公共设施投资的比值来刻画地方公共支出竞争程度（*spcomp*）。

（2）政府干预程度（*gov*）。在中国式财政分权的背景下地方政府有激励直接参与和干预本地的经济活动，特别是在政府消费的集中采购环节会强调运用采购本地产品的方法促进区域经济的发展，甚至拒绝或者限制外地供应商进入本地政府采购市场，片面地强调保护本地区利益的政府消费行为有可能加剧市场分割程度。政府干预程度用政府消费支出占地区生产总值的比重来衡量。

（3）地方经济国有化程度（*soe*）。在经济转型的过程中，国有企业被赋予了维护当地社会稳定的职能，不仅承担了吸纳社会就业等大量政策性负担，而且也是地方政府财政收入的重要来源。因此，地方政府为了保护本地国有企业的利益有激励推行市场分割策略，地方经济国有化程度与市场分割度的正相关关系已经在范子英和张军（2010）、刘瑞明（2012）、陈刚和李树（2013）等一系列研究中得到了验证。地方经济的国有化程度以国有单位职工人数占全部城镇职工人数的比例来衡量。

（4）贸易开放度（*open*）。贸易开放不仅可以直接通过国际、国内市场的替代关系作用于地方市场分割程度（陆铭和陈钊，2009），还可能通过财政分权渠道间接影响国内市场一体化形成（马光荣等，2010）。随着一个地区经济开放度的提高，地方政府从保护政策中获取的边际收益会越来越小，而市场分割带来的边际成本却在不断提高，贸易开放会不断弱化分权对国内市场一体化的负面影响。贸易开放度用进出口总额占地区生产总值的比重来衡量。

（5）取自然对数的本地市场规模 [ln（*market*）]。借鉴刘瑞明（2012）的做法，本地市场规模用每平方公里人口数与人均地区生产总值的乘积项来度量。本地市场规模越大意味着可以容纳更多的企业在同一个市场上进行竞争，分工的细化会促进本地企业创新竞争能力的提高，这将弱化本地政府的地方保护和市场分割动机。当然，本地市场规模大的地区也可能利用辖区内的市场便可以实现规模经济，对辖区外市场依赖度的减小有可能促使地方政府采取"以邻为壑"的市场分割行为。因此，本地市场规模与市场分割的关系有待于进一步实证检验。

（6）公路网密度（*road*）。运输成本是区域间贸易成本的主要构成部分，高昂的运输成本将导致区域间贸易萎缩和市场分割程度的加剧。改革开放以来，中国交通基础设施发展虽然很快，但路网密度仍然处于较低水平，是制约国内统一市场形成的一大重要因素。考虑到铁路和公路是国内货物运输的主要途径，本书用公路网密度（公路里程与辖区面积之比）捕捉贸易成本对市场分割的影响。

（7）技术差距（*tech*）。陈敏等（2007）认为技术相对落后地区通过市场分割和地方保护主义行为可以促进本地"战略产业"的发展，从而获取在未来分享地区间分工利益的谈判中的"威胁点"，因此技术相对落后的地区将更有激励加强对本地产业特别是战略性产业的保护。与陈敏等（2007）、刘瑞明（2012）用本地区人均 GDP 与相邻地区平均人均 GDP 的比值来衡量技术差距不同，本书用每万人专利授权量与相邻省份平均每万人专利授权量的比值来衡量技术的地区差距，比值越低表明一个地方相对于相邻地区技术水平越是落后，采取分割市场策略的可能性更大；反之，如果一个地区相对于相邻地区技术水平越高，采取促进市场整合策略的可能性更大，因此预期该变量的估计系数为负。

本章的样本范围为除西藏自治区外的 30 个省级行政单位，相应的数据来源情况如下：市场分割度根据历年《中国价格及城镇居民家庭收支调查统计年鉴》计算所得；1995～2009 年省以下财政分权根据历年《全国地市县财政统计资料》和《中国财政年鉴》计算所得，2010～2012 年省以下财政收入分权和财政支出分权根据各省份预算报告或决算报告计算所得；2000～2012 年的市政公共设施投资支出来自历年《中国城市建设统计年鉴》；其他控制变量的数据来源为《新中国六十年统计资料汇编》《中国统计年鉴》《中国财政年鉴》和《中国劳动统计年鉴》。表 7－1 是上述各变量的基本统计描述。

表 7－1		各变量的基本统计描述			
变量	样本量	均值	标准差	最小值	最大值
市场分割	510	10. 466	6. 753	2. 390	63. 890
改革进程	510	29. 460	38. 408	0. 000	100. 000
是否省直管县改革	510	0. 496	0. 500	0. 000	1. 000
财政收入分权	510	76. 618	12. 496	34. 810	98. 510
财政支出分权	510	72. 323	10. 448	39. 670	90. 250
税收竞争	510	1. 065	0. 319	0. 574	2. 741
公共支出竞争	390	1. 126	0. 900	0. 116	6. 474
政府干预程度	510	15. 231	4. 131	7. 920	30. 093
国有化程度	510	45. 062	15. 357	11. 469	80. 471
贸易开放度	510	30. 687	36. 369	2. 950	172. 350
ln（市场规模）	510	14. 725	1. 709	10. 060	19. 538
公路网密度	510	53. 236	40. 392	1. 899	197. 808
技术差距	510	1. 104	0. 709	0. 209	4. 290

资料来源：根据《全国地市县财政统计资料》《中国城市建设统计年鉴》等统计资料整理得到。

7.4 地方财政体制改革对市场分割
影响的实证结果分析

7.4.1 改革对市场分割的影响：基于财政收入分权的视角

表 7 – 2 第（1）列报告了以地方财政体制改革进程以及财政收入分权与税收竞争为解释变量的静态面板数据模型估计结果。在静态面板数据模型的估计结果中，财政收入分权的估计系数在 10% 水平上显著为负，这一初步结果并未证实国内学者普遍认为的"分权导致地方经济市场分割"的观点。由于静态面板数据分析没有考虑到市场分割程度调整的路径依赖特征，也无法解决相关变量内生性带来的估计偏差问题，本章将重点分析动态面板数据模型的二步系统 GMM 估计结果。

表 7 – 2　　地方财政体制改革、财政收入分权与国内市场分割

解释变量	(1)	(2)	(3)	(4)	(5)	(6)	(7)
L. 市场分割		0.187*** (0.024)	0.176*** (0.027)	-0.112*** (0.024)	-0.132*** (0.023)	0.200*** (0.024)	0.206*** (0.025)
改革进程	0.039*** (0.015)	0.072*** (0.018)	0.133*** (0.026)	0.169*** (0.043)	0.277*** (0.072)	-0.014 (0.021)	0.034 (0.021)
财政收入分权	-0.087* (0.044)	-0.054*** (0.021)	0.018 (0.033)	-0.103** (0.040)	-0.052 (0.037)	0.076* (0.041)	0.121*** (0.039)

续表

解释变量	(1)	(2)	(3)	(4)	(5)	(6)	(7)
收入分权×是否改革			− 0. 057 *** (0. 009)		− 0. 170 *** (0. 052)		− 0. 028 *** (0. 009)
税收竞争	− 3. 014 (1. 834)	− 2. 421 (7. 404)	− 5. 501 (6. 374)	6. 575 (5. 068)	1. 620 (5. 357)	− 7. 927 (4. 996)	− 8. 106 ** (3. 913)
政府干预程度	− 0. 142 (0. 086)	0. 266 *** (0. 054)	0. 276 *** (0. 061)	0. 879 *** (0. 244)	0. 875 *** (0. 168)	0. 212 *** (0. 066)	0. 201 *** (0. 069)
国有化程度	0. 170 *** (0. 048)	0. 200 *** (0. 038)	0. 178 *** (0. 035)	0. 491 *** (0. 051)	0. 497 *** (0. 034)	− 0. 155 ** (0. 064)	− 0. 126 ** (0. 061)
贸易开放度	0. 038 * (0. 021)	0. 029 ** (0. 013)	0. 022 ** (0. 009)	− 0. 064 ** (0. 031)	− 0. 074 * (0. 043)	0. 035 *** (0. 009)	0. 031 *** (0. 010)
ln（市场规模）	− 0. 421 (0. 973)	0. 364 (0. 841)	0. 500 (0. 858)	− 2. 897 * (1. 649)	− 2. 450 * (1. 402)	− 0. 107 (0. 800)	− 0. 875 (0. 770)
公路网密度	− 0. 057 *** (0. 014)	− 0. 070 *** (0. 017)	− 0. 072 *** (0. 018)	0. 188 *** (0. 068)	0. 167 ** (0. 069)	− 0. 131 *** (0. 018)	− 0. 102 *** (0. 018)
技术差距	1. 354 * (0. 728)	3. 954 ** (1. 932)	5. 319 ** (2. 533)	− 1. 593 (1. 598)	0. 872 (3. 131)	4. 053 (3. 131)	4. 480 * (2. 672)
常数项	20. 216 (16. 549)	− 6. 819 (13. 561)	− 10. 586 (10. 613)	10. 668 (23. 138)	5. 282 (19. 357)	16. 547 (13. 338)	21. 782 * (11. 191)
AR(1)		− 2. 100 ** [0. 036]	− 1. 981 ** [0. 047]	− 1. 661 * [0. 097]	− 1. 555 [0. 119]	− 3. 324 *** [0. 001]	− 3. 289 *** [0. 001]
AR(2)		0. 385 [0. 699]	0. 327 [0. 743]	0. 166 [0. 868]	0. 072 [0. 942]	− 1. 528 [0. 126]	− 1. 738 * [0. 082]
Sargan 检验		27. 661 [1. 000]	26. 831 [1. 000]	21. 336 [0. 724]	22. 082 [0. 684]	27. 855 [1. 000]	24. 717 [1. 000]
估计方法	FE	系统 GMM	系统 GMM	系统 GMM	系统 GMM	系统 GMM	系统 GMM
样本期间（年）	1996 ~ 2012	1996 ~ 2012	1996 ~ 2012	1996 ~ 2003	1996 ~ 2003	2004 ~ 2012	2004 ~ 2012
样本量	510	480	480	210	210	270	270

注：①***、**、* 分别表示在1%、5%和10%水平上的统计显著，括号中数据为标准差，方括号中的数据为概率 P 值；②AR(1)、AR(2) 分别表示一阶和二阶差分残差序列的 Arellano-Bond 自相关检验值，Sargan 检验一栏中列出的是工具变量有效性的过度识别检验值。

资料来源：笔者绘制。

从第（2）~ 第（7）列估计结果可知，模型设定基本通过了适用动态面板模型 GMM 估计的两个关键检验：（1）Arellano-Bond 序列相关检验，即要求经过差分转换后的残差项存在一阶序列相关性但不存在二阶序列相关；（2）工具变量过度识别的 Sargan 检验，即要求工具变量与误差项不相关，从而表明工具变量是有效性的。从动态面板数据模型的第（2）、第（3）列估计结果中，我们可以得到以下基本结论。

第一，上一年度的市场分割度每增加 1 个单位，本年的市场分割度也会相应增加 0.18 个单位左右，市场分割程度调整存在明显的路径依赖特征。滞后一期的市场分割度都在 1% 水平上显著为正，这表明国内统一市场的形成并非一朝一夕可以完成，国内商品市场整合是一个渐进调整的过程。

第二，地方财政体制改革进程与市场分割度显著正相关，实施省直管县财政体制的县级政府每增加 10%，相应的市场分割度会增加 1 个单位左右。地方财政体制改革进程与市场分割的正相关关系可能源自省以下地方财政管理体制改革的县域经济增长导向，市县基层政府有为促进当地经济发展而采取市场分割行为的动机。陆铭和陈钊（2009）的研究结果表明分割市场与区域经济增长存在倒 "U" 形关系，在市场分割程度较低时提高市场分割程度有利于当地的经济增长，而当市场分割程度超过某个临界值后经济增长就会受到地方保护主义行为的负面冲击，而对中国目前而言，超过 96% 的观察点处于市场分割促进经济增长阶段。在 2009 年财政部出台《关于推进省直接管理县财政改革的意见》之前，自发学习浙江经验的省份一般将省直管县改革政策目标定位为经济发展，如安徽、湖北、吉林和黑龙江都在改革目的中有类似"加快县域经济发展"的表述，为促进短期内经济增长实施省直管县的地区可能选取了市场分割策略。

第三，在第（2）列中财政收入分权度的估计系数在1%水平上显著为负，表明财力向市县基层政府倾斜有利于减少地方政府的市场分割行为。在增值税等主体税种按生产地原则征税的情况下，"分税制"财政体制强化了地方政府发展本地经济和财政创收的激励，为了保护本地的资源、市场和税基，地方政府间不仅重复建设、产业同构问题严重，限制外地商品进入本地市场的地方保护主义行为也非常明显（银温泉和才婉如，2001），市县政府为争取更多的财税收入而采取"以邻为壑"的市场分割策略。上下级财政收入分配向下级政府倾斜减少了市县基层政府财政创收的压力，从而也减少了采取市场分割策略的激励，因此财政收入分权与市场分割度呈现负相关关系。在第（3）列估计结果中财政收入分权的估计系数不显著，而财政收入分权与该省是否试点地方财政体制改革虚拟变量交互项的估计系数在1%水平上显著为负，这表明"省管市、市管县"地区财政收入分权对市场分割的影响不显著，而试点"省直管县"改革的地区财政收入分权有利于国内市场整合。两者的差异可能源自财政收入分权度对市场分割的非线性影响，只有当省对下财政收入分权度超过一定界限后才能缓解市县基层政府的财政压力、发挥促进国内统一市场形成的作用。第3章的结果表明省直管县地区的财政收入分权度明显高于"省管市、市管县"地区，因此出现了未试点改革省份财政收入分权的效果不明显而试点改革省份财政收入分权加速国内统一市场形成的现象。

自 2004 年 1 月 1 日起，按照"新账不欠，老账要还，完善机制，共同负担，推进改革，促进发展"的原则进行了出口退税分享机制改革，在适当降低出口退税率的同时建立了中央和地方共同负担出口退税的新机制——从 2004 年起以 2003 年出口退税实退指标为基数，对超基数部分的应退税额由中央与地方按 75∶25 的比例分别负担，2005 年进一步将分担比例调整为 92.5∶7.5。在出口退税逐级分担统筹机制下，外贸企业异地收购产品的增值税税收收入按生产地原则征收归卖方企业所在地政府，出口退税却要由外贸企业所在地政府承担，外贸出口越多的地区，地方政府承担的退税负担也越重。为此，许多地方政府明令外贸企业只能收购本地产品或者对收购异地产品的企业拖欠出口退税。由此可见，出口退税分担机制改革存在引发地区间商品流通壁垒、形成新的地方保护主义行为和市场分割倾向。为检验 2004 年出口退税机制改革造成的出口商品增值税纳税地与退税地不一致矛盾是否加剧了财政收入分权对国内市场整合的负面效应，本书将样本期间进一步分为出口退税机制改革前（1996~2003 年）和改革后（2004~2012 年）两个时期进行分子样本估计。以 2004 年为分界点的另外一个重要原因是 2004 年是省以下地方财政管理体制变化的转折点，2004 年前实行财政省直管县体制的只有 4 个直辖市、海南省和浙江省，这 6 个省份实施省直管县体制都有其特殊的政治、地理或历史因素，且在整个样本期间省对下财政管理体制没有发生质的变化；2004 年后随着安徽省、湖北省等其他地区陆续从财政"省管市、市管县"体制转变到省直管县体制的行列，对推行省直管县试点改革的省份来说，2004 年后省以下地方财政管理体制开始发生质的变化。从表 7-2 的第（4）~

第（7）列可以看出在出口退税分担体制改革前，财政收入分权的估计系数都为负；在出口退税分担体制改革后，财政收入分权的估计系数在1%或10%水平上显著为正。这表明作为政府间财政关系的一次外部冲击，出口退税分担机制改革改变了财政分权与地方市场分割的关系，财政收入分权使得地方政府更加有激励采取地区封锁政策。在出口退税分担体制改革前，出口退税责任全部由中央政府承担，出口贸易越多的地区从中央政府获取的"隐性转移支付"也越多，外贸企业的发展在创造GDP的同时不会给地方政府带来出口退税的财政负担。2004年出口退税分担机制改革后，外贸企业不但不能为地方政府贡献税收收入，反而需要地方政府倒贴出口退税资金，故而地方政府发展外向型经济的态度发生了很大的转变，甚至出现了不鼓励出口为主的外商投资企业落户、注销外贸企业税务登记号的情况。市县财政收入占全省财政收入比重越高的地区，市县财政受出口退税分担体制改革的冲击也越多，越有激励采取市场分割策略行为。

从控制变量的估计结果来看，在整个样本期间政府消费支出和地方经济国有化程度的估计系数都显著为正，表明政府干预程度越大，地方市场分割程度越高，这一发现与陈敏等（2007）、范子英和张军（2010）等既有研究相一致，政府干预是市场分割的重要因素；公路网密度的估计系数基本显著为负，表明公路等基础设施建设有利于商品流通成本降低，起到缓解地方市场分割度程度的作用；贸易开放度的估计系数在5%水平上显著为正，这与陆铭和陈钊（2009）提出的国际、国内市场相互替代的假说相符合，各地区在参与国际市场中实现的规模经济在一定程度上挤出了对国内市场整合的需求；本地市场规模的估计系数则不显著，而技术差距估计系数的符号与预期相反，其中的原因有待进一步的研究。在分阶段估计中，个别控制变量估计系数的符号发生了逆转或显著性发生了一些变化，但依然没有改变"省直管县改革一定程度造成地区市场分割"的基本结论。

7.4.2　改革对市场分割的影响：基于财政支出分权的视角

表 7 - 3 报告了以地方财政改革进程、财政支出分权和市政公共设施竞争对国内市场分割的影响，其中第（1）列是静态面板数据模型的估计结果、第（2）～第（3）列是动态面板数据模型的估计结果（残差的序列相关检验结果并不理想）、第（4）～第（7）列是以 2004 年为分界点的分阶段子样本估计结果。由于只能获取 2000 年以后的市政公共设施投资支出数据，表 7 - 3 的样本期间为 2000～2012 年。

与表 7 - 2 的估计结果基本一致，地方财政体制改革进程估计系数的符号基本为正，一个省份如果越多的县级政府实行省直管县财政体制，该省的市场分割度也相应较高。无论是在静态面板数据模型还是在动态面板数据模型中，财政支出分权的估计系数都显著为负，这说明财政支出分权不仅没有造成国内市场分割反而在一定程度上促成了国内市场一体化进程，这与之前的经验研究有很大的不同。财政支出分权促进国内市场一体化的原因可能在于地方政府财政支出的生产性支出偏向，张军等（2007）认为中国之所以拥有良好的道路等基础设施是因为分权体制下地方政府在"招商引资"上展开了充分的标尺竞争和政府治理模式向发展型政府转变，为促进辖区经济的发展，地方政府将大量财政支出配置到基础设施建设等生产性支出领域而非教育、医疗卫生等消费性支出领域（傅勇和张晏，2007；尹恒和朱虹，2011）。通过改善公路网密度等基础设施，财政支出分权为节约流通成本、促进国内商品市场统一奠定了良好的制度环境。

表 7 - 3　　地方财政体制改革、财政支出分权与国内市场分割

解释变量	（1）	（2）	（3）	（4）	（5）	（6）	（7）
L. 市场分割		0. 192 *** (0. 022)	0. 212 *** (0. 020)	0. 054 ** (0. 023)	0. 038 * (0. 019)	0. 217 *** (0. 026)	0. 218 *** (0. 022)
改革进程	0. 024 (0. 015)	0. 038 ** (0. 016)	0. 065 *** (0. 017)	0. 015 (0. 021)	0. 062 (0. 073)	− 0. 005 (0. 018)	0. 013 (0. 022)
财政支出分权	− 0. 126 * (0. 068)	− 0. 254 *** (0. 057)	− 0. 202 *** (0. 056)	− 0. 354 *** (0. 045)	− 0. 305 *** (0. 089)	− 0. 159 ** (0. 079)	− 0. 124 ** (0. 056)
支出分权 × 是否改革			− 0. 026 *** (0. 008)		− 0. 039 (0. 069)		− 0. 012 (0. 011)
公共支出竞争	0. 705 * (0. 394)	0. 685 (0. 925)	0. 692 (0. 605)	− 0. 618 (0. 908)	− 0. 975 (0. 805)	0. 790 (0. 866)	0. 479 (1. 105)
政府干预程度	− 0. 144 (0. 090)	0. 122 ** (0. 058)	0. 154 ** (0. 067)	1. 429 *** (0. 260)	1. 584 *** (0. 196)	0. 145 ** (0. 064)	0. 190 *** (0. 060)
国有化程度	0. 163 *** (0. 059)	− 0. 034 (0. 034)	− 0. 033 (0. 031)	0. 168 *** (0. 057)	0. 184 *** (0. 054)	− 0. 131 *** (0. 049)	− 0. 109 * (0. 061)
贸易开放度	0. 054 ** (0. 022)	0. 007 (0. 012)	0. 007 (0. 013)	0. 244 *** (0. 046)	0. 225 *** (0. 036)	0. 011 (0. 008)	0. 004 (0. 008)
ln（市场规模）	0. 782 (1. 039)	− 0. 168 (0. 409)	− 0. 353 (0. 411)	− 0. 467 (1. 446)	0. 201 (1. 084)	0. 865 (0. 749)	0. 708 (0. 835)

续表

解释变量	(1)	(2)	(3)	(4)	(5)	(6)	(7)
公路网密度	-0.061 *** (0.013)	-0.084 *** (0.016)	-0.078 *** (0.017)	-0.068 (0.045)	-0.099 *** (0.033)	-0.123 *** (0.020)	-0.115 *** (0.015)
技术差距	0.759 (0.738)	1.050 (2.721)	0.140 (2.162)	0.874 (0.922)	1.124 (0.978)	3.005 * (1.796)	1.726 (2.667)
常数项	2.048 (16.039)	29.430 *** (8.233)	28.568 *** (7.882)	7.014 (20.814)	-7.140 (14.829)	11.535 (10.705)	11.287 (13.713)
AR(1)		-3.681 *** [0.0002]	-3.929 *** [0.0001]	-2.306 ** [0.021]	-2.283 ** [0.022]	-3.297 *** [0.001]	-3.436 *** [0.0006]
AR(2)		-2.432 ** [0.015]	-2.461 ** [0.014]	-1.717 * [0.086]	-1.721 * [0.085]	-1.656 * [0.097]	-1.729 * [0.083]
Sargan 检验		27.372 [1.000]	28.519 [1.000]	19.833 [0.342]	20.909 [0.284]	27.631 [1.000]	26.627 [1.000]
估计方法	FE	系统 GMM	系统 GMM	系统 GMM	系统 GMM	系统 GMM	系统 GMM
样本期间（年）	2000 ~ 2012	2000 ~ 2012	2000 ~ 2012	2000 ~ 2003	2000 ~ 2003	2004 ~ 2012	2004 ~ 2012
样本量	390	390	390	120	120	270	270

注：① *** 、 ** 、 * 分别表示在1%、5%和10%水平上的统计显著，括号中数据为标准差，方括号中的数据为概率 P 值；②AR(1)、AR(2) 分别表示一阶和二阶差分残差序列的 Arellano-Bond 自相关检验值，Sargan 检验一栏中列出的是工具变量有效性的过度识别检验值。

资料来源：笔者绘制。

另外，从分阶段估计结果可知以 2004 ~ 2012 年为样本期间的估计结果中财政支出分权度估计系数的绝对值有所变小，这表明 2004 年出口退税分享机制改革后财政支出分权对市场整合的积极作用有所减弱。财政支出分权作用减弱的原因可能是地方财政体制改革模式的不同造成的，2004 年前实施财政省直管县体制的地区主要为直辖市和浙江省，属于改革比较彻底的地区，不仅县级财政与省级财政直接发生往来关系，县级主要领导干部也由省级政府直接任命，政治整合力度的加大更大程度地促进了地区市场整合，而 2004 年后改成财政省直管县体制的地区或多或少带有过渡性质的特征，县级财政并未完全摆脱地市级财政的影响。在第（3）列估计结果中，财政支出分权与该省是否试点地方财政体制改革虚拟变量交互项的估计系数在 1% 水平上为负；在分阶段估计中，交互项的估计系数虽不显著，但依然为负。这表明与"省管市、市管县"地区相比，试点省直管县改革省份向市县基层政府下放事权更有利于国内市场统一市场形成。

7.5　结论与政策启示

本章在利用国内普遍使用的"价格法"测算省级市场分割程度和重构省内财政分权度指标的基础上，结合省级面板数据对地方财政体制改革、财政分权和市场分割的关系进行了再评估。本章的主要发现及政策含义如下。

第一，总体来看，我国国内商品市场一体化进程在逐步加快而市场分割程度的地区差异在不断缩小。2000 年前东部省份的市场分割略高于中西部省份的市场分割度，在 2000 年后大部分年份东部省份的平均市场分割度与中西部省份基本持平甚至要略低于中西部省份。

第二，省以下地方财政管理体制改革本身具有明显的县域经济增长导向，市县基层政府为促进当地经济发展有采取市场分割策略的动机，结果造成全省市场分割程度较高。在整个样本期间，无论是财政收入分权还是财政支出分权都有促成国内统一市场形成的作用，但两者的作用机制有所不同，财政收入分权减少地方市场分割行为是因为财力向市县基层政府倾斜减少了地方政府完成财政创收的压力，地方政府为完成税收任务而采用"以邻为壑"政策的动机有所减少；财政支出分权减少地方市场分割行为是因为地方政府的生产性支出偏向，公路等基础设施的完善减少了商品流通成本，从而加速国内商品市场一体化进程。

第三，财政分权对市场分割的影响存在明显的阶段差异，在2004年出口退税分享机制改革和地方财政管理体制开始从"省管市、市管县"向"省直管县"转变前，财政收入分权和财政支出分权都在一定程度上促进了国内统一市场形成，而2004年后财政收入分权加剧了国内市场分割而财政支出分权对市场整合的积极作用也有所减弱。出口退税分担机制改革有利于中央和地方政府加强出口退税管理的积极性、防止地方政府与企业联合出口骗税，但会强化地方保护和地方市场分割。从国内统一市场建设角度考虑，应该将增值税等税基流动性大的税种划为中央税收，相应的出口退税责任也由中央政府承担，地方政府因增值税收入重新划分损失的财政利益通过转移支付来弥补。考虑到取消增值税中央地方分成对地方财政的巨大冲击，将增值税完全划分为中央税收的可能性并不大，但可以考虑取消省以下地方政府间的出口退税分享机制，增值税的出口退税责任由中央和省本级两级财政承担。从长远来看，我国还应考虑税制结构重新调整——完善地方税体系、逐步提高直接税比重。

出口退税的基本动机是避免出口商品的国际重复征税，在以间接税为主体税种的国家出口退税负担也相应较重而以直接税为主体税种的国家基本不用出口退税，税制结构的调整可以在稳定税负的前提下减小出口退税的财政压力，从而弱化地方政府出于财政动机而采取市场分割策略的激励。

第 8 章

财政分权、出口退税分担机制
改革与出口贸易增长

8.1 引　言

2008 年国际金融危机爆发后，国际需求疲软使得出口贸易这一曾经拉动中国经济高速增长的引擎逐渐失去效力，进出口贸易增速在 2012 年后开始回落至个位数。在出口导向型经济发展模式遭受重大冲击的情况下，国民经济也结束了长达 30 多年的高速增长而进入了中高速增长的"新常态"。如何在"新常态"下保持我国对外贸易的平稳增长和结构优化，进而维持国民经济中高速增长、促进经济结构优化升级和提高经济增长质量已经成为一个亟待解决的现实问题。这不仅需要构建顺应时代发展要求的新理论，也需要支持我国对外贸易发展的政策设计。

伴随经济增长进入新常态，我国对外贸易的财政政策坚持以"稳增长、调结构"为导向，按照"精准调控"的思路对出口贸易的财税政策进行了多次调整。截至 2014 年底，在总计 13000 多个税号的出口商品中已有 1971 个税号商品（主要为机电产品和高新技术产品）实现了出口全额退税，而"两高一资"（高耗能、高污染和资源型）产品则几乎不能享受出口退税的优惠政策。为早日走出对外贸易寒冬、促进出口规模平稳增长，国务院在 2015 年 3 月颁布了《关于完善出口退税负担机制有关问题的通知》，决定自 2015 年 1 月 1 日起新增出口退税责任全部由中央财政负担，地方政府只需定额向中央财政上解 2014 年负担的出口退税基数。针对"新常态"下出口贸易财税政策调整的实施效果问题，国内学者也展开了广泛研究。在政府补贴政策效果方面，施炳展（2012）认为政府补贴可以有效提升企业出口的可能性，帮助企业走出去战略开拓国际市场；于建勋（2012）认为生产补贴不仅有利于企业做出进入出口市场的决策，还能起到扩大企业出口规模作用。在出口退税政策调整的实施效果方面，除兰宜生和刘晴（2011）认为我国出口退税政策对出口额促进作用不显著外，陈等（Chen et al.，2006）、钱德拉和龙（Chandra and Long，2013）、谢建国和陈莉莉（2008）、王孝松等（2010）、范子英和田彬彬（2014）等国内外研究结果都表明提高出口退税率能显著促进我国出口规模增长，谢建国和徐婷（2012）更是认为适时提高出口退税率是危机时期稳定我国出口贸易增长的有效措施。国际金融危机以来的出口退税税率政策调整在对外贸易平稳增长方面虽取得了预期效果，但在外贸结构优化方面的政策效果并不理想，"两高一资"产品的出口增长率并未受到出口退税政策调整的显著影响（白重恩等，2011）。由此可见，以往研究大多数是关注出口退税税率调整对出口规模与结构的影响而很少关注出口退税分担机制改革的政策效果。

与既有研究相比，边际贡献体现在以下两个方面：第一，定量分析了出口退税分担机制改革对出口贸易规模和结构的影响，丰富了出口退税政策调整对出口贸易影响的研究。实证结果表明无论是对出口总规模而言还是对高新技术行业出口而言，2004 年出口退税负担由中央独立承担改为中央地方按比例分担在一定程度上制约了出口贸易的发展，这也部分解释了为什么在"新常态"下中央政府会通过重新调整出口退税分担机制来促进出口贸易增长；第二，提出并实证检验了中央地方财政收支分配关系制约出口退税政策实施效果的理论假说，认为适当的财政分权尤其是财政收入分权可以弱化甚至扭转分担机制改革对出口贸易的负面影响，但在区域间税收输出机制作用下，沿海地区只有拥有更高的财政分权度才能规避2004 年出口退税分担机制改革的负面冲击。

本章接下来结构安排如下：第二节是出口退税分担机制改革制度背景的介绍，阐述为什么在考察出口退税政策效果时需要注意财政分权的影响；第三节提出财税政策与出口贸易关系的理论假说；第四节是对研究假说的实证检验；第五节是结论及相关政策建议。

8.2　制　度　背　景

中国自 1985 年开始实施产品税和增值税的出口退税政策以来，出口退税一直被作为调节出口规模与结构、改善政府间财政收支分配关系的工具而频繁变动。在实施出口退税政策之初，地方政府负责地方所属企业和拥有外贸经营权的工业企业的出口退税，并按隶属关系部分承担与中央共属企业的出口退税，其余出口退税责任由中央政府承担。随着外贸体制改革的不断深入，中央为促进对外贸易发展而决定从1988年1月1日起出口产品应退产品税、增值税、营业税税款一律由中央预算收入退付。在感受到出口退税带来的财政压力后，中央政府在统一实施退税政策一年后便要求严格控制出口退税规模，并进而恢复到了中央地方分担出口退税的格局，地方政府分担比例也逐年提高（王殿志，2007）。1994年分税制改革后，随着"两个比重"的逐步提高，在地方政府继续定额上解出口退税基数的基础上，出口退税又逐步过渡到了由中央财政统一退税的格局。

为避免中央财政承担过重的出口退税责任，中国政府实行出口退税指标预算管理，出口退税作为税收收入的调减项而在政府预算中被严加控制。由于出口退税指标区域分配不科学，外贸企业并不能根据税法规定享受出口退税，企业实际享受的退税数量受到财政预算指标的严格限制。由于年度退税指标缺口很大，个别对外开放度高的地区出口退税指标缺口占累计应退税额的比重达到了70%以上（倪红日，2003）。针对"出口退税率提高→中央财政无法承受→降低出口退税率→外贸企业无法承受、出口下降→提高出口退税率→中央财政无法承受、拖欠出口退税→企业和中央财政都难承受"的恶性循环问题，2004年出口退税政策改革建立起中央与地方共同承担出口退税的新机制。新机制以2003年出口退税实退指标为基数，对超基数部分的应退税额由中央和地方按75：25的比例共同负担。由于个别口岸城市外贸增长较快以至于出现了地方负担的出口退税额超出地方增值税收入增量的情形，为避免增值税"肥水流入外省田"给地方财政造成的巨大压力，2005 年 8 月中央政府进一步将中央和地方负担比例调整为 92.5 : 7.5。由此可见，出口企业享受出口退税优惠政策的力度很大程度上受政府间财政收支分配格局制约，但现有文献在分析出口退税政策实施效果时基本上都忽视了中央地方财政关系这一重要力量的影响。

　　提高中央分担比例固然有助于缓解沿海出口大省的出口退税压力，但依然无法解决增值税按生产地原则征收造成的税收输出问题以及由此产生的国内市场分割问题。根据党的十八届三中全会对财税体制改革"优化资源配置、维护市场统一、促进社会公平、实现国家长治久安"的功能定位，国务院结合出口贸易增长态势决定在 2015 年重启出口退税分担机制改革，将出口退税由中央地方按比例分担调整为出口退税增量全部由中央负担。至此，自 2004 年开始的出口退税分担机制在稳定实施了十年后又基本回到了由中央财政全部负担出口退税的模式。一次次出口退税负担机制变换都着眼于对外贸易发展，但其政策效果又如何呢？为此，本书尝试以 2004 年出口退税分担机制改革为例，定量分析分税制改革以来出口退税负担机制改革对出口贸易增长的影响。

8.3　理 论 假 说

　　中国经济增长主要来源于消费、投资和出口等最终需求的直接拉动，在 2001 年加入 WTO 后，出口更是拉动经济增长的重要因素。鉴于减税政策在拉动出口企业投资、促进就业和经济增长方面的积极作用，地方政府只要在财力许可范围内便会尽可能地利用财政补贴、税收返还等手段促进本地出口规模增长。因此，分权体制下的政绩考核机制促使地方政府采取出口导向型发展策略（王德祥和李建军，2008）。在 2004 年出口退税分担机制改革之前，出口退税责任全部由中央政府承担，地方政府在鼓励本地企业发展外向型经济来降低企业税负的同时不必承担出口退税责任；在实施出口退税中央－地方分担改革后，地方政府需要承担部分出口退税责任，对财政分权低、承受能力弱的地方政府而言，出口规模的过度膨胀会造成地方可支配财力缩小而降低地方政府采取出口导向型发展策略的激励。与低财政收入分权度地区相比，高财政收入分权度的地方政府有足够财政能力支持本地出口规模的增长。据此，提出本章第一个理论假说。

假说 8-1：出口退税分担责任由中央全部承担向中央地方共同承担转变不利于出口贸易增长，而财政分权的激励作用会弱化出口退税分担机制改革对出口贸易的负面影响。

由于我国增值税按生产地原则征收，货物生产销售环节的税收收入由生产企业所在地政府和中央政府共同分享。在 2004 年出口退税分担机制改革之前，中央政府独立承担出口退税责任产生了出口越多的地区得到隐性转移支付越多的现象，地方政府有强烈动机采取出口导向的发展战略。在 2004 年出口退税分担机制改革之后，当产品在本地报关出口时，即使是对出口产品实施零税率，地方政府也不会面临税收输出的问题；而当产品在外地由外贸企业代理出口时，即使是对出口产品实施不完全退税，由于我国对收购货物出口的外贸企业实行"先征后退"办法，外贸企业所在地政府没有分享任何增值税收入却要承担一定出口退税责任，相反，出口产品生产地政府分享了增值税收入却不必承担出口退税责任，税收收入分享权和退税责任不对等造成的税收输出问题使得外贸企业所在地政府降低了鼓励出口贸易的积极性（朱波等，2005）。在中国对世界其他各国出口贸易以海运为主要渠道的情况下，与内陆省份相比，东部沿海省份因港口的地理优势而出口规模更大（黄玖立和冼国明，2010；逯建和施炳展，2014）。由于出口企业的出口退税会因企业外购内陆省份生产的中间投入品而产生税收输出问题，外贸企业在沿海省份的集中分布使得沿海省份在 2004 年出口退税分担机制改革后产生了出口退税的财政压力。"发展出口吃亏"观念使得地方政府外贸扶持政策力度有所减小，企业出口退税不及时和操作手续复杂的现象也比较普遍，沿海省份出口规模增长受到了财政体制的制约。由此可以推测出口退税由中央政府独立承担改为中央 – 地方分担会抑制沿海省份实施出口导向发展战略的积极性并造成这些地区出口规模下降，东部沿海省份只有拥有更高的财政分权度才能规避出口退税分担机制改革造成的负面冲击。换言之，如果沿海省份和内陆省份面临全国统一的财政体制，沿海省份财政分权对出口退税分担机制改革负面影响的弱化作用不及内陆省份明显。据此，提出本章第二个理论假说。

假说 8 – 2：由于税收输出问题，东部沿海省份财政分权对出口退税分担机制改革负面影响的弱化作用不及内陆省份明显。

8.4 财税体制改革对出口影响的实证分析

8.4.1 模型设定与变量选取

为检验前面的理论假说 8-1，在借鉴任志成等（2015）和巫强等（2015）相关研究的基础上，本书引入如下动态面板数据模型来分析出口退税分担机制改革（*Reform*）与财政分权（*FD*）对出口规模的影响：

$$Export_{it} = \beta_0 + \beta_1 Export_{it-1} + \beta_2 Reform_{it} + \beta_3 Reform_{it} \times FD_{it}$$

$$+ \beta_4 FD_{it} + X\gamma + \varepsilon_{it} \qquad (8-1)$$

其中，下标 i 和 t 分别代表第 i 个省份和第 t 年。被解释变量 *Export* 是通过汇率换算成人民币计价的经营单位所在地出口总额占地区生产总值的比重或高技术行业出口交货值占地区生产总值比重；解释变量 *Reform* 和 *FD* 分别代表 2004 年出口退税分担机制改革虚拟变量和财政分权度，其中财政分权度 *FD* 采用财政收入分权和财政支出分权两种方式度量①。在估计方程（8-1）中，如果估计系数 β_2 小于 0 而 β_3 大于 0 则表明 2004 年出口退税分担机制改革打击了地方政府采取出口导向型经济发展模式的积极性，而增加地方

---

① 国内对如何度量财政分权度存在较多争议，本章采用在实证分析中使用最普遍的两种度量方式：财政收入分权度 = 人均省级财政收入 ÷（人均省级财政收入 + 人均中央本级财政收入）× 100%；财政支出分权度 = 人均省级财政支出 ÷（人均省级财政支出 + 人均中央本级财政支出）× 100%。

政府的财政分权度可以弱化分担机制改革对出口贸易的消极影响。

　　理论假说 8-2 则通过比较出口退税分担机制改革与财政分权交互项估计系数在沿海省份和内陆省份的差异来验证，具体估计方程为：

$$Export_{it} = \beta_0 + \beta_1 Export_{it-1} + \beta_2 Reform_{it} + \beta_3 D \times Reform_{it} \times FD_{it}$$
$$+ \beta_4 (1 - D) \times Reform_{it} \times FD_{it} + \beta_5 FD_{it} + X\gamma + \varepsilon_{it}$$

$$(8-2)$$

　　其中，沿海省份虚拟变量 D 对北京市、天津市、河北省、辽宁省、江苏省、上海市、浙江省、福建省、山东省、广东省、广西壮族自治区、海南省 12 个省份取为 1，对山西省、内蒙古自治区等其余 19 个省份取为 0。在估计方程（8-2）中，如果估计系数 β_3 小于 β_4 则表明沿海省份财政分权对出口退税分担机制改革的弱化作用要比内陆省份小。

　　为尽可能避免遗漏变量造成的估计偏差问题，在估计方程（8-1）和方程（8-2）中加入的控制变量 X 包括。

　　（1）人口红利（Labor）。陈松和刘海云（2013）认为总人口抚养比高的地区已经释放了较多人口红利，在国际贸易中面临着劳动力成本上升的劣势而可能出现出口规模下降。尽管国内外学者对如何定义和测度人口红利莫衷一是，但普遍认为大量农村剩余劳动力和青壮年劳动力是形成人口红利的两大基本要素。考虑到农村剩余劳动力的数据不易获得，国内大部分实证研究将总人口抚养比或少儿抚养比与老年抚养比作为人口红利的代理变量。本书以总人口抚养比作为人口红利的逆向指标，预计符号为负。

　　（2）人均地区生产总值（perGDP）。谢建国和徐婷（2012）认为地区生产总值增长对出口规模在理论上存在两种完全不同的影响：一方面，地区生产总值增长意味着国内有效需求上升和消费能力提高，其中部分新增消费是对国外高端进口产品的需求，因此，地区生产总值增长中的本地市场规模扩大会促进进口增加和出口减少；另一方面，地区生产总值增长也意味着产出能力上升，而产出能力的上升无疑将导致出口增加与进口减少。

（3）外商直接投资（*FDI*）。何艳（2009）、赵婷和赵伟（2012）认为外商直接投资的技术外溢效应有助于提升东道国制造业的出口竞争力，*FDI*与出口贸易规模通常呈现正相关关系。考虑到国外对高端技术进口的封锁，与高新技术产业相比，*FDI*对低附加值制造业出口的提升作用会更加明显。由于缺乏实际利用外商直接投资存量的数据，本书用外商投资企业年底注册登记的投资总额占地区生产总值比来衡量外商直接投资规模，预期符号为正。

（4）金融发展水平（*Finance*）。黄玖立和冼国明（2010）、李伟军等（2014）都认为健全的金融体系构成了国际贸易的比较优势，地区出口规模会随着金融发展水平的提高而增长。在出口退税款拖欠挤占企业流动资金的情况下，地方政府从2000年开始尝试用银行贷款方式解决企业资金周转困难问题，出口退税账户托管贷款业务的发展在一定程度上弥补了出口企业财税政策支持不到位的状况，金融发展起到了促进出口贸易增长的作用。本书选取与出口业务关系最密切的金融规模作为金融发展的代理指标，其计算方法为：金融发展水平=（银行业金融机构各项存款余额+银行业金融机构各项贷款余额）/地区生产总值×100%。

出口退税分担机制改革对出口总规模影响的实证分析基于我国

31 个省（直辖市、自治区）1994～2013 年的面板数据（重庆市 1997 年前缺失的个别数据用四川省的数据近似替代），对高新技术行业出口规模影响的实证分析则基于 31 个省份 1995～2013 年的面板数据。出口总额、地区生产总值、人口规模、总人口抚养比和外商直接投资的数据来自《新中国 60 年统计资料汇编》《中国统计年鉴》和国家统计局网站，高新技术行业出口额的数据来自《中国高技术产业统计年鉴》，中央本级财政收支和各省份地方财政收支的数据来自《中国财政年鉴》，金融机构存贷款总额数据来自《中国金融年鉴》和《中国区域金融运行报告》。

8.4.2　财税体制改革对出口总规模影响的估计

由于估计方程式（8-1）和式（8-2）中解释变量包含被解释变量的滞后项，这不可避免地产生了内生性问题。针对动态面板数据模型中的内生性问题，差分广义矩估计法（DIF-GMM）和系统广义矩估计（SYS-GMM）是两种基本的解决途径。系统 GMM 估计量不仅结合了差分方程和水平方程，还增加了一组滞后的差分变量作为水平方程相应变量的工具变量，具有较好的有限样本性质。考虑到系统 GMM 估计适用条件更加严格，本章采用差分 GMM 估计法来检验财政分权和出口退税分担机制改革对出口贸易的激励作用。DIF-GMM 的基本思路是在利用一阶差分去掉固定效应影响的基础上用解释变量自身的滞后项作为差分方程的工具变量进行估计。差分 GMM 估计可以分为一步估计和两步估计，两步估计量虽然比一步估计量更加有效，但向下偏倚问题使得两步估计量的标准误和统计推断不可靠，因此在估计财税体制改革对出口总规模影响中采取一步估计量更合适。

从动态面板数据模型估计适用条件的相关检验来看，经过差分转换后的残差项存在一阶序列相关性（p 值均显著小于 0.01）但不存在二阶序列相关性（p 值均显著大于 0.1），工具变量过度识别的 Sargan 检验也不能在 10% 水平上拒绝工具变量效性的原假设。本书的动态面板数据模型设定符合 GMM 估计的残差差分项不存在高阶序列相关假定和工具变量有效性假定。

表 8 - 1 报告了财政分权和 2004 年出口退税分担机制改革对出口贸易的影响，其中第（1）、第（4）列只考虑财政分权变量的影响而第（2）、第（5）列进一步考虑了出口退税分享机制改革及其与财政分权交互作用的影响。从估计结果来看，出口退税分享机制改革虚拟变量的估计系数不显著，在第（2）列估计中符号也与预期相反。出口退税分享机制改革变量 Reform 对出口规模影响不显著的可能是以下两个原因造成的：一是出口退税由中央承担改为中央地方分担后出口退税欠款问题得到了解决，及时的出口退税缓解了出口企业的资金压力并帮助企业提高了出口绩效；二是第（2）、第（5）列结果中估计系数 β_2 是各个地区受出口退税分担机制改革影响的综合反映，而沿海省份和内陆省份受到的影响存在差异甚至可能是相反的。2004 年出口退税分担机制改革对出口贸易的影响有待于进一步分地区检验和分担机制改革影响为零的联合假设检验。沿海省份和内陆省份出口退税分担机制改革对出口规模总的影响分别为 $\beta_2 + \beta_3 FD$ 和 $\beta_2 + \beta_4 FD$，根据扭转分担机制改革负面影响的条件 $\beta_2 + \beta_3 FD \geqslant 0$ 和 $\beta_2 + \beta_4 FD \geqslant 0$ 可以计算得到财政分权度的门槛值。

第（3）列的分地区检验结果显示交互项估计系数在 1% 水平上显著
为正，这表明当沿海省份和内陆省份在财政收入分权度分别超过
40.59% 和 22.28% 时财政收入分权可以扭转出口退税分担机制改革
负面影响，沿海省份只有拥有更高的财政收入分权度才能避免分担
机制改革造成的负面冲击。第（6）列估计结果中估计系数 β_3 不显
著而 β_4 在 10% 水平上显著为正，这表明沿海省份财政支出分权对
分担机制改革负面影响的扭转效果不显著，而内陆省份在财政支出
分权度达到 51.11% 后可以起到扭转出口退税分担机制改革负面影
响的作用。另外，出口退税分担机制改革影响为零的 F 统计量在
1% 水平上拒绝了原假设，这表明财税激励对出口贸易规模的总体
影响是显著的，本章提出的两个假说得到了初步验证。

表 8 - 1　财政分权与出口退税分担机制改革对总出口贸易的激励作用

	财政收入分权			财政支出分权		
	（1）	（2）	（3）	（4）	（5）	（6）
$L.$ 出口额	0.770 *** (0.024)	0.710 *** (0.028)	0.717 *** (0.028)	0.771 *** (0.024)	0.733 *** (0.027)	0.744 *** (0.028)
是否改革		0.342 (1.136)	- 5.236 ** (1.905)		- 3.789 (3.529)	- 5.571 (3.705)
是否改革 × 财政分权		0.049 * (0.023)			0.076 (0.049)	
d × 是否改革 × 财政分权			0.129 *** (0.032)			0.091 (0.050)
$(1 - d)$ × 是否改革 × 财政分权			0.235 *** (0.056)			0.109 * (0.053)
财政分权	0.088 * (0.042)	0.148 ** (0.045)	0.051 (0.053)	- 0.056 (0.051)	- 0.061 (0.051)	- 0.085 (0.054)

续表

	财政收入分权			财政支出分权		
	(1)	(2)	(3)	(4)	(5)	(6)
人口红利	-0.242*** (0.058)	-0.250*** (0.057)	-0.280*** (0.058)	-0.146* (0.057)	-0.128* (0.057)	-0.142* (0.057)
ln(人均GDP)	-1.385** (0.488)	-3.224*** (0.641)	-3.949*** (0.673)	-0.131 (0.758)	-1.619 (0.886)	-1.795* (0.898)
外商直接投资	0.007* (0.003)	0.008* (0.003)	0.007* (0.003)	0.008* (0.003)	0.008* (0.003)	0.008* (0.003)
金融发展	-0.004 (0.005)	-0.003 (0.005)	-0.003 (0.005)	-0.004 (0.005)	-0.002 (0.005)	-0.000 (0.005)
常数项	23.097*** (5.804)	37.488*** (6.505)	49.572*** (7.317)	15.567* (6.255)	28.099*** (7.676)	31.417*** (7.972)
联合检验F统计量		22.03***	35.20***		11.23***	13.99***
AR(1)	0.003	0.003	0.003	0.003	0.003	0.003
AR(2)	0.971	0.672	0.598	0.827	0.663	0.693
Sargan检验	1.000	1.000	1.000	1.000	1.000	1.000
观测值	558	558	558	558	558	558

注：括号内是一步差分 GMM 估计的标准差；***、**、* 分别表示 1%、5% 和 10% 的显著性水平；AR(1) 检验、AR(2) 检验和 Sargan 检验均报告两步差分 GMM 估计的 P 值。
资料来源：笔者绘制。

就财政分权对出口贸易的激励效应而言，财政收入分权和财政支出分权存在两种不同的激励机制。表 8-1 中第 (1)、第 (2) 列估计结果表明财政收入分权对出口贸易的激励效应显著为正，财政收入分权度每提升 10%，出口额占地区生产总值的比重会相应提高 1% 左右；与之相反，第 (4)、第 (5) 列估计结果却表明财政支出分权度每提升 10%，出口额占地区生产总值的比重会下降 0.6% 左右，虽然这一抑制作用并不显著。财政收入分权和财政支出分权对出口贸易影响的差异根源于我国财政体制的特殊安排——地方政府财权与支出责任不匹配。财政收入分权促进全国范围内出口贸易持续增长和东部沿海省份出口奇迹产生的可能原因有以下两个：一方面，税收分享比例的扩大使得地方政府在经济增长成果中获得更多财政收入，地方官员也能凭借经济增长贡献在晋升"锦标赛"中脱颖而出，地区性公共利益和官员个人利益的双重驱动使得财政收入分权对出口贸易产生了正向激励作用；另一方面，财政收入分享比例的提高也为地方政府采取出口补贴等鼓励性政策提供了财力保证，进而影响了企业是否出口的广延边际决策和是否扩大出口规模的集约边际决策。与此相对应，财政支出责任下移会造成地方政府财政压力过大而无法向出口企业施以"援助之手"，尤其是过多承担教育、科技、社会保障等法定支出项目的财政责任挤占了地方政府扶持外贸企业财政贴息的策略空间，因此财政支出分权与出口贸易规模呈现负相关关系。自 1994 年分税制改革以来，"财权层层上收、事权层层下移"的财税体制改革使得财权事权不匹配问题日益突出，地方政府发展出口导向型经济的积极性也日渐趋弱。

从控制变量的估计中，我们还能得到以下基本结论：第一，变量 Labor 的估计系数显著为负表明人口红利消失制约着我国出口贸易的平稳增长。随着人口老龄化和"少子化"时代到来，我国沿海省份和内陆省份普遍面临着总人口抚养负担不断加重的情形，青壮年劳动人口供给下降迫使厂商不断提高工资水平，人口红利即将消失可能会使我国劳动密集型产品的国际比较优势不复存在。第二，经济发展水平 ln（perGDP）对出口贸易相对规模的影响为负，这表明经济发展水平提升过程中随着国内消费能力增强，区域经济发展的出口依存度有所降低，拉动中国经济增长的动力引擎也会随之从外贸向内需转变。第三，变量 *FDI* 的估计系数在 10% 水平上显著为正，外商直接投资不仅直接增加了东道国的资本要素供给，还会通过技术外溢、促进竞争等方式促进东道国出口企业的发展，这一结论和 *FDI* 与国际贸易互补理论相吻合。另外，金融发展规模对出口贸易规模没有产生显著影响，对融资约束更加敏感的高新技术行业是否同样成立则需要进一步检验。

8.4.3　财税体制改革对高新技术行业出口影响的估计

自 1999 年推出"科技兴贸"战略以来，我国高新技术产品出口贸易发展迅速。2013 年高新技术产品出口总额 6603 亿美元，约占出口总额的 30%。鉴于高新技术产品出口对优化我国出口贸易结构、提升出口商品技术含量和全球价值链分工地位的重要意义，高新技术产品是历次出口退税政策调整的重要对象，因而有必要单独分析出口退税分担机制改革对高新技术行业出口的影响（包群和张雅楠，2010）。

表 8 - 2 的估计结果显示，无论是采用财政收入分权指标还是财政支出分权指标，出口退税分担机制改革虚拟变量 *Reform* 的估计系数都为负而交互项 *Reform* × *FD* 的估计系数都为正，财政分权激励弱化了地方政府分担出口退税对高新技术行业出口贸易的负面影响。与表 8 - 1 估计结果类似，沿海省份财政分权的弱化作用不及内陆省份明显。为确保出口退税分担机制改革不对高新技术行业出口贸易

从整体上造成负面冲击，沿海省份需要财政收入分权度达到49.88%以上或财政支出分权度达到70.51%以上，内陆省份则需要财政收入分权度达到26.83%或财政支出分权度达到58.24%以上①。由于大部分省份财政分权度达到了避免出口退税分担机制给高新技术行业出口造成负面冲击的临界值，各省份高新技术产品出口交货值规模即便是在2004年分担机制改革后也在持续增长。

表8-2　　　　　财政分权与出口退税分担机制改革对高新技术

行业出口贸易的激励作用

	财政收入分权			财政支出分权		
	(1)	(2)	(3)	(4)	(5)	(6)
$L.$ 出口额	0.891*** (0.018)	0.850*** (0.023)	0.858*** (0.023)	0.889*** (0.018)	0.862*** (0.020)	0.881*** (0.023)
是否改革		-0.321 (0.569)	-3.542*** (0.987)		-2.227 (1.599)	-4.019* (1.844)
是否改革×财政分权		0.023 (0.012)			0.038 (0.022)	
d×是否改革×财政分权			0.071*** (0.017)			0.057* (0.024)
$(1-d)$×是否改革×财政分权			0.132*** (0.030)			0.069* (0.027)
财政分权	0.029 (0.019)	0.033 (0.020)	-0.022 (0.025)	0.007 (0.023)	-0.003 (0.023)	-0.017 (0.024)

---

① 扭转出口退税分担机制改革负面影响的条件为 $\beta_2 + \beta_3 FD \geq 0$ 和 $\beta_2 + \beta_4 FD \geq 0$。

根据 $-3.542 + 0.071 \times$ 收入分权 $= 0$ 和 $-4.019 + 0.057 \times$ 支出分权 $= 0$ 计算得到49.88%和70.51%。

根据 $-3.542 + 0.132 \times$ 收入分权 $= 0$ 和 $-4.019 + 0.069 \times$ 支出分权 $= 0$ 计算得到26.83%和58.24%。

续表

	财政收入分权			财政支出分权		
	(1)	(2)	(3)	(4)	(5)	(6)
人口红利	-0.023 (0.026)	-0.029 (0.026)	-0.036 (0.026)	-0.008 (0.026)	-0.011 (0.025)	-0.019 (0.026)
ln（人均GDP）	-0.382 (0.223)	-0.853 ** (0.272)	-1.305 *** (0.297)	-0.277 (0.333)	-0.803 * (0.383)	-1.035 * (0.405)
外商直接投资	0.002 (0.002)	0.002 (0.002)	0.001 (0.002)	0.002 (0.002)	0.002 (0.002)	0.001 (0.002)
金融发展	0.004 * (0.002)	0.004 * (0.002)	0.005 * (0.002)	0.005 * (0.002)	0.005 ** (0.002)	0.006 ** (0.002)
常数项	2.571 (2.639)	6.878 * (2.895)	13.600 *** (3.371)	1.739 (2.791)	7.129 * (3.507)	10.214 ** (3.864)
联合检验 F 统计量		10.90 ***	26.29 ***		7.48 **	11.50 ***
AR（1）	0.055	0.054	0.052	0.056	0.055	0.054
AR（2）	0.487	0.541	0.537	0.486	0502	0.488
Sargan 检验	1.000	1.000	1.000	1.000	1.000	1.000
观测值	527	527	527	527	527	527

注：括号内是一步差分 GMM 估计的标准差；*** 、** 、* 分别表示 1%、5% 和 10% 的显著性水平；AR(1) 检验、AR(2) 检验和 Sargan 检验均报告两步差分 GMM 估计的 P 值。

资料来源：笔者绘制。

控制变量的估计结果与表 8-1 有所差异。第一，在以高新技术行业出口规模为被解释变量的模型中，人口负担系数 Labor 并不显著，这可能因为我国高新技术行业出口竞争力并非源自劳动力成本低的比较优势，人口红利消失不会构成我国高技术行业出口贸易持续增长的威胁。第二，FDI 对高新技术行业出口交货值的影响也不明显，潜在原因是世界上其他各国对我国高端核心技术进口的封锁限制，能够产生外溢效应的外商直接投资还集中在技术含量较低的制造业部门，国内高新技术企业出口竞争力提升更多地源于自主创新。第三，金融发展对高新技术行业出口的影响显著为正，金融机构信贷规模扩大有助于降低高新技术企业交易成本，缓解企业流动性约束，从而促进研发投入和国际竞争力提高。

8.5　基本结论与政策建议

自 1985 年出口退税政策实施三十多年以来，与出口退税税率政策频繁调整有所不同，出口退税分担机制虽经历了三次重大调整，但基本上每种分担机制都能维持运行十年。出口退税分担机制改革的历史经验表明，采取中央独立承担出口退税模式还是中央地方分担模式取决于国内外宏观经济发展态势和政府间财政收支分配格局，出口退税的政策效果也受政府间财政关系的制约。本章利用 1994 年分税制改革后我国 31 个省级行政区域的面板数据对出口退税分担机制模式和财政分权对出口规模和结构的影响进行了计量分析，得到了以下主要结论和政策建议。

第一，无论是对出口贸易总规模而言，还是对高新技术行业出口规模而言，2004 年将出口退税分担机制由中央独立承担调整为中央地方按比例分担弱化了地方政府鼓励工业企业和外贸企业发展出口贸易的积极性。这也部分解释了 2015 年国务院为什么决定在外需疲软的状况下将出口退税责任由中央地方分担重新调整为"中央全部承担、地方定额上解"的模式。宏观调控一般认为是中央政府的职能，促进国际贸易发展的财税政策如果由地方政府实施会产生贸易漏损效应而不利于国民经济增长和结构调整。面临国内外错综复杂的经济形势和经济增长新动力不足、旧动力减弱的结构性矛盾，支持对外贸易增长、调整国民经济结构的财政责任理应由中央政府承担。

第二，就财政分权对 2004 年出口退税分担机制改革对出口贸易负面影响的弱化作用而言，由于出口退税制度设计中的区域间税收输出问题，外贸企业集中的沿海省份要比内陆省份要弱，沿海省份只有达到更高的财政分权度才能避免分担机制改革带来的负面影响。因此，在新一轮财税体制改革不仅要保持地方政府适当的财政自主度而且要注意财政自主度的地区差异，在今后的财税改革中可以考虑给予沿海发达省份更多的财政自主权。

第三，财政分权激励可以鼓励地方政府及其官员更好地为外向型经济服务，但财政收入分权和财政支出分权对出口贸易存在正反两方面的影响。实证结果表明增加财政收入分权或减少地方政府的支出责任有利于出口贸易规模的扩张，但一次次"财权层层上收、事权层层下移"的财税体制改革反其道而行之，非对称的财政制度安排存在着不利于出口贸易增长的因素。从促进对外贸易发展的角度而言，新一轮财税体制改革需要按照先明确各级政府支出责任、再按各自支出责任划分财政收入的思路展开，确保财政收入分权度与财政支出分权度的适度平衡。

第9章

基本结论、政策建议与研究展望

9.1 基 本 结 论

　　基于对各省份地方财政体制改革目标、模式、进程和内容的政策文本分析，研究发现：大部分省份进行地方财政体制改革是出于改善政府间财政收入分配关系、促进县域经济增长的目的，而很少有省份将省对下财政体制改革定位于政府职能转变和促进地方善治，这一定程度为加剧地方政府间恶性财政竞争埋下了隐患①；在省直管县改革模式上各省份因地制宜，采取了补助管理型、省市共管型、全面管理型等多种模式，但出于维护地级市既得利益的考虑大部分省份采取了渐进改革模式，分批改革的方法固然有利于减小改革阻力但也可能造成县域非对称竞争；大部分省份在省以下地方政府间收入划分和转移支付改革方面取得了较大进展，而在支出责

━━━━━━━━━━━━━━━━━━

　　① 国外恶性竞争的表现形式为竞相降低税率和社会福利标准，而中国的恶性竞争可能是为完成税收任务的"过头税"、变相的税收返还和财政支出的生产性偏向。

任划分方面除河北省和云南省外基本没有实质性进展。

由于各地区省以下地方政府间财政关系改革的着力点有所不同，省对下财政收入分权、省对下财政支出分权和省以下地方政府转移支付依赖度都存在一定空间差异和时间差异。从省对下财政分权分布的空间维度来看，江苏、浙江、广东等东部沿海地区的财政分权度要高于青海、甘肃等中西部省份。从省对下财政分权度分布的时间维度来看，省以下地方政府间在收支分配问题上也存在"财权上移、事权下移"的倾向，从 1995 年开始，省以下地方政府占全省财政收入的比重一直在下降，直到 2009 年财政部在全国范围内推广省直管县改革和 2010 年开始建立县级基本财力保障机制后省以下地方政府占全省财政收入的比重才略有上升；省对下财政支出分权度则以 2002 年为分界点呈现"V"形变化；省以下地方政府转移支付的依赖度在 1995～2002 年以 1998 年为分界点呈现"V"形变化，而在 2002 年后保持基本稳定。由此可见，地方财政体制改革具有向市县基层政府财政放权的倾向，这为县级政府自主选择财政策略奠定了基础。通过地方财政体制改革与政府间财政竞争关系的实证研究，得出的基本结论如下。

第一，县级政府与相邻政府和上级政府间普遍存在横向或纵向的税收竞争关系，省对下财政体制改革中的税收收入重新划分在一定程度上改变了地方政府间的税收竞争关系，但地方财政体制改革如何改变税收竞争关系取决于税种性质和发生策略关系的对象。

（1）就宏观税负的横向竞争关系而言，地方财政体制改革不仅改变了县级政府对相邻地区的税收策略反应的强度，还在一定程度改变了与之发生竞争关系的对象，与市管县地区发生竞争关系的地区可能局限于同一地级市管辖的兄弟县（市）或与之地理距离很近的地区，而与省直管县地区发生竞争关系的还可能是纳入同批次试点改革范围但不属于同一地级市的其他省直管县。在整个样本期间，县级宏观税负的横向策略关系都属于策略互补型，但在不同阶段县级税收竞争的性质有所不同，如2000~2004年，县级政府存在"打到底线的竞争"的倾向；而在2005年之后县级政府在宏观税负问题上存在"力争上游"的倾向。

（2）由于缺乏获取县级财政利益的长远预期，地市级政府在改革过渡期间表现出明显的机会主义行为，地方财政体制改革强化了县级实际税率与地市级实际税率的策略互补关系；相反，省级政府在获得更多县级财政利益的预期后反而向县级财政伸出"援助之手"，县级实际税率与省本级实际税率之间存在策略替代关系。

（3）就商品税和所得税的横向竞争关系而言，省直管县地区和市管县地区都存在横向策略互补关系，且省直管县地区对相邻地区的策略反应要显著高于市管县地区。不过，由于商品税和所得税对企业税收负担的意义有所不同，县级商品税负和县级所得税负对上级商品税负和所得税负的策略反应也有所差异。

（4）就商品税的纵向竞争关系而言，县级商品税与市本级商品税和省本级商品税都呈现策略替代关系，地方财政体制改革强化了县级商品税与上级商品税的策略替代关系；就所得税的纵向竞争关系而言，县级所得税与市本级所得税呈现策略互补关系而与省本级所得税呈现策略替代关系，地方财政体制改革强化了县级所得税与市本级所得税的策略互补关系。

第二，县级政府与相邻政府和上级政府间普遍存在横向或纵向的财政支出竞争关系。上级政府虽可利用其政治权威性向下级政府施加支出责任，下级政府也可利用上下级政府的信息不对称和财政政策审计监督的不足规避一些政策性支出项目。因此，在大部分省份在省对下财政体制改革中未对各级政府的支出责任做出明确划分的情况下，支出责任划分的模糊性为地方政府"推诿扯皮"、各项财政支出发生竞争关系提供了可能，地方财政体制改革如何改变支出竞争关系取决于财政支出性质和发生竞争关系的对象。

（1）就财政总支出横向竞争关系而言，省直管县地区和市管县地区都与相邻地区发生"力争上游"的策略互补关系，但由于地方财政体制改革基本没有涉及财政支出领域的变革，两类地区对相邻地区人均财政总支出的策略反应没有显著差异。就财政总支出纵向竞争关系而言，县级财政支出与市本级和省本级财政支出都存在策略互补关系，但市、县财政支出竞争关系强于省、县财政支出竞争关系，省直管县地区与上级财政支出的策略互补关系要强于市管县地区与上级财政支出的策略互补关系。

（2）就经济性支出横向竞争关系而言，省直管县地区和市管县地区都与相邻地区发生"力争上游"的策略互补关系。两类地区对相邻地区人均经济性支出的策略反应虽没有显著差异，但与之发生策略关系的对象略有不同，与市管县地区发生横向竞争关系的主要是地理相邻地区，与省直管县地区发生横向竞争关系的主要是省内经济社会条件相似的地区。就经济性支出纵向竞争关系而言，县级经济性支出与市本级经济性支出存在策略互补关系、与省本级经济性支出存在策略替代关系、与市本级和省本级的社会性支出和维持性支出存在策略互补关系；地方财政体制改革本身虽对县级人均经济性支出没有显著影响，但改革能强化市—县经济性支出的策略互补关系和省—县经济性支出的策略替代关系。

（3）就社会性支出横向竞争关系而言，省直管县地区和市管县地区都与相邻地区发生"力争上游"的策略互补关系，地方财政体制改革在一定程度上强化了县级政府对相邻地区特别是地理距离较近地区社会性支出的策略反应。无论是省直管县地区还是市管县地区，与县级财政发生社会性支出竞争关系的主要还是地理相邻的县级行政单位，地方财政体制改革并没有改变县际社会性支出竞争对象。就社会性支出纵向竞争关系而言，省直管县地区和市管县地区的社会性支出与市本级和省本级社会性支出都存在策略互补关系，但省直管县地区对上级社会性支出的策略反应要强于市管县地区。另外，县级社会性支出与市本级和省本级的经济性支出和维持性支出也存在策略互补关系。

（4）就维持性支出横向竞争关系而言，省直管县地区和市管县地区与相邻地区的竞争关系同样属于"力争上游"的策略互补型，地方财政体制改革在一定程度上强化了县级政府对相邻地区特别是地理距离较近地区维持性支出的策略反应。就维持性支出纵向竞争关系而言，由于在行政管理经费支出方面县级政府会跟着上级行政支出作出相应调整，省直管县地区和市管县地区的维持性支出与市本级和省本级维持性支出都存在策略互补关系，但省直管县地区与上级维持性支出的互补关系要强于市管县地区。另外，县级维持性支出与市本级和省本级的经济性支出和社会性支出也基本属于策略互补关系。

第三，县级政府与相邻政府间普遍存在横向转移支付竞争关系，省级财政直接与县级财政发生转移支付往来关系在一定程度上改变了地方政府间的转移支付竞争关系，但地方财政体制改革如何改变转移支付竞争关系取决于转移支付资金性质和发生竞争关系的对象。

（1）无论是就转移支付总体水平而言，还是就转移支付收入的各项构成内容而言，县际横向转移支付关系属于"力争上游"的策略互补型，相邻地区获取的人均转移支付越多，本地区获取的人均转移支付也会相应增加。

（2）与市管县地区相比，省直管县地区能够争取到更多的人均转移支付，在一定程度上避免财政层级过多的转移支付资金漏损效应，但这一关系在人均税收返还、人均财力性转移支付和人均专项转移支付模型中并不稳健。

（3）在省以下转移支付制度设计中，弥补县级财力缺口意图比较明显，而财力均等化倾向不强。人均粮食产量高的地区和人口密度低的地区得到了更多税收返还、财力性转移支付和专项转移支付，从而受农村税费改革冲击大、公共服务提供单位成本高的地区获取了更多转移支付，转移支付在某种程度上是"保工资、保运转"、弥补县级财力缺口的体现。无论是在人均转移支付模型中，还是人均税收返还、人均财力性转移支付和人均专项转移支付模型，人均财政收入水平越高的地区得到上级补助资金越多，这表明我国当前的转移支付制度设计并没有起到财力均等化的效果。在财力相同的情况下，少数民族自治县可以获取更多的财力性转移支付，从而导致获取的人均转移支付水平要比其他地区高，但民族自治县这一特殊的政治身份并起到增加争取税收返还和专项转移支付谈判能力的作用。2002 年所得税分享改革后，在财力相同的情况下，中西部地区不仅获取了更多的税收返还和财力性转移支付，也得到了更多的专项转移支付。

（4）就省对下财政体制设计与县级转移支付的关系而言，一般来说省级政府集中的财政收入越多、下放的财政支出责任越多，省级政府的转移支付支出规模也越大，从而县级政府能获取更多的税收返还、财力性转移支付和专项转移支付。

第四，维护市场统一是深化财税体制改革、建设现代财政制度的主要目标之一，省对下财政体制改革也应该着眼于国内市场整合。由于地方财政体制改革具有明显的县域经济增长导向，市县基层政府为促进当地经济发展而有采取市场分割策略的动机，财政激励的改变有可能造成全省市场分割程度较高。基于"价格法"测算的省级市场分割程度表明分税制改革后我国国内商品市场一体化进程在逐步加快而且市场分割程度的地区差异在不断缩小。无论是财政收入分权还是财政支出分权都有促成国内统一市场形成的作用，但两者的作用机制有所不同，财政收入分权减少地方市场分割行为是因为财力向市县基层政府倾斜减少了地方政府完成财政创收的压力，地方政府为完成税收任务而采用"以邻为壑"政策的动机有所减少；财政支出分权减少地方市场分割行为是因为地方政府的生产性支出偏向，公路等基础设施的完善减少了商品流通成本，从而加速国内商品市场一体化进程。另外，我们还发现在地方财政管理体制从"省管市、市管县"向"省直管县"转变前后财政分权对市场分割的影响存在一定阶段差异，在 2004 年前财政收入分权和财政支出分权都在一定程度上促进了国内统一市场形成，但 2004 年后财政收入分权加剧了国内市场分割而财政支出分权对市场整合的积极作用也有所减弱。

9.2 省以下财政体制进一步改革展望

"民利之则来，害之则去。民之从利也，如水之走下，于四方无择也。故欲来民者，先起其利，虽不召而民自至；设其所恶，虽召之而民不来也"①。生产要素的跨区域流动取决于要素报酬的地区差异，地区差别化的税收优惠政策对招商引资和吸引高级人才有一定的作用，但税收并不是决定要素报酬的唯一因素，良好的基本公共服务和制度环境对资本能否获利也有着重要影响。从经验数据来看，地方政府在宏观税负决定方面虽没有出现策略替代的迹象，但依然存在大量变相的"税收洼地"，大规模的税收返还或财政贡献奖励使得税收收入质量并不高，因此，由于市县基层政府策略性财政行为而产生的相关问题还需通过完善财政体制来解决，利用税收收入划分和转移支付激励机制让市县基层政府成为本级财政创收的最大利益主体。

9.2.1 深化地方财政体制改革的挑战

省市县三级政府财政利益的有机协调是地方财政体制改革最大

---

① 管仲. 管子·形势解 [M]//赵善轩，李安竹，李山，译. 管子. 北京：中信出版社，2014.

的挑战之一。在财政收入重新划分、省政府直接与县级政府发生转移支付往来关系等一系列政策冲击下，一些地级市政府担心下辖县（市）政府财政、人事权的旁落，出于自身利益的考虑纷纷把下属县（市）政府改为辖区政府。"县改区"成为地级市政府预防或应对县（市）政府在省直管县改革后脱离市政府管理范围的策略选择。"县改区"热潮的兴起固然与城镇化进程加快这一大环境相关，但是否有必要"撤县改区"应该取决于主城区的外溢效应，在主城区对周围辐射能力不强的情况下贸然进行"县改区"会压缩县域经济的发展空间，反而不利于优化资源的空间配置。"县改区"最坏的一个结果是地级市政府把发展基础好的县（市）政府都改成了辖区政府而把发展基础差的县（市）政府留归省级政府管理，省级政府最后缺乏足够的财力支持县域经济发展。

省级财政如何监督管理县级财政是地方财政体制改革在全国范围内全面铺开的另一个挑战。从理论上讲，省直管县财政改革后地市级财政不再负有监管县级财政的责任，而省级财政部门和审计部门又存在人力限制而无法对所有县级财政展开审计监督，因而有可能出现县级财政的监管真空。在形成有效的社会监督机制之前，为适应改革需要，可以考虑建立省级财政审计监督部门的派出机构以加强对县级财政的日常监管，或者明确市级财政监督部门暂时担负起省级财政的监督责任，省级财政监督部门承担指导职责。在具体监督方面，重点加强对财政收入质量和专项转移支付支出的绩效考核，考察县级政府是否认真执行了中央和省政府的相关政策，教育、科技等法定支出是否按照相关法律法规执行，公共服务建设方面是否取得了显著成效。

9.2.2　地方财政体制改革的着力点

作为中央与地方财政关系的自然延伸，省以下政府间财政关系也应该按照中央财税体制改革的总体思路依次推开，在明晰政府间事权划分的基础上，界定各级政府间的支出责任，进一步明确划分政府间财政收入，再通过转移支付等手段调节上下级政府的财力余缺，补足地方政府履行事权存在的财力缺口，健全财力与事权相匹配的财政体制。因此，应该将以下三个方面作为进一步深化地方财政体制改革的着力点。

一是制订省以下地方政府间财政支出责任划分方案、明确各级政府的支出责任。吉林、浙江、湖南、贵州等个别省份虽曾试图明确各级政府的支出责任，但在相关政策文件列举的省级支出责任和市县支出责任几乎没有差异。由于市管县体制下财政层级过多问题，既有的财政体制改革依然无法改变财政支出责任"上下一般粗"的问题，从而上下级支出项目不可避免地存在"按下葫芦浮起瓢"的策略互动关系。对各级政府支出责任做出明确划分的河北省也只是在公共安全、民族宗教事务、农村义务教育、城市义务教育、文物保护、医疗卫生、社会保障与就业、污染防治、农业资源保护、水库移民后期扶持、农村公路建设与养护、土地资源管理12类47项内容进行了试点改革，对经济建设类等支出规模较大的支出项目依然没有做出明确划分。因此，进一步深化地方财政体制改革的方向应该是在转变政府职能、合理界定政府与市场边界的基础上对所有支出项目的责任划分进行法律界定，形成省级财政支出责任、市县级财政支出责任和省与市县共同承担的支出责任三类支出责任共存的格局。省政府与市县政府支出责任的确定应充分考虑公共品的层次性和公共支出项目的受益范围，将外溢性强、受益范围涉及整个省级辖区的支出事项划分为省级财政支出责任，而将受益范围局限于市县辖区内的支出事项划分为市县级支出责任。

二是重新划分政府间财政收入、形成省级政府与市县政府独立享有的地方税体系。由于目前开征的 18 个税种如何在中央、省、市、县、乡（镇）五级政府间划分并形成各自的独立税种在技术上是无解的，省以下财政体制改革需要借助于"省直管县"和"乡财县管"两项改革中财政层级变化来重新划分"三级财政"框架下的政府间财政收入，形成省级固定收入、市县级固定收入和省与市县分享的财政收入共存的财政收入分配格局。

三是减少省级职能部门支配的专项转移支付资金、重构省对下转移支付体系。在省级财政与县级财政直接发生转移支付往来关系方面各省已经取得了较大进展，但专项转移支付比重过高的问题依然没有解决，县级政府要获取转移支付资金仍需向各个省级职能部门申请。在深化地方财政体制改革过程中省级财政部门可以考虑部分收回各职能部门对预算的二次分配权，将减少的地方配套专项转移支付资金转化成一般转移支付下拨给县级财政，由市县政府自行决定转移支付的支出用途。

9.3　进一步研究方向

本书对地方财政体制改革对省以下地方政府间的税收竞争关系、

财政支出竞争关系和转移支付竞争关系的影响做了比较系统的分析，但由于研究能力和数据获取等方面的诸多限制，省以下地方政府间财政关系的研究深度和广度都有待于进一步拓展。

第一，本书在实证研究方面从横向与纵向两个维度对政府间财政竞争关系（分为税收竞争关系、财政支出竞争关系和转移支付竞争关系）做了比较全面的研究，但对相关基础理论模型的研究仍是欠缺的。由于将财政体制改革变量引入数理分析模型是异常困难的，本书的理论模型相对较少，相关理论模型的构建应该成为今后研究的重要方向。

第二，本书只考察了地方财政体制改革如何影响了政府间财政关系而没有从政企关系角度考察财政体制改革对企业行为的影响。如果地方财政体制改革显著改变了市县基层政府的财税竞争行为，政府间财政分配关系的变化必然通过税收优惠、财政补贴等一系列政策影响到企业经营决策行为，利用省直管县改革这一准自然实验和微观企业数据来识别地方政府财政竞争行为将会是一个有趣的议题。

第三，财政支出责任的划分依赖于对公共支出属性的科学界定，而社会各界对各项支出项目的外溢性程度或某类支出属于区域性公共品还是地方公共品还缺乏统一认识。由于财政收入分享比例和转移支付规模的确定都有赖于支出责任划分方案的制定，财政支出责任划分是新一轮财政体制改革的基础环节，如果无法科学确定各级政府的支出责任，现代财政制度的建设也就无从谈起。因此，判断各项支出项目的属性或外溢性程度也应成为今后研究的重要议题。

参 考 文 献

[1] 白重恩，王鑫，钟笑寒. 出口退税政策调整对中国出口影响的实证分析 [J]. 经济学（季刊），2011，10（3）：799 – 820.

[2] 包群，张雅楠. 金融发展、比较优势与我国高技术产品出口 [J]. 国际金融研究，2010（11）：87 – 96.

[3] 才国伟，黄亮雄. 政府层级改革的影响因素及其经济绩效研究 [J]. 管理世界，2010（8）：73 – 83.

[4] 才国伟，张学志，邓卫广."省直管县"改革会损害地级市的利益吗？[J]. 经济研究，2011（8）：65 – 77.

[5] 才国伟，张学志. 政府层级错配与政府效率研究 [J]. 经济管理，2012（7）：163 – 172.

[6] 财政部地方司. 地方财政管理体制（1949 – 1993）[M]. 北京：中国财政经济出版社，1997.

[7] 财政部地方司. 中国分税制财政管理体制 [M]. 北京：中国财政经济出版社，1998.

[8] 财政部预算司. 中国省以下财政体制 2006 [M]. 北京：中国财政经济出版社，2007.

[9] 曹鸿杰，卢洪友，潘星宇. 地方政府环境支出行为的空间

策略互动研究——传导机制与再检验 [J]. 经济理论与经济管理, 2020 (1): 55 - 68.

[10] 陈敏, 桂琦寒, 陆铭, 陈钊. 中国经济增长如何持续发挥规模效应? ——经济开放与国内商品市场分割的实证研究 [J]. 经济学 (季刊), 2007 (1): 125 - 150.

[11] 陈硕, 高琳. 央地关系: 财政分权度量及作用机制再评估 [J]. 管理世界, 2012 (6): 43 - 59.

[12] 陈松, 刘海云. 人口红利、城镇化与我国出口贸易的发展 [J]. 国际贸易问题, 2013 (6): 57 - 66.

[13] 储德银, 迟淑娴. 转移支付降低了中国式财政纵向失衡吗 [J]. 财贸经济, 2018, 39 (9): 23 - 38.

[14] 储德银, 费冒盛. 财政纵向失衡、转移支付与地方政府治理 [J]. 财贸经济, 2021, 42 (2): 51 - 66.

[15] 崔运政. 财政分权与完善地方财政体制研究 [M]. 北京: 中国社会科学出版社, 2012.

[16] 邓明. 财政支出、支出竞争与中国地区经济增长效率 [J]. 财贸经济, 2013 (10): 27 - 37.

[17] 邓明. 中国地区间市场分割的策略互动研究 [J]. 中国工业经济, 2014 (2): 18 - 30.

[18] 杜彤伟, 张屹山, 杨成荣. 财政纵向失衡、转移支付与地方财政可持续性 [J]. 财贸经济, 2019, 40 (11): 5 - 19.

[19] 范柏乃, 张鸣. 基于面板分析的中国省级行政区域获取中央财政转移支付的实证研究 [J]. 浙江大学学报 (人文社会科学版), 2011 (1): 34 - 44.

［20］范子英，李欣．部长的政治关联效应与财政转移支付分配［J］.经济研究，2014（6）：129 – 141.

［21］范子英，田彬彬．出口退税政策与中国加工贸易的发展［J］.世界经济，2014，37（4）：49 – 68.

［22］范子英，张军．财政分权、转移支付与国内市场整合［J］.经济研究，2010（3）：53 – 64.

［23］范子英，张军．转移支付、公共品供给与政府规模的膨胀［J］.世界经济文汇，2013（2）：1 – 19.

［24］范子英．转移支付、基础设施投资与腐败［J］.经济社会体制比较，2013（2）：179 – 192.

［25］方红生，张军．财政集权的激励效应再评估：攫取之手还是援助之手？［J］.管理世界，2014（2）：21 – 31.

［26］方红生，张军．攫取之手、援助之手与中国税收超 GDP 增长［J］.经济研究，2013（3）：108 – 121.

［27］伏润民，王卫昆，常斌，缪小林．我国规范的省对县（市）均衡性转移支付制度研究［J］.经济学（季刊），2011（4）：39 – 62.

［28］付强，乔岳．政府竞争如何促进了中国经济快速增长：市场分割与经济增长关系再探讨［J］.世界经济，2011（7）：43 – 63.

［29］付文林，耿强．税收竞争、经济集聚与地区投资行为［J］.经济学（季刊），2011（3）：1329 – 1348.

［30］付文林，沈坤荣．均等化转移支付和地方财政支出结构［J］.经济研究，2012（5）：45 – 57.

[31] 付文林. 财政分权、财政竞争与经济绩效 [M]. 北京：高等教育出版社，2011.

[32] 付文林. 省际间财政竞争现状、经济效应与规制设计 [J]. 统计研究，2005（11）：50 - 54.

[33] 傅勇，张晏. 中国式分权与财政支出结构偏向：为增长而竞争的代价 [J]. 管理世界，2007（3）：4 - 12.

[34] 高凌云，毛日昇. 贸易开放、引致性就业调整与我国地方政府实际支出规模变动 [J]. 经济研究，2011（1）：42 - 55.

[35] 龚锋，陶鹏，潘星宇. 城市群对地方税收竞争的影响——来自两区制面板空间杜宾模型的证据 [J]. 财政研究，2021（4）：17 - 33.

[36] 郭杰，李涛. 中国地方政府间税收竞争研究——基于中国省级面板数据的经验证据 [J]. 管理世界，2009（11）：54 - 64.

[37] 郭庆旺，贾俊雪. 财政分权、政府组织结构与地方政府支出规模 [J]. 经济研究，2010（11）：59 - 72.

[38] 郭庆旺，贾俊雪. 地方政府间策略互动行为、财政支出竞争与地区经济增长 [J]. 管理世界，2009（10）：17 - 27.

[39] 郭庆旺，贾俊雪. 中央财政转移支付与地方公共服务提供 [J]. 世界经济，2008（9）：74 - 84.

[40] 郭庆旺，赵旭杰. 地方政府投资竞争与经济周期波动 [J]. 世界经济，2012（5）：3 - 21.

[41] 郭庆旺. 中国地方政府规模和结构优化研究 [M]. 北京：中国人民大学出版社，2012.

[42] 何艳. 外商直接投资的出口溢出效应——基于产业关联

的分析 [J]. 管理世界, 2009 (1): 170 – 171.

[43] 侯一麟, 王有强. 中国县级财政研究 (1994 – 2006) [M]. 北京: 商务出版社, 2011.

[44] 胡洪曙, 郭传义. 中国式分权、纵向税收竞争与税收增长——基于均衡分析与动态面板数据的实证研究 [J]. 经济管理, 2013 (10): 1 – 14.

[45] 胡军, 郭峰. 企业寻租、官员腐败与市场分割 [J]. 经济管理, 2013 (11): 36 – 47.

[46] 胡祖铨, 黄夏岚, 刘怡. 中央对地方转移支付与地方征税努力——来自中国财政实践的证据 [J]. 经济学 (季刊), 2013 (3): 799 – 822.

[47] 黄玖立, 冼国明. 金融发展、FDI 与中国地区的制造业出口 [J]. 管理世界, 2010 (7): 8 – 17.

[48] 贾俊雪, 郭庆旺, 宁静. 财政分权、政府治理结构与县级财政解困 [J]. 管理世界, 2011 (1): 30 – 39.

[49] 贾俊雪, 郭庆旺. 政府间财政收支责任安排的地区经济增长效应 [J]. 经济研究, 2008 (6): 37 – 49.

[50] 贾俊雪, 余芽芳, 刘静. 地方政府支出规模、支出结构与区域经济收敛 [J]. 中国人民大学学报, 2011 (3): 104 – 112.

[51] 贾俊雪, 张永杰, 郭婧. 省直管县财政体制改革、县域经济增长与财政解困 [J]. 中国软科学, 2013 (6): 22 – 29.

[52] 贾康, 阎坤. 完善省以下财政体制改革的中长期思考 [J]. 管理世界, 2005 (8): 33 – 37.

[53] 贾康. 落实建立现代财政制度路线图和时间表 [N]. 深

圳特区报，2013 - 12 - 03（C01）.

[54] 贾晓俊，岳希明. 我国均衡性转移支付资金分配机制研究 [J]. 经济研究，2012（1）：17 - 30.

[55] 李广众，贾凡胜. 财政层级改革与税收征管激励重构——以财政"省直管县"改革为自然实验的研究 [J]. 管理世界，2020，36（8）：32 - 50.

[56] 李萍，许宏才，李承. 财政体制简明图解 [M]. 北京：中国财政经济出版社，2010.

[57] 李萍，许宏才. 中国政府间财政关系图解 [M]. 北京：中国财政经济出版社，2006.

[58] 李世刚，尹恒. 县级基础教育财政支出的外部性分析——兼论"以县为主"体制的有效性 [J]. 中国社会科学，2012（11）：81 - 97.

[59] 李涛，周业安. 中国地方政府间支出竞争研究——基于中国省级面板数据的经验证据 [J]. 管理世界，2009（2）：12 - 22.

[60] 李伟军，陈启斐，李智. 扩大内需、金融业发展和出口贸易——基于扩展的新新贸易理论模型分析 [J]. 国际贸易问题，2014（8）：14 - 24.

[61] 李炜光. 李炜光说财税 [M]. 河北：河北大学出版社，2010.

[62] 李一花，沈海顺，刘蓓蓓，等. "省直管县"财政改革对县级财政支出竞争策略的影响研究 [J]. 财经论丛，2014（3）：25 - 31.

[63] 李永乐，胡晓波，魏后凯. "三维"政府竞争——以地方

政府土地出让为例 [J]. 政治学研究, 2018 (1): 47-58.

[64] 李永友, 沈坤荣. 辖区间竞争、策略性财政政策与 FDI 增长绩效的区域特征 [J]. 经济研究, 2008 (5): 58-69.

[65] 李永友, 沈玉平. 财政收入垂直分配关系及其均衡增长效应 [J]. 中国社会科学, 2010 (6): 108-124.

[66] 李永友, 沈玉平. 转移支付与地方财政收支决策——基于省级面板数据的实证研究 [J]. 管理世界, 2009 (11): 41-53.

[67] 李永友, 张子楠. 转移支付提高了政府社会性公共品供给激励吗? [J]. 经济研究, 2017, 52 (1): 119-133.

[68] 林建浩. 中国地方政府财政竞争的经济增长效应 [J]. 经济管理, 2011 (4): 10-15.

[69] 林毅夫, 刘培林. 地方保护和市场分割: 从发展战略的角度考察 [R]. 北京大学中国经济研究中心工作论文, 2004, No. C2004015.

[70] 刘东红. 省直管县财政体制改革研究 [D]. 北京: 首都经济贸易大学博士论文, 2013.

[71] 刘凤委, 于旭辉, 李琳. 地方保护能提升公司绩效吗——来自上市公司的经验证据 [J]. 中国工业经济, 2007 (4): 21-28.

[72] 刘佳, 马亮, 吴建南. 省直管县改革与县级政府财政解困——基于 6 省面板数据的实证研究 [J]. 公共管理学报, 2011 (3): 33-43.

[73] 刘佳, 吴建南, 吴佳顺. 省直管县改革对县域公共物品供给的影响——基于河北省 136 县市面板数据的实证分析 [J]. 经

济社会体制比较，2012 (1)：35 - 45.

[74] 刘玲玲，冯懿男. 分税制下的财政体制改革与地方财力变化 [J]. 税务研究，2010 (4)：12 - 16.

[75] 刘明兴，侯麟科，陶然. 中国县乡政府绩效考核的实证研究 [J]. 世界经济文汇，2013 (1)：71 - 85.

[76] 刘瑞明. 国有企业、隐性补贴与市场分割：理论与经验证据 [J]. 管理世界，2012 (4)：21 - 32.

[77] 刘尚希. 分税制的是与非 [J]. 经济研究参考，2012 (7)：20 - 28.

[78] 刘小勇，李真. 财政分权与地区市场分割实证研究 [J]. 财经研究，2008 (2)：88 - 98.

[79] 刘小勇. 财政分权与区域市场一体化再检验——基于面板分位数回归的实证研究 [J]. 经济经纬，2012 (5)：11 - 16.

[80] 刘小勇. 经济增长视野下的中国财政分权实证研究 [M]. 北京：经济科学出版社，2009.

[81] 刘勇政，贾俊雪，丁思莹. 地方财政治理：授人以鱼还是授人以渔——基于省直管县财政体制改革的研究 [J]. 中国社会科学，2019 (7)：43 - 63，205.

[82] 龙小宁，朱艳丽，蔡伟贤，等. 基于空间计量模型的中国县级政府间税收竞争的实证分析 [J]. 经济研究，2014 (8)：41 - 53.

[83] 楼继伟. 中国政府间财政关系再思考 [M]. 北京：中国财政经济出版社，2013.

[84] 卢洪友，龚锋. 政府竞争、"攀比效应"与预算支出受益外溢 [J]. 管理世界，2007 (8)：12 - 22.

[85] 卢洪友，卢盛峰，陈思霞．关系资本、制度环境与财政转移支付有效性 [J]．管理世界，2011（7）：9－19.

[86] 陆铭，陈钊．分割市场的经济增长——为什么经济开放可能加剧地方保护？[J]．经济研究，2009（3）：42－52.

[87] 吕冰洋，毛捷，马光荣．分税与转移支付结构：专项转移支付为什么越来越多？[J]．管理世界，2018，34（4）：25－39，187.

[88] 吕冰洋．政府间税收分权的配置选择和财政影响 [J]．经济研究，2009（6）：16－27.

[89] 罗长林．合作、竞争与推诿——中央、省级和地方间财政事权配置研究 [J]．经济研究，2018，53（11）：32－48.

[90] 骆祖春．财政省直管县体制改革的成效、问题和对策研究——来自江苏省的调查报告 [J]．经济体制改革，2010（3）：118－122.

[91] 马蔡琛，李璐．"省管县"体制下的县级政府预算管理研究 [J]．经济纵横，2010（8）：27－30.

[92] 马恩涛．分级财政体制下纵向税收外部性研究 [J]．财经论丛，2008（1）：30－36.

[93] 马光荣，郭庆旺，刘畅．财政转移支付结构与地区经济增长 [J]．中国社会科学，2016（9）：105－125.

[94] 马光荣，杨恩艳，周敏倩．财政分权、地方保护与中国的地区专业化 [J]．南方经济，2010（1）：15－27.

[95] 马国贤．论"两极"政府建设战略下的财政体制框架——对"五级政府，三级财政"的体制改革思考 [J]．上海财经

大学学报，2008（3）：49－52.

　　[96] 马海涛，任致伟．转移支付对县级财力均等化的作用[J]．财政研究，2017（5）：2－12.

　　[97] 马海涛．政府间转移支付制度[M]．北京：经济科学出版社，2011.

　　[98] 曼瑟·奥尔森．权力与繁荣[M]．苏长和，嵇飞，译．上海：世纪出版集团、上海人民出版社，2005.

　　[99] 毛捷，汪德华，白重恩．民族地区转移支付、公共支出差异与经济发展差距[J]．经济研究，2011，增（2）：75－86.

　　[100] 毛捷，赵静．"省直管县"财政改革促进县域经济发展的实证分析[J]．财政研究，2012（1）：38－41.

　　[101] 毛其淋，盛斌．对外经济开放、区域市场整合与全要素生产率[J]．经济学（季刊），2011，11（1）：181－210.

　　[102] 倪红日．我国出口退税政策和制度面临严峻挑战[J]．税务研究，2003（8）：6－10.

　　[103] 宁静，赵旭杰．纵向财政关系改革与基层政府财力保障：准自然实验分析[J]．财贸经济，2019，40（1）：53－69.

　　[104] 彭冲，汤二子．财政分权下地方政府卫生支出的竞争行为研究[J]．财经研究，2018，44（6）：94－108.

　　[105] 乔宝云，范剑勇，彭骥鸣．政府间转移支付与地方财政努力[J]．管理世界，2006（3）：50－56.

　　[106] 任志成，巫强，崔欣欣．财政分权、地方政府竞争与省级出口增长[J]．财贸经济，2015（7）：59－69.

　　[107] 沈坤荣，付文林．税收竞争、地区博弈及其增长绩效

[J].经济研究,2006(6):16－26.

[108] 沈坤荣,付文林.中国的财政分权制度与地区经济增长[J].管理世界,2005(1):31－39.

[109] 盛斌,毛其淋.贸易开放、国内市场一体化与中国省际经济增长:1985~2008年[J].世界经济,2011(11):44－66.

[110] 史宇鹏,周黎安.地方放权与经济效率:以计划单列市为例[J].经济研究,2007(1):17－28.

[111] 宋小宁,苑德宇.公共服务均等、政治平衡与转移支付——基于1998－2005年省际面板数据的经验分析[J].财经问题研究,2008(4):92－97.

[112] 孙开.省以下财政体制改革的深化与政策着力点[J].财贸经济,2011(9):5－10.

[113] 孙秀林,周飞舟.土地财政与分税制:一个实证解释[J].中国社会科学,2013(4):40－59.

[114] 谭兰英."省管县":体制改革进程中的问题与对策[J].中国政法大学学报,2013(5):119－125.

[115] 汤玉刚,苑程浩.不完全税权、政府竞争与税收增长[J].经济学(季刊),2010(4):33－50.

[116] 汤玉刚."中国式"分权的一个理论探索——横向与纵向政府间财政互动及其经济后果[M].北京:经济管理出版社,2012.

[117] 陶然,袁飞,曹广忠.区域竞争、土地出让与地方财政效应:基于1999~2003年中国地级城市面板数据的分析[J].世界经济,2007(10):15－27.

[118] 汪冲. 资本集聚、税收互动与纵向税收竞争 [J]. 经济学（季刊），2011（3）：19 - 38.

[119] 王德祥，李建军. 财政分权、经济增长与外贸依存度——基于1978 - 2007年我国改革开放30年数据的实证分析 [J]. 国际贸易问题，2008（11）：3 - 8.

[120] 王德祥，李建军. 人口规模、"省直管县"对地方公共品供给的影响——来自湖北省市、县两级数据的经验证据 [J]. 统计研究，2008（8）：15 - 21.

[121] 王广庆，侯一麟，刘玲玲. 中央对地方财政转移支付的影响因素——基于省际14年面板数据的实证分析 [J]. 公共行政评论，2012（5）：67 - 87.

[122] 王广庆，刘玲玲，冯懿男. 我国专项转移支付变迁及动因分析 [J]. 中国经济问题，2011（3）：68 - 75.

[123] 王剑锋. 中央集权型税收高增长路径：理论与实证分析 [J]. 管理世界，2008（7）：45 - 52.

[124] 王丽娟. 我国地方政府财政支出竞争的异质性研究——基于空间计量的实证分析 [J]. 财贸经济，2011（9）：11 - 18.

[125] 王美今，林建浩，余壮雄. 中国地方政府财政竞争行为特性识别："兄弟竞争"与"父子争议"是否并存？[J]. 管理世界，2010（3）：22 - 31.

[126] 王绍光. 为了国家的统一：中国财政转移支付的政治逻辑 [J]. 战略与管理，2002（3）：47 - 54.

[127] 王守坤，任保平. 中国省级政府间财政竞争效应的识别与解析：1978～2006年 [J]. 管理世界，2008（11）：32 - 43.

[128] 王小龙，方金金．财政"省直管县"改革与基层政府税收竞争 [J]．经济研究，2015，50（11）：79 – 93.

[129] 王晓东，张昊．中国国内市场分割的非政府因素探析——流通的渠道、组织与统一市场构建 [J]．财贸经济，2012（11）：85 – 92.

[130] 王孝松，李坤望，包群，谢申祥．出口退税的政策效果评估：来自中国纺织品对美出口的经验证据 [J]．世界经济，2010，33（4）：47 – 67.

[131] 王占阳．县域治理强化上级集权成趋势——超大型国家的县域治理与县政改革 [J]．人民论坛，2013（6）：50 – 52.

[132] 韦东明，顾乃华，韩永辉．"省直管县"改革促进了县域经济包容性增长吗？[J]．财经研究，2021，47（12）：64 – 78.

[133] 巫强，崔欣欣，马野青．财政分权和地方政府竞争视角下我国出口增长的制度解释：理论与实证研究 [J]．国际贸易问题，2015（10）：142 – 151.

[134] 吴凤武，刘琦，胡祖铨．中央对地方转移支付影响因素分析——地方政府政治力量的作用研究 [J]．经济研究参考，2013（67）：51 – 60.

[135] 吴木銮，王闻．如何解释省内财政分权：一项基于中国实证数据的研究 [J]．经济社会体制比较，2011（6）：62 – 72.

[136] 谢建国，陈莉莉．出口退税与中国的工业制成品出口：一个基于长期均衡的经验分析 [J]．世界经济，2008（5）：3 – 12.

[137] 谢建国，徐婷．产出波动、需求转移与出口退税的出口激励效果——一个基于中国出口面板数据的研究 [J]．世界经济研

究，2012（6）：38－44.

[138] 谢旭人. 中国财政改革三十年 [M]. 北京：中国财政经济出版社，2008.

[139] 徐现祥，李郇，王美今. 区域一体化、经济增长与政治晋升 [J]. 经济学（季刊），2007，6（4）：1075－1096.

[140] 徐永胜，乔宝云. 财政分权度的衡量：理论及中国 1985－2007 年的经验分析 [J]. 经济研究，2012（10）：4－13.

[141] 许敬轩，王小龙，何振. 多维绩效考核、中国式政府竞争与地方税收征管 [J]. 经济研究，2019，54（4）：33－48.

[142] 杨开忠，陶然，刘明兴. 解除管制、分权与中国经济转轨 [J]. 中国社会科学，2003（3）：4－18.

[143] 杨良松，余莎. 地方上级政府对转移支付的截留研究——基于省级与地级数据的实证分析 [J]. 公共管理学报，2018，15（2）：14－27.

[144] 杨良松. 中国的财政分权与地方教育供给 [J]. 公共行政评论，2013（2）：104－134.

[145] 杨龙见，陈建伟，尹恒. 中国省级财政集中程度的影响因素分析 [J]. 南方经济，2012（11）：17－27.

[146] 杨龙见，尹恒. 中国县级政府税收竞争研究 [J]. 统计研究，2014（6）：42－49.

[147] 杨志勇. 省直管县财政体制改革研究——从财政省直管县都重建政府间财政关系 [J]. 财贸经济，2009（11）：36－41.

[148] 银温泉，才婉如. 我国地方市场分割的成因和治理 [J]. 经济研究，2001（6）：3－12.

[149] 尹恒, 徐琰超. 地市级地区间基本建设公共支出的相互影响 [J]. 经济研究, 2011 (7): 55 – 64.

[150] 尹恒, 朱虹. 县级财政生产性支出偏向研究 [J]. 中国社会科学, 2011 (1): 88 – 101.

[151] 袁飞, 陶然, 徐志刚, 刘明兴. 财政集权过程中的转移支付和财政供养人口规模膨胀 [J]. 经济研究, 2008 (5): 70 – 80.

[152] 詹晶. 中央对省财政转移支付的决定因素: 公平、议价、还是效益? [J]. 经济社会体制比较, 2011 (6): 73 – 84.

[153] 张光. 财政分权省际差异、原因和影响初探 [J]. 公共行政评论, 2009 (1): 133 – 157.

[154] 张光. 测量中国的财政分权 [J]. 经济社会体制比较, 2011 (6): 48 – 61.

[155] 张军, 高远, 傅勇, 等. 中国为什么拥有了良好的基础设施? [J]. 经济研究, 2007 (3): 4 – 19.

[156] 张立承. 省对下财政体制研究 [M]. 北京: 经济科学出版社, 2011.

[157] 张清勇. 纵向财政竞争、讨价还价与中央—地方的土地收入分成——对 20 世纪 80 年代以来土地收入的考察 [J]. 制度经济学研究, 2008 (4): 107 – 127.

[158] 张五常. 中国的经济制度 (神州大地增订版) [M]. 北京: 中信出版社, 2009.

[159] 张晏, 龚六堂. 分税制改革、财政分权与中国经济增长 [J]. 经济学 (季刊), 2005, 5 (1): 75 – 108.

[160] 张晏，夏纪军，张文瑾. 自上而下的标尺竞争与中国省级政府公共支出溢出效应差异 [J]. 浙江社会科学，2010 (12)：20-26.

[161] 张永杰，耿强. 省直管县体制变革、财政分权与县级政府规模——基于规模经济视角的县级面板数据分析 [J]. 中国软科学，2011 (12)：66-75.

[162] 张征宇，朱平芳. 地方环境支出的实证研究 [J]. 经济研究，2010 (5)：82-94.

[163] 赵海利. 基层分权改革的增长绩效——基于浙江省强县扩权改革实践的经验考察 [J]. 财贸经济，2011 (8)：35-43.

[164] 郑浩生，叶子荣，查建平. 中央对地方财政转移支付影响因素研究——基于中国县级数据的实证检验 [J]. 公共管理学报，2014 (1)：18-26.

[165] 郑新业，王晗，赵益卓. 省直管县能促进经济增长吗？[J]. 管理世界，2011 (8)：34-44.

[166] 中南财经政法大学地方财政研究中心. 2010 中国地方财政发展研究报告——省管县财政体制研究 [M]. 北京：经济科学出版社，2010.

[167] 钟晓敏，叶宁. 中国地方财政体制改革研究 [M]. 北京：中国财政经济出版社，2010.

[168] 钟正生，宋旺. 我国总量转移支付的影响因素及其均等化效应 [J]. 经济科学，2008 (4)：5-16.

[169] 周波. "省直管县"改革应重点解决政府间财力与事权匹配问题 [J]. 财政研究，2010 (3)：49-52.

[170] 周飞舟. 分税制十年：制度及影响 [J]. 中国社会科学，

2006（6）：100 – 115.

[171] 周黎安. 晋升博弈中政府官员的激励与合作——兼论我国地方保护主义和重复建设问题长期存在的原因 [J]. 经济研究，2004（6）：33 – 40.

[172] 周仕雅. 财政层级制度研究——中国财政层级制度改革的互动论 [M]. 北京：经济科学出版社，2007.

[173] 周亚虹，宗庆庆，陈曦明. 财政分权体制下地市级政府教育支出的标尺竞争 [J]. 经济研究，2013（11）：127 – 139.

[174] 周业安，李涛. 地方政府竞争和经济增长：基于我国省级面板数据的空间计量经济学 [M]. 北京：中国人民大学出版社，2013.

[175] 朱翠华，武力超. 地方政府财政竞争策略工具的选择：宏观税负还是公共支出 [J]. 财贸经济，2013（10）：38 – 47.

[176] Akai N, Suhara M. Strategic Interaction Among Local Governments in Japan: An Application to Cultural Expenditures [J]. The Japanese Economic Review, 2013, 64（2）：232 – 247.

[177] Aronsson T, Lundberg J, Wikström M. The Impact of Regional Public Expenditures on the Local Decision to Spend [J]. Regional Science and Urban Economics, 2000, 30（2）：185 – 202.

[178] Arzaghi M, Henderson J V. Why Countries Are Fiscally Decentralizing [J]. Journal of Public Economics, 2005, 89（7）：1157 – 1189.

[179] Bai C, Tao Z, Tong Y. Bureaucratic Integration and Regional Specialization in China [J]. China Economic Review, 2008, 19

(2): 308 – 319.

[180] Baicker K. The Spillover Effects of State Spending [J]. Journal of Public Economics, 2005, 89 (2 – 3): 529 – 544.

[181] Baldwin R E, Krugman P. Agglomeration, Integration and Tax Harmonisation [J]. European Economic Review, 2004, 48 (1): 1 – 23.

[182] Banful A B. Do Formula-based Intergovernmental Transfer Mechanisms Eliminate Politically Motivated Targeting? Evidence from Ghana [J]. Journal of Development Economics, 2011, 96 (2): 380 – 390.

[183] Bartolini D, Santolini R. Political Yardstick Competition Among Italian Municipalities on Spending Decisions [J]. Annals of Regional Science, 2012, 49 (1): 213 – 235.

[184] Becker S, Egger P H, Merlo V. How Low Business Tax Rates Attract MNE Activity: Municipality-Level Evidence From Germany [J]. Journal of Public Economics, 2012, 96 (9 – 10): 698 – 711.

[185] Besley T, Case A. Incumbent Behavior: Vote-Seeking, Tax-Setting, and Yardstick Competition [J]. American Economic Review, 1995, 85 (1): 25 – 45.

[186] Besley T, Rosen H S. Vertical Externalities in Tax Setting: Evidence From Gasoline and Cigarettes [J]. Journal of Public Economics, 1998, 70 (3): 383 – 398.

[187] Boadway R, Keen M. Efficiency and the Optimal Direction of Federal-State Transfers [J]. International Tax and Public Finance, 1996, 3 (2): 137 – 155.

[188] Bodma P, Hodge A. What Drives Fiscal Decentralization? Further Assessing the Role of Income [J]. Fiscal Studies, 2010, 31 (3): 373 – 404.

[189] Borck R, Caliendo M, Steiner V. Fiscal Competition and the Composition of Public Spending: Theory and Evidence [J]. FinanzArchiv: Public Finance Analysis, 2007, 63 (2): 264 – 277.

[190] Borck R, Owings S. The Political Economy of Intergovernmental Grants [J]. Regional Science and Urban Economics, 2003, 33 (2): 139 – 156.

[191] Borck R, Pflüger M. Agglomeration and Tax Competition [J]. European Economic Review, 2006, 50 (3): 647 – 668.

[192] Brülhart M, Jametti M, Schmidheiny K. Do Agglomeration Economies Reduce the Sensitivity of Firm Location to Tax Differentials? [J]. The Economic Journal, 2012, 122 (563): 1069 – 1093.

[193] Brülhart M, Jametti M. Vertical Versus Horizontal Tax Externalities: An Empirical Test [J]. Journal of Public Economics, 2006, 90 (10 – 11): 2027 – 2062.

[194] Bruce D, Carroll D A, Deskins J A, et al. Road to Ruin? A Spatial Analysis of State Highway Spending [J]. Public Budgeting & Finance, 2007, (4): 66 – 85.

[195] Brueckner J K . Strategic Interactions Among Governments: An Overview of Empirical Studies [J]. International Regional Science Review, 2003, 26 (2): 175 – 188.

[196] Caldeira E. Does the System of Allocation of Intergovernmen-

tal Transfers in Senegal Eliminate Politically Motivated Targeting? [J].
Journal of African Economies, 2012, 21 (2): 167 – 191.

[197] Case A C, Rosen H S, Hines J. Budget Spillovers and Fiscal Policy Interdependence: Evidence From the States [J]. Journal of Public Economics, 1993, 52 (3): 285 – 307.

[198] Chandra P , Long C . VAT Rebates and Export Performance in China: Firm-level Evidence [J]. Journal of Public Economics, 2013, 102 (1): 13 – 22.

[199] Chen C, Mai C, Yu H. The effect of export tax rebates on export performance: Theory and evidence from China [J]. China Economic Review, 2006, 17 (2): 226 – 235.

[200] Dahlberg M, Edmark K. Is There a "Race-to-the-Bottom" in the Setting of Welfare Benefit Levels? Evidence from a Policy Intervention [J]. Journal of Public Economics, 2008, 92 (5 – 6) : 1193 – 1209.

[201] Dahlby B, Wilson L S. Vertical Fiscal Externalities in a Federation [J]. Journal of Public Economics, 2003, 87 (5 – 6): 917 – 930.

[202] Deng H, Zheng X, Huang N, et. al . Strategic Interaction in Spending on Environmental Protection: Spatial Evidence from Chinese Cities [J]. China & World Economy, 2012, 20 (5): 103 – 120.

[203] Deskins J, Hill B. Have State Tax Interdependencies Changed Over Time? [J]. Public Finance Review, 2010, 38 (2): 244 – 270.

[204] Deskins J, Hill B. State Taxes and Economic Growth Revisited: Have Distortions Changed? [J]. The Annals of Regional Science,

2010, 44 (2): 331 - 348.

[205] Devereux M P, Lockwood B, Redoano M. Horizontal and Vertical Indirect Tax Competition: Theory and Some Evidence from the USA [J]. Journal of Public Economics, 2007, 91 (3 - 4) 451 - 479.

[206] Edmark K, Ågren H. Identifying Strategic Interactions in Swedish Local Income Tax Policies [J]. Journal of Urban Economics, 2008, 63 (3): 849 - 857.

[207] Elhorst J P, Fréret S. Evidence of Political Yardstick Competition in France Using A Two-Regime Spatial Durbin Model with Fixed Effects [J]. Journal of Regional Science, 2009, 49 (5): 931 - 951.

[208] Esteller-Moré A, Rizzo L. (Uncontrolled) Aggregate Shocks or Vertical Tax Interdependence? Evidence from Gasoline and Cigarettes [J]. National Tax Journal, 2011, 64 (2): 353 - 379.

[209] Esteller-Moré A, Solé-Ollé A. Tax Setting in a Federal System: The Case of Personal Income Taxation in Canada [J]. International Tax and Public Finance, 2002, 9 (3): 235 - 257.

[210] Esteller-Moré A, Solé-Ollé A. Vertical Income Tax Externalities and Fiscal Interdependence: Evidence From the US [J]. Regional Science and Urban Economics, 2001, 31 (2 - 3): 247 - 272.

[211] Figlio D, Kolpin V, Reid W. Do States Play Welfare Games? [J]. Journal of Urban Economics, 1999, 46 (3): 437 - 454.

[212] Fletcher J, Murray M. Competition over the Tax Base in the State Sales Tax [J]. Public Finance Review, 2006, 34 (3): 258 - 281.

[213] Foucault M, Madies T, Paty S. Public Spending Interactions

and Local Politics: Empirical Evidence from French Municipalities [J]. Public Choice, 2008, 137 (1-2): 57-80.

[214] Fredrik C, Bjørg L, Jørn R. The Relationship Between Firm Mobility and Tax Level: Empirical Evidence of Fiscal Competition Between Local Governments [J]. Journal of Urban Economics, 2005, 58 (2): 273-288.

[215] Fredriksson P G, Mamun K A. Vertical Externalities in Cigarette Taxation: Do Tax Revenues Go Up in Smoke? [J]. Journal of Urban Economics, 2008, 64 (1): 35-48.

[216] Gebremariam G, Gebremedhin T, Schaeffer P. County-level Determinants of Local Public Services in Appalachia: A Multivariate Spatial Autoregressive Model Approach [J]. Annals of Regional Science, 2012, 49 (1): 175-190.

[217] Ghosh S. Strategic Interaction Among Public School Districts: Evidence on Spatial Interdependence in School Inputs [J]. Economics of Education Review, 2010, 29 (3): 440-450.

[218] Gibbons S, Overman H G. Mostly Pointless Spatial Econometrics? [J]. Journal of Regional Science, 2012, 52 (2): 172-191.

[219] Goodspeed T J. Tax Structure in a Federation [J]. Journal of Public Economics, 2000, 75 (3): 493-506.

[220] Hauptmeier S, Mittermaier F, Rincke J. Fiscal Competition over Taxes and Public Inputs [J]. Regional Science and Urban Economics, 2012, 42 (3): 407-419.

[221] Hayashi M, Boadway R. An Empirical Analysis of Intergov-

ernmental Tax Interaction: the Case of Business Income Taxes in Canada [J]. Canadian Journal of Economics, 2001, 34 (2): 481 – 503.

[222] Herrmann-Pillath C, Libman A, Yu X. Economic Integration in China: Politics and Culture [J]. Journal of Comparative Economics, 2014, 42 (2): 470 – 492.

[223] Hill B C. Agglomerations and Strategic Tax Competition [J]. Public Finance Review, 2008, 36 (6): 651 – 677.

[224] Hindriks J, Peralta S, Weber S. Competing in Taxes and Investment under Fiscal Equalization [J]. Journal of Public Economics, 2008, 92 (12): 2392 – 2402.

[225] Hochman O, Pines D, Thisse J F. On the Optimal Structure of Local Governments [J]. American Economic Review, 1995, 85 (5): 1224 – 1240.

[226] Jofre-Monseny J, Solé-Ollé A. Which Communities Should be Afraid of Mobility? The Effects of Agglomeration Economies on the Sensitivity of Employment Location to Local Taxes [J]. Regional Science and Urban Economics, 2012, 42 (1 – 2): 257 – 268.

[227] Johansson E. Intergovernmental Grants as a Tactical Instrument: Empirical Evidence From Swedish Municipalities [J]. Journal of Public Economics, 2003, 87 (3 – 4): 883 – 915.

[228] Keen M, Kotsogiannis C. Does Federalism Lead to Excessively High Taxes? [J]. American Economic Review, 2002, 92 (1): 363 – 370.

[229] Keen M, Kotsogiannis C. Leviathan and Capital Tax Compe-

tition in Federations [J]. Journal of Public Economic Theory, 2003, 5 (2): 177 – 199.

[230] Keen M, Marchand M. Fiscal Competition and the Pattern of Public Spending [J]. Journal of Public Economics, 1997, 66 (1): 33 – 53.

[231] Kelejian H H, Prucha I R. A Generalized Spatial Two-Stage Least Squares Procedure for Estimating a Spatial Autoregressive Model with Autoregressive Disturbances [J]. The Journal of Real Estate Finance and Economics, 1998, 17 (1): 99 – 121.

[232] Koh H J, Riedel N, Böhm T. Do Governments Tax Agglomeration Rents? [J]. Journal of Urban Economics, 2013, 75 (3): 92 – 106.

[233] Leprince M, Madiès T, Paty S. Business Tax Interactions Among Local Government: An Empirical Analysis of the French Case [J]. Journal of Regional Science, 2007, 47 (3): 603 – 621.

[234] Letelier S. Explaining Fiscal Decentralization [J]. Public Finance Review, 2005, 33 (2): 155 – 183.

[235] Liu Y J. Martinez-Vazquez. Public Input Competition under Stackelberg Equilibrium: A Note [J]. Journal of Public Economic Theory, 2015, 17 (6): 1022 – 1037.

[236] Lundberg J. Spatial Interaction Model of Spillovers from Locally Provided Public Services [J]. Regional Studies, 2006, 40 (6): 631 – 644.

[237] Lyytikäinen T. Tax Competition among Local Governments: Evidence from a Property Tax Reform in Finland [J]. Journal of Public

Economics, 2012, 96 (7 – 8): 584 – 595.

［238］ Mello L. The Brazilian "Tax War" The Case of Value-Added Tax Competition among the States ［J］. Public Finance Review, 2008, 36 (2): 169 – 193.

［239］ Moscone F, Knapp M, Tosetti E. Mental Health Expenditure in England: A Spatial Panel Approach ［J］. Journal of Health Economics, 2007, 26 (4): 842 – 864.

［240］ Nelson M A. Using Excise Taxes to Finance State Government: Do Neighbouring State Taxation Policy and Cross-border Markets Matter? ［J］. Journal of Regional Science, 2002, 42 (4): 731 – 752.

［241］ Panizza U. On the Determinants of Fiscal Centralization: Theory and Evidence ［J］. Journal of Public Economics, 1999, 74 (1): 97 – 139.

［242］ Parsley D C, Wei S J. Explaining the Border Effect: the Role of Exchange Rate Variability, Shipping Costs and Geography ［J］. Journal of International Economics, 2001, 55 (1): 87 – 105.

［243］ Revelli F. Reaction or Interaction? Spatial Process Identification in Multi-tiered Government Structures ［J］. Journal of Urban Economics, 2003, 53 (1): 29 – 53.

［244］ Rork J C. Coveting Thy Neighbour's Taxation ［J］. National Tax Journal, 2003, 56 (4): 775 – 787.

［245］ Saavedra L. A Model of Welfare Competition with Evidence from AFDC ［J］. Journal of Urban Economics, 2000, 47 (2): 248 – 279.

［246］ Simón-Cosano P, Lago-Peñas S, Vaquero A. On the Political Determinants of Inter-governmental Grants in Decentralized Countries: The Case of Spain [J]. Publius: The Journal of Federalism, 2014, 44 (1): 135 – 156.

[247] Solé-Ollé A. Expenditure Spillovers and Fiscal Interactions: Empirical Evidence From Local Governments in Spain [J]. Journal of Urban Economics, 2006, 59 (1): 32 – 53.

[248] Sørensen R J. The Political Economy of Intergovernmental Grants: The Norwegian Case [J]. European Journal of Political Research, 2003, 42 (2): 163 – 195.

[249] Stegarescu D. The Effects of Economic and Political Integration on Fiscal Decentralization: Evidence from OECD Countries [J]. Canadian Journal of Economics, 2009, 42, (2): 694 – 718.

[250] Veiga L G, Pinho M M. The Political Economy of Intergovernmental Grants: Evidence From a Maturing Democracy [J]. Public Choice, 2007, 133 (3 – 4): 457 – 477.

[251] Wang W, Zheng X Y, Zhao Z R. Fiscal Reform and Public Education Spending: A Quasi-natural Experiment of Fiscal Decentralization in China [J]. Publius: The Journal of Federalism, 2011, 42 (2): 334 – 356.

[252] Werck K, Heyndels B, Geys B. The Impact of "Central Places" on Spatial Spending Patterns: Evidence from Flemish Local Government Cultural Expenditures [J]. Journal of Cultural Economics [J]. 2008, 32 (1): 35 – 58.

[253] Wilson J. A Theory of Interregional Tax Competition [J].

Journal of Urban Economics, 1986, 19 (3): 296 – 315.

[254] Wu Y H, Hendrick R. Horizontal and Vertical Tax Competition in Florida Local government [J]. Public Finance Review, 2009, 37 (3): 289 – 311.

[255] Yu Y, Zhang L, Li F, et al. Strategic Interaction and the Determinants of Public Health Expenditures in China: A Spatial Panel Perspective [J]. Annals of Regional Science, 2013, 50 (1): 203 – 221.

[256] Zodrow G, Mieszkowski P. Pigou. Tiebout, Property Taxation, and the Under Provision of Local Public Goods [J]. Journal of Urban Economics, 1986, 19 (3): 356 – 370.

后　　记

　　本书是在我博士学位论文基础上的修改稿。回顾本书的写作经历，可谓是一种机缘巧合、水到渠成，但也不免一波三折。最先接触到地方财政体制改革这一概念是大学本科期间财政学课堂上裴育教授对江苏省财政省直管县改革实践的一次讲解，后来在马国贤教授的指导下我将地方财政体制改革作为硕士论文的选题并收集整理了各省地方财政体制改革进程的原始数据，这为博士论文的完成积累了最初的素材。不过，由于县级和地市级财政收支数据可获得性的原因，要利用财税改革中"准自然实验"和大样本数据来研究省以下地方政府间财政关系变得异常困难，为此，我曾一度想放弃地方财政体制改革这一选题。再后来，因为中国省级财政透明度调查课题研究的需要，博士生导师刘小兵教授让我负责购买各省份财政年鉴，在搜索地方财政年鉴的过程中发现了《地方财政统计资料》和《全国地市县财政统计资料》的获取途径，这使得我有机会补齐县级财政收支数据和转移支付数据。由于县级财政数据系统性公开出版存在一定时间滞后性，财政部至今未出版 2010 年后的《全国地市县财政统计资料》，从而不能将 2010 年后样本纳入研究范围以反映政府间财政关系的最新发展动态，这也是本书的一大遗憾。

诚如周雪光教授所指出的，"委托与代理""正式与非正式""名与实"是分析国家治理逻辑的三对基本关系，理解中国政府间财政关系同样需要把握好这三对关系。了解"正式"财政制度和"名义"财政制度可以通过搜集整理法律法规和政策文件的方式获取，而进一步了解"非正式"的财政制度和"实际"财政制度则非得深入财政实务部门调查研究不可，而刘小兵教授安排的课题调研为我们增进对真实财政的了解提供了难得的机会。本书部分章节的相关内容也曾发表在一些学术刊物上，其中第 3 章发表在《现代财经》2016 年第 9 期、第 4 章发表在《浙江社会科学》2017 年第 2 期（被人大复印资料《体制改革》2017 年第 6 期全文转载）和《财经论丛》2022 年第 9 期、第 7 章发表在《经济学动态》2014 年第 12 期、第 8 章发表在《国际贸易问题》2016 年第 5 期。

在我学习和研究的过程中，许多人都曾无私地帮助过我，其中有上海财经大学的刘小兵教授、马国贤教授和邓淑莲教授，南京审计大学的任志成教授和刘叔申教授，以及浙江工商大学金融学院的柯孔林教授、钱水土教授、方霞教授、曹伟教授、郭宏宝副教授等领导和同事，感谢他们一如既往地给予我很多鼓励与帮助。他们的言传身教，不仅提高了我的专业素养，更重要的是让我懂得了不少治学之道。最后，我要由衷地感谢我的家人，正是父母和妻子的理解与默默地支持才是我学术道路上不断前进的动力源泉。

由于学术能力、研究时间和数据获取的诸多限制，本书还存在一定的疏漏和不足之处，恳请广大读者批评指正。

吕凯波
2022 年 1 月